セカンドキャリア

引退競走馬をめぐる旅

片野ゆか

集英社

セカンドキャリアで活躍する引退競走馬たち

JRAでのレース生活を経て、現在はセラピーホースとして第二の馬生を歩むラッキーハンター。優しく大らかなキャラクターが魅力

仕事中のラッキーハンター。「放課後等デイサービス」で発達支援などサポートが必要な子どものためのプログラムを提供している

多くの馬の余生支援が可能な方法として注目される「集団放牧・昼夜放牧」を実施する養老牧場。仲の良い馬たちが自主的にグループをつくり暮らしている

ふれあい体験ができる養老牧場で活躍するアイドルホース。撮影にも気軽に応じてくれる

馬ふん堆肥でマッシュルームを生産する専門農家。放牧場の後ろには栽培ハウスが並ぶ

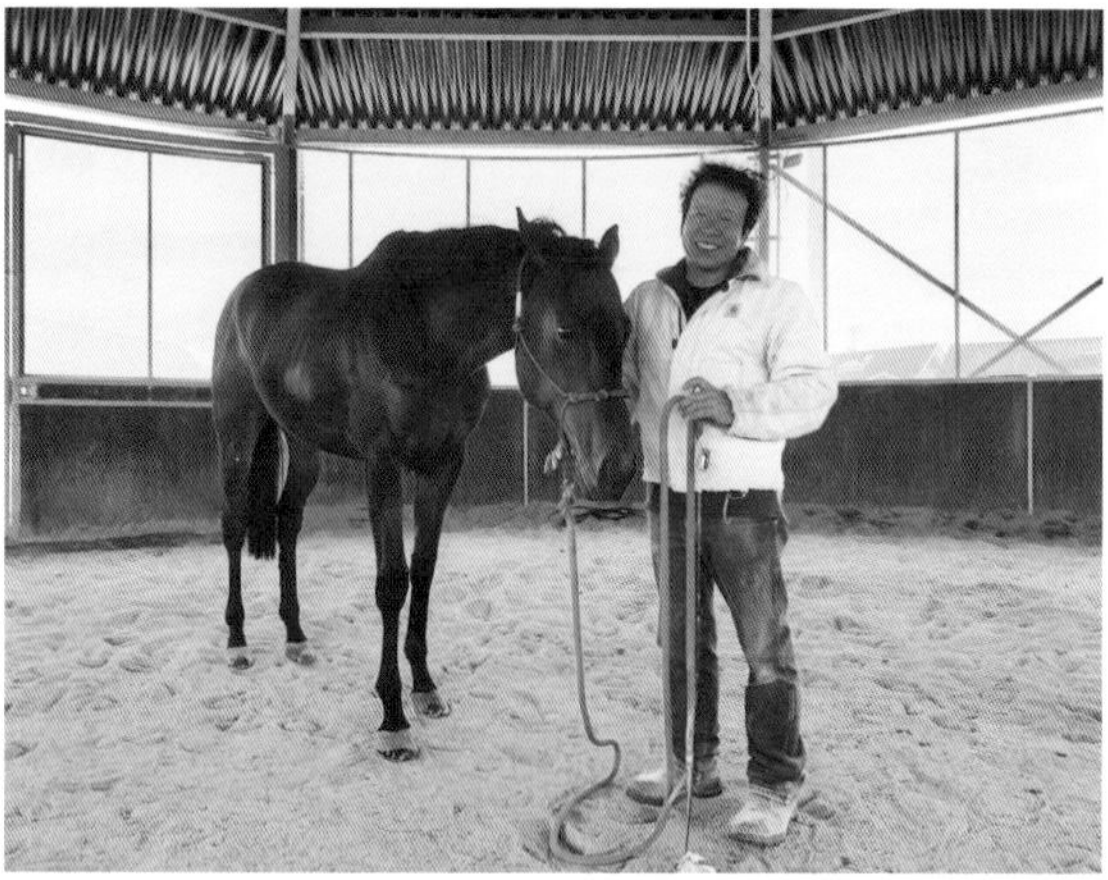

引退競走馬が第二の馬生を得るために必須のリトレーニング（再調教）。"荒ぶる馬"の心身をケアして乗馬の世界につなぐホースクリニシャンの宮田朋典さん

（撮影・すべて著者）

セカンドキャリア　引退競走馬をめぐる旅　目次

セカンドキャリア

引退競走馬をめぐる旅

はじめに

馬は、誰もが知る動物だ。美しい、かっこいい、賢い、優しい、勇敢などのイメージから、気高い存在と特別視されることも少なくない。犬や猫は「苦手」「嫌い」という人もいるが、「馬が嫌い」という声はあまり聞いたことがなく、インターネットを検索しても見あたらない。

この国には約七万頭の馬がいるが、その約七割は競馬に出走するサラブレッドだ。つまり多くの日本人にとって、馬＝サラブレッドといっても大袈裟《おおげさ》ではないのだが、競馬という特殊な世界で生きる彼らと気軽に触れ合えるチャンスはほとんどない。競馬場に出かけても観客席と馬場《ばば》は遠く、出走前に馬の様子が観察できるパドックもそれなりに距離がある。

そんな〝好感度は高いが遠い動物〟が、ここ二、三年で大手メディアやＳＮＳでこれまでとは違った形で話題に上るようになった。キーワードは「引退競走馬」だ。

競走馬がレースを引退したら、その後どうなるのか？　この話題は、競馬業界で長らく表立って口にすべきではないものとされてきた。競馬を開催するＪＲＡ（日本中央競馬会）からの情報はなく、そのため断片的な事実から推測するしかなかった。引退した競走馬の行き場は限られるという指摘がある一方、すべての引退競走馬が乗馬クラブで活躍できると考える人、そもそもこの問題の存在に気づいていない人も多かった。

それだけに、引退競走馬の実情を伝える情報は衝撃的だった。

競馬業界では毎年約七千頭のサラブレッドが生産され、一方で約六千頭が引退するが、その多くは行方不明になっている――今から四年前、私は関連の記事を初めて読んで大きなショックを受けた。

私はこれまで、人と動物の共生社会の実現をテーマに、犬、猫の殺処分問題や動物園で飼育される動物のＱＯＬを向上させる環境エンリッチメントに関するノンフィクションを執筆してきた。動物を取り扱う現場を取材した関係から、獣医師をはじめ、動物愛護や動物福祉（アニマルウェルフェア）、動物愛護管理法などに詳しい方々との交流も多く、そこから競馬業界が抱える問題の概要も耳にしていた。しかし現実は想像以上で、なにより数字のインパクトは絶大だった。

もうひとつ驚いたのは、この情報の発信源がＪＲＡに所属する現役調教師によるものということだった。競馬業界の中心で活躍する人物が、業界批判につながりかねない情報を発信するとはどういうことなのだろう？　その理由が引退競走馬支援活動を推進するためだとわかり、さらに引退した競走馬をセカンドキャリアにつなぐ活動実績が重ねられていると知ったとき、私はこの話題に急速に惹《ひ》きつけられていった。

引退競走馬の余生を支援するには何が必要なのか、これまで語られてこなかった問題を業界内から発信するのはどのような人物なのか、この活動に賛同する人や組織について、そもそもＪＲＡはこの問題をどう考えているのか……？　知りたいことは山積みで、今すぐ取材をスタートさせたい気持ちが高まると同時に、完全に途方に暮れていた。

それまで私は、ギャンブルに興味がなく、推測される業界事情もあり競馬とはずっと距離を置いてきた。そして乗馬の経験もない。馬という動物は好きだがリアルに接するチャンスもなく、つまり私にとっても馬は〝好感度は高いが遠い動物〟の代表だった。

〝遠い〟理由はもうひとつあった。この国には、大きく分けて四種類の動物がいる。ひとつは「ペット動物」で犬や猫、ウサギなどの小動物、小鳥などがこれにあたる。二つ目は動物園で飼育される「動物園動物」で便宜上、野生動物といわれることもあるが、現在の動物園で飼育されている動物は、動物園内で繁殖した個体が多い。三つ目は「経済動物」または「産業動物」と呼ばれる牛や豚、鶏などで競走馬もこれに含まれる。四つ目は「野生動物」でニホンカモシカやツキノワグマ、イノシシなどだ。

これら四種類の動物に関連する法律はそれぞれ違い、しかし一部重複することもあり、関係省庁も環境省や農林水産省、厚生労働省などに分かれ、取り扱いについても社会通念や世間の注目度に応じて違ってくる。一口に動物といっても四種類の壁は互いに高くて厚いのだ。これまで私が関わってきたのは「ペット動物」と「動物園動物」のみで、「経済動物」については取材経験も予備知識もほとんどなかった。

それでも本格的に取材をスタートしたのは、引退競走馬支援というこれまでに聞いたことがなかったジャンルに大きな希望を感じたからだ。

何らかの問題が時代とともに改善され、やがてそれが社会のスタンダードになっていることは数多いが、その原点にはかならず「今できることは何か」を考え、声を上げ、行動する人々が存在している。挑戦を続けて少しずつ問題をクリアすることでその活動が注目され、賛同者が増えていき、やがて社会が良い方向へ変わっていく――これは、私が今までペット動物や動物園動物の世界で目にしてきたことだ。

引退競走馬支援の存在を知ったときにまず感じたのは、この世界に注目することで〝社会が良い方向へ変化する過程〟をリアルタイムで追うことができるはず、という大きな期待だった。こうした社会の変化は多くの物語が存在しながらも、しかし過ぎてしまえば経緯や詳細は不明になってしまうことも多い。この国の引退競走馬支援に関わる人々の挑戦やアイデア、それに伴う社会の変化を記録したいと考えた。

この本は、二〇一九年から二〇二三年までの約四年間にわたり、馬の知識ゼロだった私が初めて馬の世界に足を踏み入れ、引退競走馬をめぐる世界の全貌を求めて各地を訪ね、様々な人に出会いながら、馬の魅力にグイグイと引き込まれていく旅の記録である。

スタート当初は「引退競走馬」という単語も一部の限られた人々のものだったが、社会を取り巻く変化のスピードは、私の予想をはるかに上まわっていた。この活動はまもなく多くの人々の注目を集め、新たな潮流をつくり、法律に影響を及ぼすまでになった。さらに〝動かざる山〟というイメージが強かった巨大組織が、大きく方向転換するに至ったのだ。

第1章　突然だが、馬主になった

初めて訪ねた馬ワールド

「それでは皆さんに、デモンストレーションのモデルを紹介します」

　女性講師の声をきっかけに、参加者の視線は柵の脇に立つサラブレッドに集まった。

　全身を包む赤茶の体毛は、筋肉の隆起に沿ってシットリとした艶《つや》を放っている。額には同色の鬣《たてがみ》がサラリとかかり、その斜め上には先の尖《とが》った耳がピョコリと立っている。眉間にはミルクをひと垂らししたような模様があり、それが鼻先に向かってまるで極細筆の余韻を味わうように伸びている。こちらに向けられた丸く真っ黒な瞳は、好奇心に満ちて輝いていた。

　か、かわいい……！　声にこそ出さなかったが、私は脳内にキラキラとした物質が舞い上がるのを感じた。

サラブレッドをこれほど至近距離で見るのは、生まれて初めてのことだった。あと数歩で手が届くところに、圧倒的な存在感の美しくて愛らしい動物がいる。非日常といっても大げさではない状況に、気分は益々《ますます》高揚した。

程度の差はあるものの、どうやらそれは私に限ったことではないようで、集まった人々のあいだに華やいだ空気が広がっていった。

馬の名前はラッキーハンター。八歳（二〇一九年当時）のセン馬（去勢手術済の牡《おす》）で、かつてＪＲＡが開催するレースで走っていた元競走馬だ。現在の本業は、ハンディキャップのある子どもたちの支援プログラムで活躍するセラピーホースだという。

「ラッキーは、とても大らかな性格のお馬さんです。だから今日のように人が集まる場所でも、落ち着いてモデルを務めてくれると思います」

講師に名前を呼ばれると顔の位置はそのままに、ラッキーハンターの片方の耳がクルリと動いた。さらに反対側の耳も少しずつ角度を変えていて、どうやら馬は左右の耳を別々に動かしながら周囲の状況を確認する生き物らしい。でも緊張している様子はなくて、やがて集まった人々に自分から首を伸ばして「誰？」「どこから来たの？」と語りかけているようにも見えた。

馬のことが知りたい！　そう思うようになったのは二〇一九年の初夏、インターネットで見つけたある記事がきっかけだった。日本初、引退競走馬の専用シェルターを持つコミュニティ施設がオープン――それは滋賀県栗東《りつとう》市にある施設によるプロジェクトを紹介するもので、そこには初めて耳にする競馬界の事実が書かれていた。

この国では、年間に約七千頭の競走馬が誕生している。だがその一方で約六千頭が引退して、その多くは行方不明になっているというのだ。競走馬のその後について、これまで耳にしたことがないわけではなかったが、想像を絶する大量生産・大量消費に言葉を失った。行方不明という言葉もインパクト絶大だ。体重が四百から五百キロもある大動物が、影も形もなくなってしまうとは、一体どういうことなのだろう。

でも、それ以上に驚いたことがあった。引退競走馬を支援するプロジェクトによって、すでに複数の馬たちが適性に応じたセカンドキャリア、つまり第二の馬生《ばせい》をおくっているというのだ。その施設は〈TCCセラピーパーク〉という名称で、JRAに所属する調教師や騎手、乗馬クラブのオーナーなど馬業界の人々と連携しながら実績を重ねているという。

引退した競走馬の支援活動が広がっている。それは、私がこれまで想像もしていなかった嬉《うれ》しい発見だった。これまで二十五年以上、私は愛犬と生活を共にしながら、ペット動物や動物園で暮らす動物と人間の関わりをテーマにしたノンフィクションを書いてきた。あらゆる生き物が好きで、そのなかにはもちろん馬も入っている。というよりも、個人ランキングの上位に食い込んでいるといってもいい。

でも馬は、常に遠い存在だった。これまでに馬と接した機会はブータンのトレッキングツアーくらいで、国内ではほぼ皆無といってもいい。主な理由のひとつは競馬の存在だ。疾走する馬は美しくて愛らしいと思うし、著名な騎手が人馬一体について語るインタビュー記事に引き込まれることもあった。しかし、ギャンブルに興味が持てないうえ、動物関連の情報が入りやすい環境に身を置いていると、競走馬たちが比喩ではなく〝生命をかけて走らされている〟ことがハッキリとわかる情報も入る。それが人間の娯楽のためとなると、なおさら直視できない気持ちになった。

人間と動物の関係は、とかく矛盾に満ちている。しかし、ここ数年でアニマルウェルフェアの概念が浸透して、今や日本でも無視できない状況だ。これは科学的な視点や数値を基準につくられた世界共通のもので、基本として「五つの自由」が定められている。その内容は、

①飢えと渇きからの自由（十分な栄養が摂《と》れる食物と常に清潔な水が飲める）
②不快からの自由（清潔で安全な飼育環境が維持されている）
③痛み・負傷・病気からの自由（健康管理や予防医療、必要な治療がされている）
④恐怖や抑圧からの自由（精神的な苦痛や過剰なストレスがかからない状態）
⑤正常な行動を表現する自由（行動に十分なスペースの確保、群れや単独飼育など本来の生態や習性に応じた環境）

となっている。（参考資料・公益社団法人日本動物福祉協会・公式ホームページ）

対象はペット動物や動物園の動物、そして畜産業で扱う産業動物（あるいは経済動物）も例外ではない。生産から屠《と》畜《ちく》に至るすべての過程で、動物に不要なストレスをかけることは、欧米をはじめとした諸国では法律で厳しく禁じるようになり、その影響は日本の産業界にも及んでいる。今はまだ一部で新しい基準が段階的に導入されている状況だが、なかにはアニマルウエルフェアを重視した方法をいち早く採用して、食の安全や美味《おい》しさの評価につなげている畜産業者もいる。

一方、産業動物の中でも競走馬は特殊な存在だ。天皇賞や日本ダービー、有馬《ありま》記念など有名なレースが開催されれば、テレビや新聞で華やかなニュースとして報道される。サラブレッドたちは、ブラッドスポーツと呼ばれる世界で活躍するために生まれてきたアスリートなのだ。にもかかわらず引退後のキャリアが限られてしまうという現実がある。

それだけに引退競走馬の支援プロジェクトは、私が初めて馬の世界に向きあえるきっかけといってもよかった。業界で長らく議論されてこなかった問題に光をあて、改善のために複数の著名な競馬関係者が名を連ねている点にも骨太な印象を受けた。旧態支持派が大多数と想像できる業界だけに、キャリアへの影響を考えると内側から声をあげることは相当な覚悟が必要なはずだ。

今、馬の世界では、これまでにない新しい価値観ができつつある——。そう思ったのは、私がペット動物の世界で見聞きしてきたことに共通するものを感じたからだ。

かつて、犬や猫の殺処分は絶対になくならないといわれていた。保健所や各地の動物愛護センターに持ち込まれるのは、無責任な飼い主によって行き場を失った動物たちで、それは住民の不用物を引き取る行政サービスのひとつだったからだ。だがそれも、少しずつ変化していった。犬猫の殺処分問題と直結している動物愛護管理法が一九九九年に改正され、環境省及び地方自治体にとって、動物を保護して新しい飼い主を探すことが基本方針になったのだ。

　熊本市動物愛護センターが、日本で初めて犬の殺処分ほぼゼロを達成したのは二〇〇九年度のこと。不可能を可能にした快挙には、地元の動物ボランティアの存在が大きく、官民の協働事業の好例としてメディアでも注目された。

　さらに動物保護活動の存在が広く知られるようになったのは、東日本大震災の発生がきっかけだった。被災した犬や猫のために何かしたいと考えた人々から、政府関連の動物救援組織に七億二千万円以上の義援金が集まったのだ。それ以降、保護犬や保護猫、譲渡会、不妊去勢手術といった言葉が、新聞やテレビで注釈なしに使われるようになり、情報番組やドキュメンタリー番組のテーマになることもめずらしくなくなった。

　環境省の統計では、一九八九年度の犬猫の殺処分は年間で約百万、二〇〇一年度は約四十九万、そのうち犬は約二十一万となっている。それが最新の二〇二一年度は約一万四千で、犬についていえば二千七百余と二十年前の八十分の一程になっている。今もすべての犬猫の問題が解決されたわけではないし、ペット流通業界の根本が変わらないため、新たな問題も発生している。とはいえ世界は大きく変わったのだ。

馬の世界とペット動物の世界では、事情が大きく違うことも想像できる。しかし、継続可能な支援方法が提示され、それがたくさんの人に知られるようになれば、問題はかならず改善へと向かっていく。そう考えたら、馬ワールドに俄然《がぜん》興味がわいてきた。でも同時に、はたと気がついた。

私、馬について何も知らない……。

彼らは日々、どんなことを考えて暮らしているのだろう。そもそも走ることが好きなのか、背中に人なんか乗せて嫌ではないのか、好物は本当にニンジンなのか、どんなときに心休まるのか、一晩中立って眠っているのか、彼らはどんな世界観のなかで生きているのか。知りたいことは山ほどあるが、なにはともあれ馬に会ってみなければ始まらないと思った。

競馬場は抵抗があるので、ひとまず思いつくのは乗馬クラブや牧場だった。でも馬に乗りたいわけではないのに、乗馬クラブを訪ねるのはあきらかに迷惑だ。観光牧場や観光ファームも、個人的な質問をいくつもする場所ではないような気がする。私は、馬とふれあいながら、馬が好きな人々とあれこれ話がしたいのだ。だが探せば探すほど、そうした場所がないことがわかってきた。

そんなときＴＣＣセラピーパークの公式サイトに、セミナー開催の告知がアップされていることに気がついた。タイトルは「第1回ＴＣＣアカデミー開催のお知らせ・ホーステーピング入門講座&交流会パーティー」だ。ホーステーピングというのは聞き慣れない言葉だが、説明によると、人間のアスリートが使用しているキネシオテーピングの技術を馬の健康維持や怪我《けが》などのケアに応用したものだという。動物にテーピングを使うなんて、これまで考えたこともなかっただけに、馬ワールドの奥深さを感じないではいられない。馬の知識ゼロの私がいきなり参加するのは無謀なような気もしたが、「誰でも参加可能」の一文もあるし、馬のケアをテーマにした内容が心温まる。現地に行けばかわいい馬たちにも会えるはずだ。

　こうして九月半ばの祝日の朝、私は新幹線に飛び乗った。東京から京都まで行き、そこからＪＲ西日本琵琶湖《びわこ》線・草津《くさつ》線に四十分ほど揺られて石部《いしべ》駅で下車。駅からタクシーで緑豊かなエリアを数分走ると、目前にリゾートムード溢《あふ》れる施設があらわれた。

　この春に完成したばかりというＴＣＣセラピーパークの施設は、ハイセンスかつ温かみのあるデザインで、ガラス張りのロビーの先には、ナチュラルな木製の柵に囲まれた馬場が広がっていた。その左奥には、馬たちが暮らしている厩舎《きゅうしゃ》とかわいい屋根が付いた丸い馬場がある。初めての馬ワールドに少々緊張気味だったが、想像以上に開放的で清々《すがすが》しいムードに気づけば肩の力が抜けていた。

　ホーステーピング入門講座は大盛況で、会場には定員の四十名を少し超えた人数が集まっていた。講師の青野菜名《あおのなな》さんは、一般社団法人キネシオテーピング協会認定のインストラクターで、ホーステーピングの技術を使って競馬や乗馬クラブなどで活躍する馬たちの体調管理やケアをしている。

「テーピングというとガチガチに固定するイメージがありますが、ホーステーピングの特徴は引っ張らずに貼ることです。体の動きに応じて、テープにたくさん皺《しわ》が寄るほど効果が高まります」

　青野さんは、キネシオテープで皮膚を引き上げることで、皮膚と筋肉の間にある筋膜と呼ばれる組織層に隙間を作り、それによってダメージを回復させる効果があると説明した。レースやトレーニングで疲労すると、組織層が潰《つぶ》れるため筋肉の疲労回復が遅れて怪我をしやすくなり、治療にも時間がかかってしまう。だがテープを貼って動くと常に緩くマッサージしている状態になり、疲労を蓄積することなくトレーニングができるという。痛みが緩和される効果もあるので、怪我の治療中でも適度な運動を続けることが可能で、完全休養による筋力の大幅減退も防げるし、リハビリ期間も短縮できる。この原理は、基本的に人間のアスリートと同じだそうだ。

　こうした座学を終え、デモンストレーションのモデルとして登場したのが引退競走馬のラッキーハンターだった。

「背中や腰に痛みや疲れが出ている馬は、たいてい首の筋肉も張っているんです。それを緩和するために、まずはここにテープを貼ります」

青野さんは、ウエストバッグから取り出したロールタイプの黄色のキネシオテープを三十センチくらい引き出した。それを首の筋肉に沿って、テンションをかけないように貼っていく。ラッキーハンターは穏やかな表情のままで、なんだか気持ちよさそうだ。聞けば競走馬を引退した当時は、怪我や慢性的な疲労により満身創痍《まんしんそうい》の状態だった。そこにホーステーピングを取り入れたところ、痛みや苦痛が軽減したのかやがて嬉しそうに歩いたり、走ったりすることが増えていったという。

「そんなに効果があるんだ」「ラッキー、元気になって良かったね」

講習会は和やかなムードに包まれ、感想を口にしたり、ラッキーハンターに話しかけたりする参加者もいる。大切にされている動物と接していると、なぜこんなにも幸せな気持ちになるのだろう。やはりここに来て良かった。

あまりに長いアスリートの余生

引退した競走馬を支援するには、具体的にどんなことが必要なのだろう。講習会の後、この施設を運営する〈ＴＣＣ　Ｊａｐａｎ〉代表の山本《やまもと》高之《たかゆき》さんに話を聞いた。

「競馬の世界では、二歳から三歳と若くして引退するケースがめずらしくありません。しかも馬の寿命は、三十年以上とかなり長い。引退競走馬支援には、長期的なマネジメントが必要です」

　馬の飼育はとにかくお金がかかる。犬や猫などの愛玩動物のように、個人が一生丸ごと責任を持つことはほぼ不可能だ。そこで重要になるのがセカンドキャリア、つまり馬自身が稼げる場所を確保する仕組みだ。乗馬クラブや観光牧場のほか、セラピーホースを必要とする医療・福祉施設、神事などの伝統行事を運営する組織など全国約三十か所と提携を結び、専用シェルターで休養やケアをした馬たちをそれぞれの個性や心身の状態にマッチしたセカンドキャリアにつないでいる。馬の所有権は〈ＴＣＣ　Ｊａｐａｎ〉にあり、終生繋養《しゅうせいけいよう》が前提だ。

　意外なのは、この組織が株式会社ということだ。動物保護活動組織の多くは、ＮＰＯ法人などの非営利団体で収入の多くを支援者からの寄付に頼っている。しかし、山本さんは「この事業は〝馬と共に社会をゆたかにする〟というミッションを掲げた、ソーシャル・イノベーションビジネスです」と説明した。この言葉の定義は複数あるが、ここでは「新しい社会的価値を創造して社会的ニーズや課題解決に結びつける事業」ということだ。二〇一九年時点で、従業員数は契約社員を含め約二十名。主な事業内容は、ホースセラピーを取り入れた児童福祉サービス〈ＰＯＮＹ　ＫＩＤＳ〉の運営で、収益のメインになっている。もうひとつは、引退競走馬と全国の馬好きをつなぐ支援コミュニティ事業〈ＴＣＣ引退競走馬ファンクラブ〉の運営で二千名ほどの会員を集めている。また馬好きを対象にしたグッズの開発・販売も行っている。リゾートムード溢れるＴＣＣセラピーパークの施設は、すべて同社単独によるものと聞いて驚いた。

その後、馬たちが暮らす厩舎も見学した。スタイリッシュなデザインの建物は掃除が行き届いていて、いわゆる獣臭はまったくしなかった。通路を進んでいくと、デモンストレーションモデルの仕事を終えたラッキーハンターが、馬房の前に置かれた大型扇風機の風に当たりながら気持ち良さそうにしていた。この場所の気候は都会に比べると格段に爽やかだが、馬は暑さに弱く虫も苦手だと聞く。飼育担当者の愛情が伝わる細やかなケアを目にして、こちらも嬉しくなった。

「ラッキー、お疲れ様でした。扇風機いいね、気持ちよさそうだね」

話しかけると、ラッキーハンターは鬣を吹き飛ばされながら、静かにフーンと鼻を鳴らした。

馬と挨拶するときは、最初に手の甲を嗅いでもらう。というのは、ついさっき講習会の参加メンバーのひとりに教えてもらったことだ。ちなみにこの方法は初対面の犬と会った時と同じで、グーにした手を嗅がせてこちらが何者なのかを理解してもらうという意図がある。どうやら馬の嗅覚も、犬に負けず劣らず情報収集能力が高いらしい。

ラッキーハンターは、私の手の甲にピタリと鼻先をつけてスーハー、スーハーと熱心に嗅ぎはじめた。馬の鼻先はムニムニしていて温かく、予想以上に細かく動き、犬とはまた違った次元で物事を判断しているようだ。やがて鼻先は手首から腕へと移動して、どうやらこちらを無害と判断してくれたらしい。

私は艶やかな首筋に手を伸ばし、筋肉に沿ってゆっくり撫《な》でてみた。するとラッキーハンターもそれに応えるように、顔を寄せてきてくれた。手のひらに感じる優しい圧から彼自身の意思を感じ、なおさら嬉しかった。

まだ一握りとはいえ、全国にはラッキーハンターのように個性や適性に合ったセカンドキャリアを得て、人間を幸せにしている馬がいる。少しずつだが、その数は着実に増えている。限られた時間だったが実際に引退競走馬と触れ合う体験をしてみると、これまで競馬界で手付かずだった問題に挑んだ人々が賛同者を集め、その潮流が社会を動かしはじめていると感じることができた。

引退競走馬支援の世界には、いまだ知られていない人と動物に関わる物語がたくさんありそうだ。そう思った私は、東京に戻ってまもなく本格的に引退競走馬の取材を開始した。知識ゼロのスタートなので手探り感はかなり強いが、新たな企画が予想不能なのはいつものことだ。これから馬ワールドをずんずん歩きまわっていれば、やがて全貌が見えてくるだろう。

しかし、取材をはじめて約六か月、誰も予測しなかった事態が勃発した。新型コロナウイルスの感染拡大だ。その影響で人との交流や会食、地域を越えた移動、イベントやセミナーの開催がほとんどできなくなってしまった。とにかくやりにくいのは、感染拡大の中心が常に東京ということだった。相手は未知のウイルスだから情報は錯綜《さくそう》するばかりで、判断基準は個人によって大きく異なる。そして馬に関わる人々の多くは、感染者数の少ない地域に暮らしている。満員電車が走る都市に住む縁もゆかりもない人間（私のこと）が、このタイミングで取材協力のお願いをするのは非常識極まりない。コロナ禍で市民権を得たオンラインインタビューも、動物モノの取材ではほぼ無力だ。

　収束の兆しは見えないまま季節はめぐり、私は何をどうすればいいのか、しばらくわからなくなっていた。だがあるとき、ニュースサイトの見出しを見てハッとなった。無観客開催でも競馬の売り上げ絶好調――コロナ禍で何もかもが停滞しているような錯覚に陥っていたが、毎年七千頭が誕生して六千頭が引退する状況は変わることなく続いているのだ。

　とにかく今、できることをしなければ！　そんなとき思い出したのは、〈ＴＣＣ引退競走馬ファンクラブ〉の引退競走馬の共同オーナー制度だった。馬の飼育費用はどんなに安くても、年間で百万円以上かかるといわれている。セカンドキャリアで稼ぐとはいえ、すべてを賄うことは難しいし、将来のための貯蓄も必要だ。こうした引退競走馬の生涯をサポートする仕組みが、一か月に一口四千四百円、半口二千二百円（ともに二〇二〇年当時）で参加できるホースオーナー制度なのだ。

　そうだ、馬主になろう！

　サポートする馬は、決まっていた。ピカピカの体毛にクルリと丸い目が懐かしい。あの訪問以来、スマートフォンに保存した写真をくりかえし眺めていた。また会いたいな、どんな性格なのか詳しく知りたいな、などと思いながら再会を果たせないままだったが、初めて馬を身近に感じる体験をさせてくれたという意味で、すでにラッキーハンターは私にとって特別な存在になっていた。

　早速申し込むと、事務局から受付完了メールが送られてきた。微々たる支援とはいえ、これで私も晴れて馬主だ。馬主になって写真を眺めていると、さらに愛《いと》おしさが増してきた。「私のカワイイ、お馬さん」などと声に出してみると、想像以上の多幸感が胸を満たす。犬や猫と関わるときとはまた違う、ちょっと華やいだ非日常感は馬パワーによるものなのだろうか。気分が上がった勢いで、ラッキーハンターの写真と一緒に引退競走馬の共同オーナーになったことをＳＮＳにアップした。

　見知らぬアカウントからメッセージが届いたのは、それからわずか一時間後のことだった。

　　初めまして。ラッキーを競走馬時代に担当していた林と申します。この度は、ラッキーに出資してくださり誠にありがとうございます。昔から大人しくて愛嬌《あいきょう》があって、何よりも人が大好きな子なので、また是非《ぜひ》会いに行ってあげて下さい。

　画面をスクロールすると、写真が添付されていた。馬房からこちらを見つめる馬は、ややホワホワした鬣を額の半分あたりでパッツンと切り揃《そろ》えられていて、入学式を終えたばかりの男の子みたいだった。顔の輪郭や真っ黒な瞳からは、まだ幼さが感じられたが、眉間にあるミルクをひと垂らししたような美しい模様には見覚えがあった。これは……若馬時代のラッキーハンターだ！

　メッセージの送り主は、滋賀県の栗東トレーニングセンターに勤務する林《はやし》達郎《たつろう》さんという人だった。通称〝トレセン〟と呼ばれるこの場所はＪＲＡが運営する競走馬専用の調教施設で、栗東トレーニングセンターと茨城県にある美浦《みほ》トレーニングセンターは、中央競馬の東西二大拠点といわれている。私がラッキーハンターのことをＳＮＳにアップしてから、わずか一時間程でメッセージが届いたことに少々驚いたが、林さんは「リアルタイム検索のお気に入りワードから訪問させていただきました」という。検索ワード設定しているとは、ラッキーハンターをかなり激しく愛しているようだ。

　ちょっと意外なのは、馬のことを「子」と呼んでいることだった。ペット動物の世界では「うちの子」などの表現はかなり浸透していて、状況によっては新聞や雑誌などの大手メディアで使用されることもあるが、こういうセンスは現役バリバリの競馬関係者には鼻で笑われそうな気がしていたので、いきなり親近感がわいた。メッセージに返信すると「今まで何百もの馬たちと大なり小なり触れ合ってきましたが、ラッキーの魅力は今でも唯一無二です」と返信もやたらと熱い。添付された写真は、林さんがラッキーハンターと初めて出会った日に撮影したもので、二歳二か月くらいだという。馬の年齢を人の年齢に当てはめる方法は複数あるようだが、人間に換算すると十二歳くらいで、どうやら入学式も的外れではなかったようだ。前髪パッツンのラッキーハンターは、あどけないという表現がピッタリで、私はしばし写真に見惚《みと》れながらフンワリとした気持ちになった。

同時に思ったのは、ラッキーハンターは本当に競馬場で走っていたのだ、ということだった。引退競走馬支援プロジェクトの拠点で出会ったのだから、ファーストキャリアが競走馬だったことは言うまでもない。動くたびに艶やかに浮かびあがる圧倒的な筋肉を至近距離で目にしたときは、サラブレッドが走るために生まれてきた動物なのだと再認識させられた。だがラッキーハンター自身は、講習会でデモンストレーションモデルを飄々《ひょうひょう》とこなしたり、講師や参加者と穏やかに交流したり、大型扇風機に鬣を吹き飛ばされながらニコニコしていたりと常に穏やかだ。それだけにレースで疾走する姿が、どうしても想像できないままでいた。

なにしろ競馬は、勝敗がすべてのハードな世界だ。観客の歓声と拍手、華やかなファンファーレが鳴り響くなか、出走馬たちは派手なウエアに身を包んだ騎手を乗せ、威圧感の塊みたいな無機質なゲートへ進んでいく。一瞬の静寂を経てゲートが開くと、弾丸のごとく飛び出した馬たちがコースを奪い合いながら疾走し、まもなく最終コーナーへとなだれ込む。さらに大きくなる歓声に怒声が加わるなか、ゴール板の前を馬たちが次々に走り抜けていく——数回テレビで見たことしかないが、もし自分が競走馬だったらと想像するだけで胃が痛くなりそうだ。

ラッキーハンターが輝ける場所は、勝負の世界でなかったことは容易に想像できる。ホースセラピーというセカンドキャリアが、あまりにマッチしているだけに現役時代がほとんどイメージできないままだった。だが実際は、中央競馬で活躍すべくラッキーハンターを調教した人が実在する。デビュー前からの担当ということは、この世界では育ての親といってもいいだろう。唯一無二の馬と断言する林さんのもとで、このかわいらしい男の子はどのように成長して、どんな競走馬時代をおくったのだろうか。

めっちゃ可愛い新馬

栗東を訪れたのはコロナ禍がはじまって以降、数か月ぶりだった。林さんとの待ち合わせ場所は、もちろんラッキーハンターが暮らすＴＣＣセラピーパークだ。

軽快な歩調でロビーにあらわれたのは、大柄ではないけれど背筋のスッキリした印象の男性だった。肩書きは、音無《おとなし》秀孝《ひでたか》調教師の厩舎所属の調教助手。主な仕事は、調教師の指示のもとで、競走馬の日々のトレーニングからアフターケア、心身の健康管理までトータルでおこなうことだという。

林さんをはじめトレセンで働く人々の多くはＪＲＡ所属だが、採用は調教師が運営する厩舎単位におこなわれている。各厩舎は完全独立採算制で、どうやら競馬業界というのは、トレセンという国のなかで複数のライバル企業が切磋琢磨《せつさたくま》しているようなものらしい。日々の勤務時間について訊《き》くと、担当馬がレースに出ない日は午前二時から九時過ぎまで、午後は三時前から夕方までだという。馬の朝は早いと聞くが、この世界の一日は、ほぼ日付変更とともに始まっているのだ。この日、林さんは午前中の仕事を終えたところだった。

「ラッキーに会うのは久しぶりなので、楽しみにしていました」

林さんは、見るからに新鮮そうな袋入りのニンジンを手にしていた。鼻先にぶら下げるという表現など、馬とニンジンの組み合わせはステレオタイプなものだと思っていたが、あながちそうでもないらしい。

「馬って、本当にニンジンが好きなんですね」

「ニンジンが嫌いな子はいません」

林さんは、一番人気のおやつだという。早速、ラッキーハンターに食べさせてあげたいところだけれど、午前中はハンディキャップのある子どもたちのための支援プログラムで、セラピーホースとして働いている。セカンドキャリアでも大活躍しているのだ。競走馬とセラピーホース、ふたつの時代を知る林さんの目に、ラッキーハンターはどのように映っていたのだろう。ニンジンタイムは後のお楽しみにとっておいて、ファーストキャリアについて訊いてみることにした。

林さんがラッキーハンターと出会ったのは二〇一三年の夏、就職して三年目のことだ。函《はこ》館《だて》競馬場で開催されるレースに備えて、前乗りして出走馬を調教する役目を初めて任された。

「担当する馬は通常二頭ですが、一頭を栗東から連れて行き、もう一頭が新馬として入厩したばかりのラッキーハンターでした。最初からノホホンとしていて、ちょっと有り得ないくらい大らかで、とにかくかわいい馬でした」

現在とほぼ変わらない印象だが、ラッキーハンターは競走馬としてかなり珍しいタイプだったようだ。なぜなら競馬界で、新馬はもっとも危険な存在だからだ。生産牧場で生まれたサラブレッドの子馬が、競走馬への道を歩むために母親から引き離されるのは生後半年くらいだという。同じくらいの月齢の子馬が集まる育成牧場は、競走馬候補たちの英才教育学校のようなもので、そこで体力をつけながら基礎トレーニングを重ね、二歳になる頃にデビュー目指してトレセンの厩舎に入る――というのが競走馬たちの歩む基本的なルートだ。

林さんによると、それまで育成牧場で暮らしていた新馬にとって、トレセンはとても怖いところだ。

「勝負の世界に直結しているし、きついトレーニングを重ねるため人も馬もピリピリしています。新馬にとっては、ただでさえ初めての場所なので不安感も恐怖心も大きくなっているはずです」

馬は、怖ければ暴れる。そして新馬は、たいてい大暴れする。体重四百キロを超えている大動物が相手なので、少しでも対応を間違えたら大怪我は免れない。また馬たちはまぎれもなくオーナーからの預かりもので、生命と財産の両方を守るためにも、厩舎の仕事は細心の注意が必要なのだ。

馬たちにとって最初の難関は、鞍《くら》を付けて人を乗せることだ。

我々が目にする馬というのは当然のように鞍を付けて走っているので、つい「馬とはそういうもの」と考えてしまいそうになるが、そもそも動物にとって背中に何かを付けたり、まして人を乗せるなど恐怖でしかない。それでも最終的には受け入れてくれるのだから、馬というのはなんと稀有《けう》な動物なのだろう。鞍を付けたり、人が乗るトレーニングは、育成牧場時代からやってはいる。だが仲間と離れて新しい環境に来たばかりの馬は、緊張感や警戒心が頂点に達しているといっても大袈裟ではない。

「通常は、ひとりで新馬をトレーニングするのは難しいといわれています。就職してまだ三年目で、単独で函館に来ていたのでまわりに頼る人もいませんでした」

さて、どうしたものか。林さんはやや戸惑ったが、それでもラッキーハンターにはどこか安心感を抱かせるものがあった。初めてのトレーニングで馬房から出すときは念の為《ため》、隣の厩舎のスタッフに声をかけた。

「この馬はじめてなので、少しだけ前を歩いてもらってもいいですか」

「ひとりでやるの、大丈夫？」

心配されたが、手綱《たづな》を手に並んで歩きはじめたら、みるみる不安は薄れていった。

「大人しいので、たぶん大丈夫です」

それは思い違いではなかった。ラッキーハンターは、馬場に出しても終始穏やかだった。鞍に慣らすために、ポンと勢いをつけて腹這《はらば》いで背中に乗っても平然としていた。なんてかわいいのだろう……！　出会って早々、林さんはすっかり心奪われてしまった。ラッキーハンターは、とにかく〝いつも楽しげな馬〟だった。馬房の前を通るたびに、嬉しそうに通路に顔を出しながら「僕ここにいるよ」「遊ぼうよ」「その人は誰〜？」「ねえ、ねえ、何してるの？」といった言葉が聞こえてきそうだった。

社交的や人懐っこいという言葉だけでは表現しきれない愛嬌があり、そう感じたのは林さんだけではなかった。函館競馬場では、レースの日程に合わせて全国から集まった厩舎スタッフと馬が同じ施設を使用して、調整やトレーニングをおこなっている。通路を行き来する他の厩舎スタッフにも頻繁にアピールするラッキーハンターに、注目が集まるまで時間はかからなかった。

「おまえのとこの新馬、めっちゃ可愛《かわい》いな！」

馬を見慣れた競馬関係者でさえ驚くほどの、愛されオーラだった。特に並びの馬房を使用するほかの厩舎のスタッフは「かわいい」「癒される」とメロメロになった。

競走馬デビューを目指すためのトレーニングは、牧場時代にくらべると格段に厳しい。まだ体力がなかったラッキーハンターは、一日が終わるとクタクタで、馬房に戻ると完全に横倒しになって熟睡していたという。新馬は緊張のあまり、疲れていても休息や睡眠がしっかり取れないことがある。しかしラッキーハンターは最初からオン・オフの切り替えがしっかりしていて、担当としても安心できた。たいていの馬は、人の気配があれば気づいてすぐに身を起こす。だが清潔な敷《し》き藁《わら》をたっぷりと敷き詰めたフカフカのベッドで、寝息を立てるラッキーハンターからは、完全にリラックスした空気しか感じられなかった。

その様子を見て、林さんはある挑戦を思いついた。

「僕、ラッキーの隣で寝られるような気がするんです」

「そんなことして、大丈夫か？」

親しくなった先輩は心配したが、ゆっくりと馬房に入るとラッキーハンターは少し頭を上げただけだった。投げ出された四肢に力が入る気配はなく、どこを撫でてもされるがままだ。林さんがその横に静かに腰をおろして少しずつ馬体に体重を預けてみると、ラッキーハンターもそれを自然に受け入れた。

「すげーな！」

先輩は写真を撮りながら心底驚いていたが、それは林さんにとっても初めてのことだった。

私は、なぜラッキーハンターに惹きつけられたのか。林さんから現役時代のエピソードを

入厩当日のラッキーハンター。愛嬌たっぷりで「めっちゃ可愛い新馬」とスタッフのあいだで評判になった（提供・林達郎さん）

現役競走馬時代のラッキーハンター。中央競馬を引退した後は地方競馬へ。大井競馬場のデビュー戦で初勝利した（提供・TCC Japan）

聞きながら、ひとつの疑問がスルスルと解けていくのを感じていた。ラッキーハンターの行動や人に対する反応は、はっきりいってかなり犬っぽいのだ。あらゆる動物のなかで、犬ほど積極的に人間とコミュニケーションを取ろうとする生き物はおそらくいないだろう。生まれながらにして、人が指さすものに注目する能力を持つのは、人間と犬だけといわれている。また最近の研究結果では、信頼関係が築けている人と犬は、見つめあうだけで脳内でオキシトシンというホルモンが分泌され、お互いの絆が深まることもわかっている。人間への好奇心が旺盛で「遊ぼうよ」「それ、なーに？」と常に楽しそうにアピールし続けることは、もっとも犬らしい犬の基本行動だが、これは新馬時代のラッキーハンターのエピソードとピッタリ重なっている。犬っぽい猫や、猫っぽい犬がいるように、おそらくラッキーハンターは犬っぽい気質が強い馬で、そんなところが馬の知識ゼロの私にも親しみやすかったのかもしれない。林さんによるラッキーハンターの逸話は、聞けば聞くほど犬を連想させるものだった。しかも並の犬ではなく、突出して大らかなタイプだ。

　初めて見るものに動じないラッキーハンターは、ゲート試験もスムーズに合格した。これは競走馬デビューのための必須の試験だが、警戒心が強すぎるなどの理由で何度トライしてもゲートインできない馬もいるというから、担当者の喜びと安堵《あんど》感はひときわ大きい。肝が据わっているというか、何やら大物感さえ漂っているような気がするが、「どちらかというと、天然のマイペースタイプです」と分析する林さんは、ラッキーハンターは人を笑わせる才能にも長《た》けていると言う。

レースの出場が決まった競走馬は、前の週から〝追い切り〟と呼ばれる本番さながらのタイムを目指したトレーニングをする。普段よりも格段にハードな調教なので、汗や土をきれいに洗い流してあげた後は、特に負担がかかる膝から蹄《ひづめ》の上にかけてアイシング用の白い粘土を塗る。これは筋肉の疲労回復に効果があるもので、競馬界では定番のアフターケアだ。

林さんがラッキーハンターの異変に気づいたのは、ほかの用事をすませて再び様子を見に行ったときだった。厩舎の通路の先に、馬房から顔を半分覗《のぞ》かせてこちらに視線を送ってくる栗毛《くりげ》の若馬が見えた。しかし、その姿はいつもとまったく違っていた。

ラッキーの馬房に、ピエロがいる……！

粘土を塗った前肢《まえあし》で顔を掻《か》いたのだろうか、まるでピエロのメイクを施したように、ラッキーハンターの左目のまわりが白くペイントされていた。笑いを堪《こら》えきれないまま林さんがスマートフォンを構えると、ラッキーハンターは嬉しそうにカメラ目線になったそうだ。

「偶然とは思えないキレイな仕上がりで、大笑いしました。ラッキーには生まれながらにして、人を笑わせる才能があるんです」

人間の世界には、意図せず面白いことができる人がいるが、どうやらそれは馬の世界にもあり得ることらしい。さらに林さんが教えてくれたのは、砂浴びタイムのエピソードだった。

「ラッキーは砂のうえでゴロゴロするのが大好きで、馬にとってはストレス発散効果があります。トレーニングを頑張っていたので、少しでも気分転換ができればと砂場に連れていってあげたら、そこで驚いて飛び上がってしまったことがあるんです」

「いつも大らかで何にも動じないラッキーがそこまで驚くなんて、何があったんですか？」

私が信じられない思いで訊くと、答えは予想もしないものだった。

「自分のオシッコを嗅いだんです」

「自分のオシッコの臭いに驚くって、どういうことですか？」

「馬はフレーメンといって、尿の臭いを確認して歯を剝《む》くような表情を見せることがありますが……ラッキーのあれはおそらく違うと思います。動画があります」

林さんのスマートフォンに、砂場で仰向けになって四肢を振り回すようにして砂浴びを楽しむラッキーハンターの姿が映し出された。

砂浴び最高〜♪　最高だ〜♪　今日も一日頑張った〜♪

ラッキーハンターの様子から、即興の鼻歌が聞こえてきそうだった。馬は骨格上、自分の体の多くの部分を自分で触ることができない。特に背中や腰は、虫に刺されたり汗をかいたりしても気軽に搔くことができない。馬にとってのゴロンゴロンは、おそらく犬や猫よりも遥《はる》かに至福のときなのだろう。

動画のラッキーハンターは、やがてスックと立ち上がると放尿をはじめた。体重四百キロ以上の大動物の尿はまるで滝のような迫力だが、足元のサラサラの砂がすみやかに吸収して

自分の尿に謎の反応をするおちゃめなラッキーハンター（林達郎さんのFacebookより）

いった。事が終了するとラッキーハンターは、確認するように濡《ぬ》れた砂に静かに鼻を近づけた。その瞬間、馬体が弾《はじ》かれたように上下した。パニックでも起こしたのかと思ったが、二、三回ジャンプして走りまわると冷静になった。そして自分の尿を大量に吸い込んだポイントに戻り、先程と同じように鼻先をピタリと砂につけると、再びロデオのようにさらに激しくジャンプした。すぐに冷静になったので事故の心配はなかったものの、林さんが「一瞬、焦りました」と言うのも無理はない。

「ラッキーは、どうしちゃったんですか!?」

私が訊くと、林さんは「あくまで推測ですが」と前置きしたうえで、ラッキーハンターの気持ちを代弁してくれた。それによるとシーン1は「くっさー!」で、シーン2は「やっぱり、くっさー!」だ。セリフを当てて再度動画を見たら、笑いが止まらなくなった。自分のオシッコにそこまで驚くなんて、ラッキーハンターの嗅覚はいったいどうなっているのか。だって、すごーく臭かったんだもん! そんなセリフが聞こえてきそうな気がした。

新馬時代のエピソードを知ることで、私はラッキーハンターの魅力に益々惹きつけられた。人間が大好きで穏やかな性格で、かといって優等生的というわけではなく、むしろ人に笑いを届ける才能をたっぷりと兼ね備えている。ラッキーハンターは、人間社会に幸せをもたらしてくれる存在だと思った。

ラッキーハンターが午前中のホースセラピーの仕事を終えたと聞いて、私と林さんは厩舎へ移動することにした。通路を進んでいくと、はるか前方で栗毛の馬が「あ！」という感じでこちらに注目した。「あの人は、もしかして、もしかするとぉ……」と、目の輝きがみるみる増していくのが遠目にもわかった。

「ラッキー、元気そうだな！」

林さんが呼びかけると、ラッキーハンターは「やっぱり、そうだー！」と言わんばかりに馬房からグイと顔を突き出し、さらに確認するように林さんの手や体に柔らかな鼻先をピタピタとくっつけた。元競走馬は、現役時代の調教担当者との久しぶりの再会をあきらかに喜んでいた。

「ラッキー、嬉しそう。林さんが本当に好きなんですね」

「そうだったらいいですけど、目当てはコレじゃないかな」

林さんが笑いながらお土産のニンジンを取り出すと、ラッキーハンターは前肢で地面をカシカシと掻く仕草をした。これは〝前掻き〟といって、要求をあらわすボディランゲージのひとつだ。さすが人気ナンバーワンのおやつだけのことはある。口にするときは三分の一くらいずつ、パリポリと丹念に嚙《か》み砕いていて、大好物の味を丁寧に楽しんでいた。

おやつタイムが終わると、林さんは馬房ギリギリに背を向けて立ち、ラッキーハンターの頭部を自分の右肩に乗せるようにして両腕で優しく抱きしめた。おそらくこの体勢は馬にとって〃抱っこ〃のようなものなのだろう、ラッキーハンターも至福のときを味わうように静かに力を抜いている。競馬業界では人馬一体という言葉がよく使われるが、それは騎手と競走馬に限定したものではないのかもしれない――美しい光景に、私は静かな感動を覚えた。

競走馬ラッキーハンターの日々

リラックスしきった表情を目にすると益々イメージしにくいのだが、ラッキーハンターは間違いなく中央競馬のレースで戦っていた。厳しい勝負の世界といわれるが、具体的にどのような日々だったのだろう。

当時の話を聞いて、やや意外に感じたのは、新馬時代から大きな注目と期待を集めていたことだった。デビューを控えた前髪パッツンの男の子は、生まれ持った大らかさと人懐っこさを発揮する一方で、「馬っぷりがいい」「走りそう」「良い馬」など競走馬としても高評価を得ていたのだ。

ラッキーハンターは二〇一一年四月に北海道日高《ひだか》郡新ひだか町の牧場で生まれた。母親の名前はユメノラッキー、父親のハーツクライは二〇〇五年の有馬記念で優勝して、日本調教馬で唯一ディープインパクトに勝った競走馬として名高い馬だ。ディープインパクト――競馬に疎い私でさえ知っているのだから、その存在は競馬史上の怪物といってもいいだろう。そんな大スターに勝利した経歴を持つ競走馬の血を引く新馬ともなれば、なるほど期待が高まるのも頷《うなず》ける。

記念すべきデビューは、二〇一三年七月二十八日だった。担当の林さんの愛情とトレーニング技術によって、四百八十キロ近い堂々とした馬体に仕上がったラッキーハンターは、函館競馬の第五レースに出場した。

必ず、無事に戻ってきますように！　競走馬をレースに送り出す人々は、まずはそう祈るという。中央競馬でフルゲートと呼ばれる最大出走頭数は、十六頭から十八頭が多く、これだけたくさんの馬が進路を奪い合いながら全力疾走するのだから危険極まりない。しかもそこで一着になるなんて、もはや神業レベルといってもいい。勝負の世界の厳しさに気が遠くなるばかりだ。

ラッキーハンターはデビューしたものの、なかなか勝利をつかむことができなかった。

「競馬界では、馬の腰から後肢《うしろあし》にかけてを〝トモ〟と呼ぶのですが、ラッキーはトモが弱かったんです。そのためスタートダッシュができず、いつも出遅れてしまっていました」

当時の状況を分析する林さんは、さらにラッキーハンターが暑さに弱かったことも指摘している。ほかのエリアにくらべたら北海道の夏は格段に過ごしやすいが、それでも気温の上昇とともにラッキーハンターの目の周りは脱毛した。

「これは夏場、馬に時々見られる症状です。皮膚病ではなく、おそらく体内環境のバランスが乱れてそうなるのだと思います。馬の地肌は黒いので、脱毛するとまるでパンダのような顔になるんです。熱を放出できるように睾丸《こうがん》が下がってくるなど、夏バテの兆候も出ていました」

林さんは、ミスト扇風機を購入するなど、ラッキーハンターがなるべく快適に過ごせるように飼育環境を整えた。しかし、ラッキーハンターには身体的なもの以上に大きな課題があった。大らかでピリピリしたところがないのが持ち味だが、あきらかにレース向きの性格ではなかったのだ。

二〇一三年七月から十二月まで、ラッキーハンターはデビュー戦を含む六回のレースに出走したが未勝利に終わった。競馬界では、新年と同時に年齢を重ねる習慣があり、二〇一四年一月からは三歳馬として出走したが、結果は振るわなかった。

この世界には、誰も抗《あらが》えない厳しいルールがある。デビューした馬が三歳の夏までに一度も勝利しなかった場合、その後も走り続けるには格上のレースに挑戦するしかない、というものだ。これまで出ていたクラスで勝利できない馬が、そこで賞金圏内に入ることはかなり難しい。なかには障害馬としてトレーニングし直して改めてデビューする馬もいるが、多くの馬は引退を余儀なくされる。

これからラッキーはどうなるのか。林さんは、今や自分にとって特別な存在になっている競走馬の可能性を信じる一方で、調教のプロとして楽観視できないことも感じていた。

まずは一勝してほしい！　レースの朝、林さんは気合いを入れて厩舎へ向かった。競走馬の多くは、周りの状況からレース開催を察知してピリピリ、イライラと殺気立っていることもめずらしくない。だが馬房を覗くと、ラッキーハンターは横倒しになってスヤスヤと寝息を立てていた。

「ラッキー、おはよう！　今日はレースだよ」

林さんの声で目を覚ましたラッキーハンターは、ホワーンとした顔で応えた。

ああ、そうかー、レースなんだぁ〜。

競走馬らしからぬ和やかな反応に、林さんは毎度心奪われてしまうのだが、しかし、今後を考えると複雑な心境にならざるを得なかった。

あの馬たちは、今後どこへ行くのだろう——レースの先頭を走る馬よりも、その後方にずらりと並ぶ馬たちのことが無性に気になりだしたのは、林さんが北海道の生産牧場で働いているときのことだった。

競馬に興味を持つようになったのは中学生時代で、それ以来、馬の世界に憧れ続け、酪農学園大学短期大学部時代は、長期連休を利用して自分でアポイントを取った牧場で作業実習をした。卒業後は「馬のことをきちんと勉強したい」と考え、公益社団法人日本軽種馬協会が主催する生産育成技術者研修の研修生として、馬の手入れや厩舎の掃除、堆肥の扱い方、草刈り、馬術練習など、牧場の仕事に必要なスキルを身につけた。

就職したのは、サラブレッドの子馬の飼育とトレーニングをする北海道の育成牧場だった。自分で世話をした馬のその後を調べてみると、なかには中央競馬から地方競馬へ登録変更して、引退後は乗馬クラブに移動するケースもあった。しかし、まもなくすると馬たちの情報はたいてい途絶えた。これは何を意味するのか？　真相について考えるほどに、寂しさや葛藤を抱えるようになった。だが林さんは、自分に何ができるのかまったくわからなかった。

「それならあえて、競馬業界の中心を自分の目で見てみよう。そう思ったことが、今の仕事を目指すきっかけになりました」

調教助手になるには、ＪＲＡが運営する全寮制の競馬学校で半年間学び、卒業しなければならない。入学試験は、学科と作文、運動機能検査をパスしたら二次の騎乗試験に進み、それに合格したら最終面接を受けるという厳しい内容で競争率も高かった。一回目は一次試験まではパスしたが、騎乗試験の壁は厚かった。一念発起してトレーニングに集中した結果、二回目で合格を果たした。

だが学校を卒業しても、すぐに就職できるわけではない。人員募集は調教師が運営する厩舎単位でおこなわれるが、採用希望者がアプローチする術《すべ》はなく、何らかの縁をきっかけに声がかかるのを待つしかない。林さんは栗東トレーニングセンターの近くにある育成牧場でアルバイトとして働きながらチャンスを探り続け、ようやくＪＲＡに就職したのは二年後の二〇一一年七月のことだった。

　引退競走馬支援活動について初めて耳にしたのは、それからまもなく栗東トレーニングセンターに厩舎を持つ角居《すみい》勝彦《かつひこ》調教師（二〇二一年引退）が主催する勉強会に参加したときのことだ。角居調教師は、二〇〇五年から二〇一四年にかけて最多賞金獲得調教師賞を複数回受賞、二〇一一年には最多勝利調教師賞を獲得している。ドバイワールドカップの勝利など海外遠征の経験も豊富な、日本の競馬界を代表する一流調教師のひとりだ。その勉強会は、林さんにとって驚きの連続だった。

「トレセンでは調教師をトップにした厩舎ごとに方針があって、それらは企業秘密のように扱われています。でも角居先生は、厩舎の枠を超えて誰でも参加できる勉強会を開いていて、そこには若手を中心に十数名が集まっていました。角居厩舎の情報を惜しげもなく公開することも多くて最初はとても驚いたのですが、みんなでレベルアップして業界全体の底上げをしようという方針に強く惹かれました」

　勉強会では角居調教師本人が話をすることもあったが、外部から講師を招くことも多かった。内容は日本と海外の調教の違いや調教画像の解析・分析、飼葉《かいば》の調合など栄養学に関すること、木馬を使った騎乗フォームのチェックなど多岐にわたっていた。ここでは引退競走馬支援活動も重要なテーマとして扱われていて、角居調教師は、二〇一一年十月にＪＲＡの協賛を得た啓発イベント「第1回サンクスホースデイズ」を兵庫県の三木《みき》ホースランドパークで開催するなど、具体的な取り組みもスタートさせていた。このイベントは林さんにとっては願ってもない機会で、開催当日はボランティアスタッフとして参加した。それをきっかけに〈ＴＣＣ　Ｊａｐａｎ〉代表の山本さんなど、引退競走馬支援に賛同する人々とのつながりもできていった。また限られた数ではあるものの、こうした活動がセカンドキャリアで活躍する元競走馬を支えていることもわかってきた。

引退競走馬を支援する方法がある——その事実を知ったことで、林さんはラッキーハンターの将来をより真剣に考えるようになった。人懐っこくて穏やかで動じない性格は、乗馬入門者や初心者のレッスンで活躍するのに最適だ。また、あれほどコミュニケーション能力のある馬なら、馬事《ばじ》文化を普及するアイドルホースとして活躍するチャンスもあると考えた。

だがそのプランは、あくまで林さんの胸の内だけのものだった。そもそも競走馬は馬主の所有物で、運命のすべてがその手中にあるといっても大袈裟ではない。預かり物である競走馬の行く末に思いを馳《は》せるなど、厩舎の一職員として出過ぎた真似《まね》といわれても仕方のないことだった。

愛ある馬主

しかし期待できる要素はあった。それはオーナーが、ラッキーハンターをとても大切にしていたからだ。馬主の名は、西村《にしむら》憲人《のりと》さん。北海道函館市湯《ゆ》の川《かわ》温泉の老舗・花びしホテル代表取締役会長で、一般社団法人函館馬主協会の副会長でもある。

「ラッキーハンターの母親のユメノラッキー号は、私が馬主になって初勝利をあげた馬で、三勝して引退後は繁殖牝馬《ひんば》として所有していました。その六番目の子どもとして生まれたのがラッキーハンターです。男の子が誕生したと連絡があったときは嬉しくて嬉しくて、すぐに新ひだか町の牧場へ行きました。初めて会ったときの印象は肢が長くて、とても目がかわいい馬でした」

西村さんは、一九四二年生まれの七十九歳（二〇二一年当時）。旅館業を営む実家は函館競馬場に近く、昔からレース開催時は調教師や騎手、馬主など競馬関係者の定宿として賑《にぎ》わった。高校時代から家業を手伝い、そこで出会った馬主にかわいがられて競馬観戦に連れていってもらったことが馬主に憧れたきっかけだ。大学卒業後はハワイのホテルで二年間修業して、二十六歳で家業を継いだ西村さんが念願かなって中央競馬の馬主になったのは、五十歳のときだった。

以来、個人馬主として約五十頭を所有してきたが、なかでもラッキーハンターは、西村さんにとって特別な存在だ。

「最初は決して大きくはありませんでしたが、成長とともに馬体に幅が出始めて〝馬っぷりの良い馬〟へと変化していきました。時々牧場に会いに行っていましたが、広大な放牧場に向かって口笛を吹いて手を叩《たた》くと、ラッキーは私のもとへ駆け寄ってきてくれました」

なぜラッキーハンターがこんなにも人懐っこい馬になったのか、私はあらためて理解できたような気がした。あの愛らしいキャラクターは元々の気質に加えて、純粋な愛情を持った人に注目され、かわいがられた経験のなかで育まれていったものなのだ。

西村さんは、ラッキーハンターといつでも会えるように、デビュー直前のトレーニングを函館競馬場に直接入厩させておこなうことにした。通常の新馬は、北海道の育成牧場から一度はＪＲＡが管理する茨城県の美浦トレーニングセンターか滋賀県の栗東トレーニングセンターのいずれかでデビュー前のトレーニングを積み、準備が整ったら各競馬場に移動するので、それはかなりイレギュラーなことだった。そのおかげで、ラッキーハンターは林さんと出会うことができたのだ。それは愛馬の様子を見るためにほぼ毎日、厩舎を訪れる西村さんにとっても幸運なことだった。

「私が預託していた佐藤正雄《さとうまさお》調教師（二〇一八年引退）は、当時所属していた林さんを信頼してラッキーの調教をほぼすべて任せていました。林さんは、私以上にラッキーがかわいくて仕方がない様子で、会うたびにラッキーの様子を詳しく説明してくれました。さらに会えない日は、メールでその日の報告や写真を送ってくれたのです」

馬を愛するオーナーと調教にあたる現場担当者が意気投合することは、とても自然なことのように感じる。だが林さんによると、こうした交流は競馬界ではかなりレアケースだ。

「通常、馬主さんは調教師としか話をしませんし、現場担当者とコンタクトを取る機会もありません。調教助手とメールアドレスを交換して、頻繁に連絡を取り合う西村オーナーのような方は、とても珍しいと思います」

この関係ができたのは、いうまでもなく林さんがラッキーハンターを本当に大切にしていることが西村さんに伝わったからだ。だがラッキーハンターは、三歳馬になってからも勝利をあげることはできなかった。デビューから二〇一四年九月の阪神《はんしん》競馬場でのレースを最後に十三戦出走した後、中央競馬の登録抹消が決定した。

「数日間、何もしたくなくなるほどショックでした」

当時を振り返る林さんは、かわいいラッキーハンターを一勝もさせてあげられなかったこと、オーナーの期待に応えられなかったことなど悔しさを口にした。中央競馬の引退後は、地方競馬で走り続けることが決まっていたのがせめてもの救いだった。

いよいよラッキーハンターとの別れの日、林さんはこれまで胸に秘めていたことを思いきって西村さんに伝えることにした。

「今まで本当にありがとうございました。ラッキーを勝たせてあげることができず、大変申し訳ありませんでした――という内容の後に、もし本当の意味で競走馬を引退する日がきたら、ラッキーは乗馬馬としてとても素晴らしい才能を持っていると思うので、差し出がましいお願いではありますが、どうかその時は連絡していただけると幸いです、という内容のメールを送りました」

一方、西村さんは、いろいろな意味でまったく諦めていなかった。中央競馬の引退後、ラッキーハンターを大井《おおい》競馬場に登録することに決めたのは、ある計画があったからだ。中央競馬で結果を残せなかった理由について、西村さんはつぎのように分析していた。

「ラッキーハンターは馬格があるわりに、腰、いわゆるトモが弱い馬でした。そこをかばおうとしたのか次第にスタートゲートに腰をもたせかける悪い癖ができてしまい、スタート時から一完歩、二完歩遅れた競馬になっていました」

一完歩とは馬の歩幅のことで、レース時のサラブレッドの一完歩は七、八メートルといわれる。二完歩の遅れとなれば、その後のレース展開はかなり厳しくなってしまう。だが西村さんは、ラッキーハンターの才能を信じていた。

「中央競馬には、一度は登録抹消された馬でも、地方競馬で三勝すると中央競馬に再登録できるルールがあります。トモの問題を克服しながら挑戦すれば、ラッキーは必ず結果が出せると考えていました。中央競馬に再登録したら、再び林さんにお世話になろうと思っていたのです」

二〇一四年十一月十二日、ラッキーハンターは大井競馬場のダート一五〇〇メートルの十三頭立てでデビューした。スタートはいつも通りだった。走りは悪くないが、やはりゲートでのロスは大きい。そのまま挽《ばん》回《かい》ならず、第四コーナーでは最後尾近くにつけていた。

もはや、これまでか……。西村さんの胸に不安と落胆が迫るなか、しかし直線に向かうところからみるみる流れが変わっていった。外側のコースを取るラッキーハンターが、力強く疾走しはじめたのだ。これまで前方を走っていた四、五頭が、瞬く間に後方へ追いやられ、さらにポジションをあげるほどに勢いは増していった。地方競馬でデビューしたこの日、ラッキーハンターはなんと九頭をごぼう抜きする劇的な展開で優勝、競走馬として初勝利をおさめたのだ。

「やはりラッキーは走れる馬なのだと確信しました。優勝したラッキーの目は、とても輝いていて、一緒に優勝写真を撮ったときは〝俺やりましたよ！〟と話しかけられたような気がしました」

あの、穏やかでかわいいラッキーハンターに、そんなエピソードがあったとは……！　私もできればその場に駆けつけて、「優勝おめでとう」と声をかけたくなった。

地方競馬時代のラッキーハンターは、体重五百キロを超える堂々たる大型馬になっていた。しかしトモの弱さの克服は難しく、スタートダッシュができない後ろからのレース展開になることが常だった。それでも直線コースではパワーが溢れていて、その翌年二月五日に二着、六月二十五日には優勝して、二勝目をおさめることができた。目標まで、あと一勝――しかし、勝負の世界は厳しかった。

レース中に多重事故が起きたのは、二〇一六年一月十五日のことだった。十六頭でスタートしたその日も、ラッキーハンターは後方を走っていた。先頭集団が第三コーナーを抜けようとしたとき、突然中央前方を走る馬が崩れるように倒れると、その後を追う馬たちが次々と立ち上る土煙のなかへと姿を消していった。七頭が落馬する大事故で、西村さんには悪夢の瞬間だった。常にレースをチェックしていた林さんは、すぐに電話を入れた。

「ラッキー、大丈夫ですか!?」

「擦り傷はひどいけれど、大丈夫そうです」

この日のラッキーハンターは一番外側を走っていたため、ほかの馬がぶつかってきたときに横倒しになり、おかげで大きな負傷を免れることができたという。西村さんの説明に、林さんはようやくホッとすることができた。

だがその後もラッキーハンターの成績は低迷したまま出走が続き、林さんは気を揉《も》む日々が続いた。西村さんのラッキーハンターへの愛情は本物ではあるけれど、最終判断に口を挟むことはできない。それだけに二月末、引退の報告が直接きたときは、その心遣いが本当に嬉しかったという。だが同時に、林さんは不安にも襲われた。引退競走馬支援の活動は、業界内でも始まってまだ間もない。ラッキーハンターを無事にセカンドキャリアにつなげられるのだろうか……。まずは信頼できる知人を介して、ある乗馬クラブにコンタクトを取ったが、あいにく受け入れる余裕がなかった。

二〇一六年当時、角居調教師は一般財団法人ホースコミュニティを設立して、引退競走馬をセカンドキャリアにつなげる〈サンクスホースプロジェクト〉（二〇二〇年、サンクスホースプラットフォームに移行）の運営を本格的に開始したところだった。しかし、林さんは相談は難しいと感じていた。

「プロジェクトは、第一募集の支援馬が決まったばかりの段階でした。角居厩舎に所属していた重賞馬や良血馬、ファンが多い人気馬が中心で、勝てなかったラッキーが入るのはとても無理だと思いました」

林さんは、信頼できそうな乗馬クラブがないか、〈ＴＣＣ　Ｊａｐａｎ〉代表の山本さんに訊いてみることにした。その当時、山本さんはセラピーホースによる福祉サービス事業の立ち上げ準備をしながら、角居調教師が運営する〈サンクスホースプロジェクト〉の事務局長として連携できる乗馬クラブや養老《ようろう》牧場、観光牧場を探すために全国調査をしていたのだ。

「それならＴＣＣに入れる？」

山本さんの申し出は、林さんにとって思いがけないものだった。〈サンクスホースプロジェクト〉に繋《つな》がれば、これほど心強いことはない。でも誰にも知られていないラッキーハンターのような馬を受け入れてもらうことなど、本当にできるのだろうか。林さんの問いに山本さんは、「むしろラッキーハンターのような未勝利の無名の馬を救ってこそ、このプロジェクトの意味がある」と答えた。だが〈ＴＣＣ Ｊａｐａｎ〉の事業開始にはもう少し時間がかかりそうだった。

　ラッキーハンターは、〈サンクスホースプロジェクト〉と連携する岡山の乗馬クラブで心身の休養を兼ねたリトレーニング（再調教）生活に入ることになった。馬の輸送には専用の馬運車《ばうんしゃ》が必要だが、東京から岡山への輸送と引退競走馬に必須の去勢手術費用の約四十万円は、西村さんが負担した。引退競走馬が二束三文といわれる値段で売り払われてしまうことも多いなかで、これも稀有なことだった。

　岡山での生活を経て、ラッキーハンターが正式に〈ＴＣＣ Ｊａｐａｎ〉専属の馬として滋賀県栗東市に戻ってきたのは、ＴＣＣセラピーパークの施設がオープンした二〇一九年五月だった。移動してからは、セラピーホースとして活躍するために必要な課題もスムーズにクリアしていった。代表的なのは、コンビニのレジ袋のガサガサという音や傘が開いても驚かないことだ。これらは多くの馬にとって〝怖いものベストテン〟の上位を占めていて、ベテランの競走馬でも怯《おび》えてオロオロしたり、パニックをおこしたりすることもあるという。

だが林さん曰《いわ》く、ラッキーハンターには難問でもなんでもなかった。

「レジ袋や傘に驚くこともなく、むしろ鼻先を自分から近づけて、これなーに？　と興味を示すほどでした」

ラッキーハンターの様子は、引退競走馬支援活動の話題として、NHKの地域ニュースでも紹介された。番組を見た西村さんは、涙を抑えることができなかった。それ以降、西村さんは引退競走馬に支援金を付けて大学馬術部に寄贈するなど、愛馬たちをセカンドキャリアへつなぐ活動を続けている。

競走馬からセラピーホースへ——多くの人の愛情と好意、そしてチャンスをつないだ結果、ラッキーハンターは今ここにいるのだ。

第2章 馬と生きる新しい仕組み

栗東トレセンの朝と昼

鬱蒼《うつそう》とした木々に囲まれた厳重なゲートを通過したのは、夜が明ける少し前のことだった。

敷地内に入ってもしばらく周囲の様子はわからないまま、フロントガラスの向こうには整備された車道が続くばかりだ。ふと陸路で国境を通過したときのことを思い出したのは、おそらくこの先にあるのが、私が初めて目にする世界だからだ。

道路標識によると、この国の法定速度は最高時速20キロメートルらしい。それに従い緩やかに進んでいくと、暗闇からサラブレッドがひょいと姿をあらわした。スポーティーなウエアに身を包んだ男性を背に乗せて、筋肉隆々の身体《からだ》を優雅に揺らしながらパカパカと蹄の音を響かせている。

まもなくほかの角からもサラブレッドがあらわれ、その先の交差点で隊列を組むようにした四、五頭と合流した。ここでは馬が最優先。彼らが完全に通りすぎるまで、車は一時停止するルールだ。横道に目をやると、闇に紛れて複数の馬たちの姿が確認できた。やがて漆黒の空が濃いブルーに変わり少しずつ視界が開けてくると、数えきれない馬たちが何かに引き寄せられるように、粛々と歩みを進める光景が広がっていることがわかってきた。

　馬たちが目指しているのは、その先にある丸馬場だ。車を降りて向かうと、馬たちの動きに目を光らせる男性の姿があった。

「いらっしゃい。今日は、遠慮なく見ていってください」

　角居勝彦さんは、ここ栗東トレーニングセンターに厩舎を持つＪＲＡ調教師（二〇二〇年一月当時）であると同時に、引退競走馬支援組織の一般財団法人ホースコミュニティ代表理事を務めている。

　私が引退競走馬支援活動に注目するようになったのは、滋賀県栗東市にある日本初の引退競走馬専用シェルターを持つＴＣＣセラピーパークを訪問したのがきっかけなのは前章に書いたが、なかでも興味深く感じたのはその支援の仕組みだった。ペット動物を対象にした活動と引退競走馬では、あらゆる面で状況が違うことはいうまでもないが、なかでも三十年もの生涯を支えるための飼育費用の問題は大きい。犬や猫のように、譲渡先を探して個人の力だけで生涯を支えることは不可能だ。一頭を複数の人で支える共同オーナー制度はその解決策だが、並行して年齢や体力、適性に応じた仕事をすることによって、馬自身が稼げる仕組みや場所をつくろうという発想がとても面白いと思ったのだ。

従来、引退競走馬の主な行き先は乗馬クラブしかなく、馬房の数も限られる。その問題の解決策のひとつとして注目されているのが、セラピーホースというセカンドキャリアだ。福祉や医療などの分野に馬が活躍できる場所をつくることで、複数のサラブレッドの余生を支えていこうというもので、つまりこれは金銭的な問題を解決しながら、人と馬が幸せに暮らす共生社会システムだ。

引退競走馬をテーマに取材するのなら、まずはこのプロジェクトを運営する一般財団法人ホースコミュニティのトップに話を聞きたいと考えた。だが私は、これまで競馬や乗馬にまったく縁のなかった、馬ワールドを歩き始めたばかりのヒヨッコだ。かたやインターネットで〝調教師・角居勝彦〟と検索すれば、数々の賞に輝いた華やかな経歴が並び、どうやら競馬界のレジェンドと呼ばれているらしい。こんな馬シロウトが連絡を取って、果たして相手にされるのだろうか。厳しい勝負の世界で超一流と呼ばれる調教師とは、どのような人物なのか。競走馬たちをビシバシと鍛えあげる一方で、海千山千の馬主たちを口八丁手八丁で煙に巻く、油断ならない男のイメージが膨らんでいくばかりだった。

だが二〇一九年晩秋、私の妄想は完全に吹き飛んだ。コロナ禍前、西新橋のＪＲＡ広報施設Ｇａｔｅ Ｊ．東京では、レース関連イベントの他に、引退競走馬をテーマにしたトークイベントが毎月開催されていた。この日、角居さんが登壇すると聞いて出かけてみたのだ。

ステージ上にあらわれたレジェンドは、丁寧かつ気さくな語り口で、「馬が好き」「馬たちの余生を支援したい」という想《おも》いをストレートに来場者に伝えていた。引退競走馬支援を広げるためのプランについては、試行錯誤の部分もオープンにしながら、新しいアイデアや連携できそうな人や組織とつながりをつくりたいと説明を重ねていた。

「このプロジェクトの責任は、すべて私にあります」

ラストの力強い言葉は、動物好きや馬好きに限らず、まだこの問題に気づいていない多くの人々を巻き込む明るいエネルギーに溢れていた。角居さんは、人と動物が共生することで、今より豊かな社会をつくることができる——それを心の底から信じている人だ。そう確信した私はイベント終了後、即座に取材を申し込んだ。

「ぜひ栗東にいらしてください。よかったら厩舎にも遊びに来てください」

「え、厩舎に？　本当にうかがってもいいんですか」

「もちろんです！」

角居さんは笑顔で即答した。ＪＲＡが管理するトレーニングセンターや厩舎というのは、関係者以外立ち入り禁止だと思っていたので、これにはかなり驚いた。しかし、どうやら社交辞令ではなさそう。競馬業界の内部から、引退競走馬支援の必要性について声を上げた一流調教師の仕事場とは、どんなところなのか？　こうして二〇二〇年一月某日、私は栗東トレーニングセンターを訪れた。

　角居さんが見守る丸馬場では、サラブレッドたちが時計と反対回りにグルグルと歩いていた。トレセンの朝は早く、夏は午前三時過ぎ、冬は午前六時前から馬を馬房から出して、まずはこの丸馬場でウォーミングアップをするという。先ほど出会ったのは、それぞれの厩舎から出てきた馬たちだったのだ。

　かなりの数の馬が集まっていて全体で二十頭以上はいるだろうか、と思ったらみるみる増えて三十頭を軽く超えていた。馬たちはお互いにかなり接近しているが、それぞれ穏やかに歩調を合わせていた。

「土日はレースで月曜は休日、今日は休日明けなので、馬たちが一番元気な日です。興奮を抑えながらウォーミングアップさせるには高い技術が必要で、この状態をきちんと維持できるのは競走馬の調教のプロだけです」

　忙しい角居さんに代わりトレセン内を案内してくれるのは、ホースコミュニティ事務局長の矢野《やの》孝市郎《こういちろう》さんだ。通称・栗東トレセンは、ＪＲ琵琶湖線の草津駅から車で二十分くらいの滋賀県栗東市の中央部に位置していて、総面積約百五十二万平方メートルは甲子園《こうしえん》球場およそ四十個分に相当する。ここには約百の厩舎があり、それぞれ約二十頭のサラブレッドを収容できる馬房を持っている。つまりここでは二千頭もの馬が、日々トレーニングをしているのだ。敷地内には、六つのトラック型調教コースや坂路コースのほか、競走馬用スイミン

JRA調教師（2020年1月当時）の角居勝彦さん。引退競走馬の問題について、早期から声をあげてきた（提供・ホースコミュニティ）

栗東トレーニングセンターの調教スタンドから見た坂路コース（撮影・著者）

グプール施設もある。馬にとって水泳は、トレーニング効果だけでなくクールダウンや身体のメンテナンス、好みによっては気分転換にもなるという。

敷地内には職員用住宅もあり、約五百世帯・二千人が暮らしている。ここは競馬業界で働く馬と人が暮らす、小さな町のようなところなのだ。矢野さんは、トレセンに入厩している競走馬は、心身共に高いクオリティでいつでも競馬場で戦える状態に保たれている動物だという。

「場内を移動するときは、たまに落馬させて暴走する馬がいるので気をつけてください」

かつて暴走馬に遭遇したことがある矢野さんは、慌てて柱の陰に隠れて事なきを得た。体重四百キロを軽く超える動物だけに、暴走馬に巻きこまれたら人間などひとたまりもない。よく見ていると丸馬場の馬たちのなかにも、頭を大きく上下させながら嘶《いなな》いたり、後肢で軽く立ちあがろうとしたり、四肢をバタつかせているのもいる。騎乗者がなだめようとしている様子も含めて、プロの現場の迫力だ。ウォーミングアップが終わった馬たちは、丸馬場の専用出口から本格的なトレーニングをする調教コースへ進んでいく。

「そろそろ、行きましょうか」

矢野さんに促されて移動したのは、調教スタンドと呼ばれる建物だった。ここは一階が騎手やスタッフの休憩所になっていて、二階は調教師、三階はマスコミ関係者のフロアに分かれている。エレベーターで三階に上がると、ガラス張りの大きな窓の向こうには、遥か彼方《かなた》まで続く広大な調教コースが広がっていて、ＪＲＡの資金力の莫大《ばくだい》さを感じないではいられなかった。

「広い……！　それに意外と馬が近くに見えますね」

「馬の走りを真正面から見るなら、ここがベストポジションです」

　栗東トレセンには、複数の調教スタンドがあって、こちらは坂路コースに向かって建つスタンドだ。この後に覗いた平地コースに面したスタンドに比べると老朽化は否めないが、こちらを利用する人も少なくないようだ。ＶＴＲを撮りながら熱心に双眼鏡を覗くマスコミ関係者をはじめ、調教師や馬主、騎手らしき人などで、フロアは穏やかに賑わっていた。

　矢野さん曰く、競馬のなかで最も難易度の高い技術のひとつが直線コースをぶれずに走らせることだ。目の前には、遥か彼方のコーナーから直線コースがこちら側へと迫っていて、なるほど説明を聞いてよく見ると左右に蛇行する馬が少なくないなか、ピンと張った糸の上を滑るように走る馬もいる。馬と騎乗者ともに寸分の乱れも感じさせないその姿は、あまりに美しく現実感が薄れてくる。ちなみに腰を浮かせるあの競馬独特の騎乗スタイルは、モンキー乗りと呼ばれている。

「あれは……、どこで立っているんですか？」

「鐙《あぶみ》につま先をひっかけるように立って、前傾姿勢を保ちながらバランスを取っています」

　鐙とは、鞍の両脇に下げて足をかける馬具のことだ。調教コースでは誰もが当然のようにやっているけれど、疾走する馬の背であんなプラプラしたものにつま先だけで立っているとは、曲芸レベルといってもよさそうだ。

「競馬関係者の運動神経や体幹って並じゃないですね。一流のジョッキーになると、感じている重力からして違うような気がします」

　素人丸出しの発言を連発する私に、矢野さんは競走馬と騎手の関係について丁寧に説明してくれた。

「体重の乗せ方やバランスで、馬の動きはかなり違ってきます。馬が走りやすい乗り方をするのも騎手の技術のひとつです。でもスピードが出過ぎて、怪我や故障の原因になることもあります」

　ここにいる馬たちは、すべて生まれながらのアスリートだ。身体能力が高いがゆえの怪我のリスクは、人間の世界と同じらしい。なかでも芝コースはスピードが出やすいので、肢に負担がかかりやすい。目の前のコースにはウッドチップが敷いてあり、これはクッション性がある馬の肢に一番優しい素材だ。

「直線コースの調教は、レースで速く走るためだけでなく、怪我を防止するために馬の身体の歪《ゆが》みを調整する目的もあります」

「調教の仕事は、馬の整体師的な要素も含まれるんですね」

「馬に乗るとひとくちにいっても、働く場所で必要とされる技術や技量は様々です。牧場やトレセン、引退競走馬のリトレーニング、乗馬クラブではすべて異なる技術を使っているといってもいいと思います」

なるほど馬の仕事としてつい一括《ひとくく》りにしていたけれど、実はこの世界もかなり細分化されているのだ。

調教スタンドの外に出ると、真っ青な空が広がり冬の太陽がキラキラと輝いていた。時間は午前八時過ぎ、早朝は少し冷え込んだが今は風もなく穏やかだ。清々しい空気に包まれながら向かったのは、今回のメイン、角居厩舎だ。生まれて初めて足を踏み入れる競馬界の本丸ともいえる場所は、掃除が徹底しているのだろう獣臭らしきものはなく、むしろ香ばしく爽やかな香りに包まれていた。ここでは馬房の敷料《しきりょう》にヒノキを使用していて、含有成分のヒノキチオールには消臭・殺菌効果がある。矢野さんが、早速厩舎の運営について説明してくれた。

「角居厩舎が馬主から預託されている馬は、合計で八十頭前後になります。一か月の預託料は約七十万円で、これは中央競馬の相場です。厩舎のスペースが限られるので、レース出走のスケジュールなどに合わせて近隣の外部施設に移動したり、怪我の治療や休養、気分転換が必要と判断した馬は、北海道の牧場で放牧生活をさせたりすることもあります」

スタッフは厩務員や調教助手が十数名、ほか事務関係数名が働いているという。角居厩舎の特徴のひとつは、一頭の馬をチームで見る方法を採用していることだ。

「飼葉や寝藁の管理から、心身の健康状態についての判断をベテランから新人まで一緒にやります。キャリアにかかわらず複数の目があることを重視しています」

たとえば、妙に肢を気にしている馬がいたとする。それは我々人間に反応していることなのか、厩舎の環境なのか、筋肉や関節などにトラブルを抱えているのか、あるいはメンタルの問題なのか――その理由について、スタッフ全員で考えて意見を共有する。それを踏まえてトレーニングを担当する調教助手が意見や方向性をまとめ、トップの角居さんとの意見交換を経て、最終的に必要な調教やケアについて決めていく。

「このやり方は、日本の競馬界で珍しい部類に入ると思います」

矢野さんによると、一般的な厩舎ではスタッフひとりが馬二頭を担当するスタイルが圧倒的に多く、一度担当が決まったら組み合わせが変わることもほぼないという。こうした担当の固定化は厩舎全体の馬を勝たせるためには不十分に感じることが多い、というのが角居さんの考えだ。この業界で働く人々は、同じ厩舎に所属しているとはいえそれぞれ個別の方法で仕事をすることが多く、馬の扱い方も担当者によって大きく違う。馬の心身の変化や個性を敏感に感じながら接する人がいる一方で、馬に対して常に威圧的な人がいることも否めない。またキャリアや知識の幅、ジャンルによる得手不得手の差も大きい。どのような担当者に当たるかによって、現役競走馬の成績が大きく左右されてしまうといってもいいのだ。

「馬には、母親が子どもを世話するように接するように、といわれています」

スタッフの言葉からは、自信と重みが伝わってきた。

準備中の食事を見せてもらうと、レースに耐えられる高タンパク・高カロリーの配合飼料に美味しそうなニンジンが添えられていた。容器によって細かく刻んだもの、小さめの乱切り、大きめの乱切り、なかには一本丸ごとというのもあって、それぞれ馬の好みに合わせて与えているという。細やかな心遣いが、子どもに用意したおやつを連想させて微笑《ほほえ》ましい。

トレセンは、馬にとって厳しい場所だ。それだけに頑張ったことを認めて褒めたり、楽しみやリラックスできる環境づくりが大切だ。競走馬の調教というのは、比喩ではなく子育てと重なる要素が多いのかもしれない。

なにより興味深いのは、この方針が数々の勝利に繋がっていることだ。角居さんの調教師としての華々しい経歴は前述した通りだが、それによる報酬も大きい。賞金配分はＪＲＡによってきっちり決められている。

賞金が出るのは一着から五着で、賞金額の八十パーセントが馬主、十パーセントが調教師、五パーセントが騎手、五パーセントは厩務員が受け取ることになっている。賞金は馬主と騎手が山分けしているイメージしか抱いていなかったので、この配分を見てちょっと驚いた。馬主の割合が圧倒的なのは当然だが、運営側では調教師の立場が最も強いのだ。

賞金といってもレースのランクによって大きな違いがあり、一番下の新馬・未勝利クラスから九段階に分かれていて最高峰はＧⅠレースだ。ＧとはグレードのことでＧⅠ以下ＧⅡ、

ＧⅢが重賞レースと呼ばれている。日本で賞金額が一番高いのは、毎年十一月に開催されるジャパンカップと年末の有馬記念で二〇二一年の一着の賞金は三億円、二着でも一億二千万円だ。それに続く東京優駿《ゆうしゅん》（日本ダービー）は一着賞金が二億円となっている。

角居さんは、これらトップ3はもちろん数多くのＧⅠレースを制覇している。中央競馬では、栗東トレセンと関東の拠点である茨城県の美浦トレセンで合わせて約二百人もの調教師が切磋琢磨している。レジェンドと呼ばれる凄《すご》さをあらためて実感した。

「ＧⅠは競馬に関わるすべての人の夢です。これだけの規模のレースが開催できるのは、莫大な資金を持つＪＲＡが存在しているからです。政府所管の組織による競馬開催は日本だけで、海外にはこうした形式のものはありません」

「そうなんですか。イギリスやフランスでは、伝統文化として国に守られているものだと思っていました」

「欧米では、ブックメーカーなど民間のギャンブル管理組織を通じて馬券を購入します。いずれも日本ほどの規模はありません」

矢野さんの説明は、競馬の世界に初めて踏み込んだ者にとってわかりやすいだけでなく、業界の実情を理解するツボを押さえていて、聞いていると引き込まれる。しかし、特別に競馬好きというわけではないらしい。

「競馬業界に入ったのは、馬主協会の事務局に就職したのがきっかけです。そこでは長らく

〝馬好きや縁故〟が採用されていたのですが、競馬好きは隣でレースをしていると仕事にならなかったらしく、それなら競馬のことを知らない人を入れよう、となったようです」
ちなみに競馬業界で馬主は、「バヌシ」ではなく「ウマヌシ」と呼ぶのがスタンダードらしい。仕事を通じて競馬業界の知識を蓄積させる一方で、矢野さんがやがて気づいたのは引退競走馬の存在だった。
「ある馬主さんと会話をしているとき、あの馬は今どこにいるのかと思い出しても熱心に調べないほうがいいよ、といわれ、ずっと心に引っかかっていました」

それから数年、馬主協会を辞めた矢野さんに角居さんから引退競走馬支援団体を立ちあげるので事務局にどうかと話があり、現職に就いた。一般財団法人ホースコミュニティを設立したのは二〇一三年十二月のこと。それ以来、角居さんは寝る間も惜しんで引退競走馬をセカンドキャリアにつなぐプロジェクトの拡大に向けて、精力的な活動を続けている。

調教師として活躍しながら、ホースコミュニティのプロジェクトを進める日々は〝常に飛び回っている〟という表現がぴったりだ。東京で引退競走馬に関する講演をして、終電で栗東に戻ると午前一時近くになってしまう。夏は調教の仕事で午前二時起床なので「今日はそのまま出勤」ということもめずらしくないという。五十代なかばにして睡眠不足にもビクともしないとは、なんてタフなのだろう。

手柄はすべて馬のもの

角居さんの原動力は何なのか。夕方、栗東市内のホースコミュニティ事務局のオフィスで話を聞いた。

「自分がここまでやってこられたのは、すべて馬のおかげ。彼らに恩返しがしたいんです」

と語る角居さんの経歴は、とにかく煌《きら》びやかだ。調教師免許を取得して、厩舎を開業したのは二〇〇一年。その翌年には重賞競走初勝利。最多賞金獲得調教師賞を二〇〇五年以降に五回、最多勝利調教師賞を二〇一一年以降に三回、優秀技術調教師賞を二〇〇九年以降に五回獲得。二〇一一年にはドバイワールドカップで優勝している。比喩ではなく、勝ち組人生を走り続けてきたわけだ。

それだけに、この世界に入るまで競馬や乗馬と無縁だったというのは意外だった。

「就職するまで、乗馬の経験も競馬の知識もゼロでした。収入やステイタス、海外のレース経験など、どれをとっても自分だけではとても達成できません。すごい世界へ連れてきてくれた馬たちに、心から感謝しています」

なんとレジェンドの原点は、完全なゼロスタートだったのだ。そこからどのように勝負の世界を駆け抜け、業界で話題にすべきではないといわれ続けてきた引退競走馬について声をあげるに至ったのだろう。実家は金沢で、馬はもちろん動物とは無縁の家庭だった。

「馬に興味を持ったのは、若い頃によくある故郷を離れて別の世界を見たいという思いからです。雄大な北の大地と、馬へのふんわりとした憧れを抱いていました」

こう聞くと、すべて馬のおかげという表現もあながち大袈裟ではなさそうだ。きっかけは大学受験の失敗だった。馬について学びたいと思った角居さんは、帯広《おびひろ》畜産大学を受験するも残念ながら不合格となり、同時に馬業界への就職を決意したのだ。

「親父《おやじ》は優しくて、なんとかツテを頼って北海道の牧場を就職先として探してきてくれたのです。そこはサラブレッドの生産と育成の両方をしているところでした」

命を預かる牧場の仕事は、住み込みで三百六十五日、二十四時間休みなしともいえる、気が抜けないとにかくハードな日々だった。覚えることも多く、角居さんは、馬に関する本をたくさん買ってきて片っ端から読み込んだ。

育成の仕事には、乗馬技術も欠かせなかった。牧場で働くスタッフの多くは、大学の馬術部や獣医畜産系大学の出身者、育成牧場の跡取りなどで、馬の経験ゼロの角居さんのような存在はめずらしかった。

「最初はまわりから、若いのだからとにかくやってみろ！　乗ってみろ！　落ちるな！　と励まされながら自己流で練習しました。当時、専務の弟さんが日本大学馬術部のキャプテンで『こうやったらいいよ』と親切に教えてくれて、とても助かりました」

体力的にキツイ仕事なので人の出入りは激しかったが、業界への先入観がなかった角居さんは「こんなものなのだろう」と素直に受け入れていた。体力的にはハードだが、馬たちを大切に世話して育てる充実感や喜びは大きかった。だがある日、衝撃的なことがおこった。

「将来を期待される、とても良い馬がいました。しかし、放牧中に穴に足を取られたのか、夕方になって後肢をブラブラさせて帰ってきたんです。すぐに獣医師が診察したところ、すねを骨折していることがわかり、そのまま安楽死処分になってしまいました」

競走馬は、骨折で生命を絶たれる動物なのか！　突然、主を失った馬房を見て、角居さんは自分の胸に大穴が開いたような感覚に陥った。年齢的に死に直面した経験が少なかったこともあり、今まであたりまえのように目の前で生きて動いていたものが、突然いなくなる衝撃はあまりに大きかった。

さらにショックだったのは、サラブレッドの出産時の事故が多いことだった。放牧中に流産したり、お産の際に母子いずれか、あるいは両方が死亡してしまうこともあった。

「肢が曲がっていたり、目が無かったり……育てることができない馬もいました。健康体で生まれ育っていくことが、あたりまえでないことを思い知ったのです。競馬で戦う馬というのは、こうした経緯を経て育てあげられた特別な存在だということがわかりました」

この職場は、生き物の生死と密接に関わっている。事実を知った角居さんは、馬たちの世話により熱心に取り組むようになった。一方で、次第にわかってきたのは、丹精込めて育てた馬たちの多くが心ない言葉にさらされているという事実だった。

あの馬は、頭がオカシイ――競馬場で働く人々が、そう口にするのを頻繁に耳にした。しかも、理由は常に曖昧だった。馬がそうした行動をとるのは、調教によるストレスのためなのか、しつけや気性に問題があるのか、それは生産者側が悪いのか、そもそもどのような状況なのか……？　詳しく説明されることは一度も無かった。しかし彼らは、躊躇《ちゅうちょ》なくその言葉を口にした。

「僕らが大切に育てた馬を〝悪い〟という人々の世界は、どうなっているのだろう、彼らはどのように馬を取り扱っているのだろう？　そんな疑問から、競馬業界の中心を自分の目で見てみたいという気持ちが大きくなっていきました」

　角居さんにとって、大きな転機になったのはジャパンカップの観戦だった。国内最高峰を誇るＧＩレースは、一九八一年にＪＲＡが創設した日本初の国際招待競走で、このときは初開催から三、四年目を迎えたところだった。世界を舞台に戦う馬とは、どんなサラブレッドなのだろう？　興味津々の角居さんは、しかしレースが始まる前から度肝を抜かれた。

「当時の日本の競馬業界は今よりずっと泥臭いイメージが強く、荒ぶる馬を怖そうなおじさんが『こら！』などといいながら引いて、そういう馬が勝つと信じられていました。でもジャパンカップは、まったくの別世界でした。パドックで馬を引くのは、美しいドレスやスーツに身を包んだハイヒールの女性たちで、馬たちの振る舞いも穏やかでスマートでした。しかも、レースではそういう馬たちがぶっちぎりで勝っていく。同じ競馬で、なぜこうも違うのか？　この世界は何なのだ⁉　と本当に驚かされました」

角居さんはＪＲＡへの転職を決意した。ちょうどこの頃、馬について体系的に学ぶことができる環境が整いつつあったことも魅力だった。それまでの競馬学校は騎手課程のみだったが、これからは世界に通用する馬づくりができる人材を育てる教育機関が必要という考え方が、業界に浸透しはじめたタイミングとも重なっていた。もともと馬について大学で学びたいと思っていた角居さんにとって、競馬学校の日々は予想以上に面白く充実していた。

「今も昔も、馬について教えられる人材は限られますが、学校では業界トップの先生に習うことができます。栄養学や獣医学、騎乗技術などを通じて、これまで牧場で接してきた馬たちが、ようやく科学的に理解できました」

特に印象的だったのは、馬の身体構造に関する授業だった。人が乗ることを許してくれる動物は、馬のほか象やラクダなどさして多くないが、なかでも前肢に近い場所に乗ることができるのは馬だけだ。前肢付近は揺れが少ないうえ、人間が跨《またが》る際の安定感も抜群にいい。一方、象やラクダは後肢の近くに乗らなければならないため揺れ方は激しい。サラブレッドは人間が改良を重ねた品種だが、この特徴は野生の馬も同じだという。

「骨格的なことについて詳しく学ぶと、人間が乗るのにいかに適した動物なのかがわかりました。奇跡といっても大袈裟ではない、神様がそのようにつくったとしか思えない身体構造なのです」

当時の競馬学校の全課程四か月を修了して卒業した角居さんは、栗東トレーニングセンターで厩務員として働き、数年後には調教助手試験に合格した。牧場時代に数えきれないほどの落馬を経て、調教の仕事に携われるまでになったのは「馬の身体を科学的に理解できたから」だ。仕事は順調で、三年目で担当した馬の勝利によって経済的にも恵まれた。だが担当馬の引退後は、成功体験にとらわれすぎて結果が出せないまま、一時はウインドサーフィンや釣り、スキーなどに明け暮れて、仕事に集中できない日々を送った。

しかし三十歳のとき、同年齢の従兄弟《いとこ》の訃報で目が覚めた。優秀なテレビマンとして志なかばだった彼の無念を思うと、迷走する自分が恥ずかしくなった。調教師をめざそうと思ったのは、心機一転で移籍した厩舎の松田国英《まつだくにひで》調教師（二〇二一年引退）に背中を押されたからだ。

「調教師免許試験は、合格率わずか数パーセントの狭き門です。北海道の牧場で働いていたとき、そこを訪れる調教師は誰からも〝先生〟と呼ばれ、まるで神様のように崇《あが》められていました。自分がなれるとはとても想像できませんでしたし、まわりからも簡単じゃないぞと何度もいわれました」

それでも厩舎のボスは「受けてみろ」と勧めてくれた。合格までの三年間は、人生で一番勉強した。調教助手の仕事をしながらなので、平均睡眠時間は一日に三、四時間だ。モチベーションを保てたのは、松田厩舎のメソッドに魅力を感じたからだ。松田調教師は、現在の競馬業界でも少数派といわれるチーム制で仕事をするスタイルを早々に取り入れて、情報の一元化やマニュアル化、ミーティングの実施など革新的な運営方法を実践していた。この方法を競馬業界に広めたい、馬それぞれの個性や適性を引き出すベストな調教を実現させたい——その想いが、角居さんを合格へと導いた。

ところで競馬業界をめざすきっかけになった疑問——手塩にかけて育てた馬をなぜ悪くいうのか、についてはどのように解明されたのだろうか。

「競走馬の使命は、勝つことです。速く走るためにハイカロリーの餌を食べ、負けん気の強い馬どうしが競いあってトレーニングを重ね、身体能力や闘争本能を磨きあげていきます。生産牧場でも気性の強い馬をつくることが重視され、その結果レース以外の場面では扱いが難しくなることも多くなります。そういう馬を競馬業界では〝うるさい馬〟というのですが、牧場時代に馬を悪くいわれていると感じたことは、この世界の正解だということもわかってきました」

競馬はブラッドスポーツと呼ばれるように、速く走るとわかれば、扱いが難しいといわれる気性の激しい牡馬《ぼば》と牝馬を選んで交配させることも厭《いと》わない。こうして生まれた馬に厳しい調教をすることで、人間に対して攻撃的になることもめずらしくない。

それを踏まえて角居さんが気づいたのは、〝そういうもの〟として片付けないことの重要性だった。

「馬も嫌なことが重なれば、当然ながらストレスがたまります。イライラしたり攻撃的な態度を示したりする理由は何なのか、どこかが痛いのか、苦しいのか、満足できない何かがあるのか、常に考えながら接していました」

あの馬たちとどこが違うのだろう――心のなかには、常にジャパンカップで見たドレスアップした女性が引く馬たちの姿があった。

「キャリアを重ねるうちに、馬の気持ちに近づけたのかもしれないと思うこともありますが、相手が動物である限り正解は得られないし、勝手な擬人化も許されません。悩みながら、答えのないまま進み続ける……それが、調教の仕事なのです」

角居厩舎がチーム制で仕事を進めるのは、日々考えをめぐらせながら馬たちにとって可能な限りベストの状況に近づけていくためだ。だが現在も多くの厩舎では厩務員一名に馬二頭という担当制が採用されている。同じ厩舎に所属していても、各々が独自の手法で仕事をする職人集団というムードが強い。

「厩舎で働くのはベテランから新人、腕利きなど、それぞれの力量はバラバラで、長く働いても馬の扱いがなかなか上手《うま》くならない人もいます。馬の心身の状態や必要なことを見極めなければならないとき、担当者の能力によって誤差が生じたり、対応方法についてアイデアがなくなったりしたとき、犠牲になるのは馬なのです」

この業界では、競走馬について「あたり」「はずれ」という表現で評価することが少なくない。それについても角居さんは、大きな問題意識を抱いている。馬の素質や気質、健康状態を理解したものではなく、担当厩務員の力量によって評価が変わる可能性があるからだ。

「馬にとっては、ここだけが生きる世界なんです。馬房ひとつ隔てて『隣はいいな。気持ちを理解してくれるし、ごはんも好みを考えて美味しいものをもらえる。それにひきかえ自分は怒られてばかり。食事の内容も分量も全然満足できない……』というような、担当者による扱いの差がおこる状況は、絶対に避けなければいけないと思っています」

栗東トレーニングセンターの角居厩舎を見学したときに耳にした〝馬には、母親が子どもを世話するような気持ちで接するように、といわれている〟というスタッフの言葉の真意をより鮮明に感じることができた。このスタンスは、病気や怪我を見落とさないことにもつながっている。だが相手は、人間の何倍もの体重を持つ動物だ。もともと気性の激しい血統を交配させた個体が多いので、隙を見せると危険を伴うこともある。それを回避するためにも、ビシッとした態度で対峙《たいじ》することも大切と角居さんはいう。具体的にどういうことなのか訊くと「馬から見て逃げ腰にならず、馬が動いても基本的に体幹軸をずらさないこと」だそうで、なんだか武術のようだ。

「一番シンプルで安全な方法は、複数の人間で対応することです。それは集団で威嚇するという意味ではなく、ひとりが動きを制御している間に他の二人が鞍を付けたり、肢を上げさせたりするということです。馬の方も暴れても意味がない、と理解します」

こうした点からもチーム制は有効なのだ。そのとき私は、ふと気がついた。これはアニマルウェルフェアの話だ。競馬そのものがアニマルウェルフェアに反しているという指摘もあるが、限られた条件のなかでも動物がなるべく快適に過ごせるように、生態や個性にマッチした環境を可能な限り整えようという考えは、産業界・経済界でも重要事項として浸透しつつある。角居厩舎で実践されているやり方は、おそらく競馬業界で結果を出すこととアニマルウェルフェアを両立させるひとつの方法なのだ。

　とはいえ厳しい勝負の世界で、すべての馬を勝たせることは難しい。引退競走馬支援について本格的に考えはじめたのは、角居さんが調教師として成績を出しはじめた開業七、八年目くらいの頃だ。

「問題意識を持ったのは、調教助手時代です。中央競馬では三歳の夏までに一勝できなければ、この場を去るしかない。地方競馬や乗馬につながるのはごく一部です。現役競走馬用の馬運車は、馬が進行方向を向く縦積みなのですが、引退競走馬は横積みで輸送されます。馬たちはいつもと違う状況に激しく動揺します」

　この思いを言葉にしてはいけない――頭ではわかっていても、角居さんは常に葛藤していた。自分の不手際で勝てなかったのか、調教を間違えたのか……？　数えきれない自問自答からやがて、上手く走らせることができなかった馬に、もう一度チャンスを与える方法はないかと考えるようになった。

日本では年間約七千頭のサラブレッドが生産され、一方で約六千頭が引退するが、その多くは行方不明になっている――私はこのことを角居さんのインタビュー記事で知ったのだが、取材を進めるうちに〝行方不明〟の意味もわかってきた。

農林水産省では『馬産地をめぐる情勢』という統計資料を毎年公表している。これによると「引退」の定義は、中央競馬や地方競馬で登録抹消することで、最新の令和五年六月版の総数は約一万八百頭。そのなかには中央競馬から地方競馬へ再登録する馬、その逆で中央競馬に再登録するケースもあり、総数は約三千八百頭になる。さらに病気やレース中の怪我や事故で死亡した約千頭を除いた約六千頭が、事実上の引退競走馬になる。彼らの進路は乗馬、繁殖、研究馬、その他に分類されるが、その後のキャリアや所在を記録する仕組みはない。つまりこの国の競走馬関連の統計は、登録抹消直後までしか存在しないのだ。

引退競走馬の問題について、競馬界の最大組織であるＪＲＡの責任は大きい。角居さんは調教師として実績を重ねるとともに、組織として馬の福祉を考える必要性について質問や提言をしたこともあった。だが二〇一〇年当時、ＪＲＡの反応は芳しくなかった。

一方民間には、引退競走馬の支援や引き取りをする団体や個人が複数存在していた。国内でもっとも活動歴が長い認定ＮＰＯ法人引退馬協会は、一九九七年に代表理事の沼《ぬま》田《た》恭子《きょうこ》氏が前身の〈イグレット軽種馬フォスターペアレントの会〉を設立して以来、千葉県香《か》取《とり》市で四半世紀にわたり活動を継続・拡大している。引退馬という言葉そのものが一般的ではなかった時代から、引退した馬たちが終生安心して暮らせる仕組みをつくるために奮闘を続けてきた歴史がある。

角居さんが考えたのは、競馬業界の内側から引退競走馬の存在や魅力について発信することの重要性だった。特に注目したのは、サポートが必要な子どもたちの支援プログラムで活躍するセラピーホースの存在だ。引退競走馬のセカンドキャリアは、従来は乗用馬への転用くらいしかなかっただけに、これからの社会で広く求められる仕事として大きな可能性を感じたのだ。

「第1回サンクスホースデイズ」を開催したのは、二〇一一年十月で、場所は兵庫県内の総合馬事施設三木ホースランドパークだった。人が馬に感謝するというテーマを軸に、馬術の実演や乗馬体験のほか、当時まだあまり知られていなかった障がい者乗馬やホースセラピーについて紹介するイベントだ。当日は、子どもから高齢者まで、幅広い年代の来場者で賑わった。メイン会場では、角居さんをはじめ現役人気騎手や馬術競技のオリンピック代表選手、元プロ野球選手など、業界内外の著名人によるチャリティーオークションがおこなわれ、立ち見が出るほどの大盛況だった。さらに二〇一二年八月には、馬産地として有名な北海道浦《うら》河町《かわちょう》で第3回を二日間にわたって開催して、こちらも大成功だった。

しかし、角居さんにとって新たな課題も浮上した。イベントの開催費用は各地の馬主から募ったもので、引退競走馬に対する関心の高さやその潜在性について実感することができた。

だがイベント開催を継続的な活動につなげることは難しい。引退競走馬支援活動を広げるためには、馬たちをセカンドキャリアにつなぐ仕組みをつくり、それを運営する専門組織が必要と痛感した。

二〇一三年十二月、角居さんは一般財団法人ホースコミュニティを設立した。レースでは勝てなかったサラブレッドたちが、セカンドキャリアでは福祉や医療の現場でセラピーホースとして活躍する——引退競走馬を支援する新しい仕組みがつくられようとしていた。

だが角居さんのような現役調教師が引退競走馬について口にすることは、前代未聞であり風当たりは非常に強かった。高額な預託料を支払っている馬主からすれば「引退する馬のことを心配する暇があるのなら、目の前にいる馬が勝つ方法を追求しろ」というのが本音だ。この活動を続けていくために角居さんは、勝負の世界で結果を出し続けていく必要があった。

このとき角居さんに代わりプロジェクトの骨子をつくったのが、ホースコミュニティ現事務局長の矢野さん、そして当時事務局長として働いていた〈ＴＣＣ Ｊａｐａｎ〉代表の山本さんだった。早速着手したのは、全国各地でホースセラピーを実施している組織を対象にしたリサーチ作業だ。若くして引退する馬たちの余生をつないでいくためには、馬自身が稼げる環境づくりが不可欠だ。引退競走馬をホースセラピーの現場につなげるためには、何が必要なのか。これはプランづくりの土台になる調査だった。対象はこの当時、継続的にホースセラピーを実施していた全国の組織や団体、グループなど四十数か所で、セラピーの規模や頻度をはじめ、実施にあたり上手くいっていること、困っていること、組織の運営者やそこで働くスタッフにとっての課題や悩み、馬業界への要望、苦情など、あらゆる質問を重ねることによって、競馬業界の内側から何ができるのかを考えていくことにしたのだ。

〝馬のまち〟のソーシャルビジネス

私が元競走馬ラッキーハンターの一口馬主になったことは、第1章で書いたが、もしＴＣセラピーパークと支援の仕組みがなければ、おそらく愛馬とめぐりあうチャンスも得られなかった。日本で唯一の引退競走馬専用シェルターを持つ施設で、馬を使った福祉事業の運営について、「この仕事は天職」といいきる山本さんにとって、ホースコミュニティ設立に携わったキャリアは必要不可欠なものだったのだ。

それだけに山本さんが、かつて東京でＩＴベンチャー企業を経営していたと聞いて、振り幅の大きさに驚いた。ＩＴから引退競走馬へ、いったいどうやってたどりついたのだろう。京都の大学を卒業して、経営コンサルティング会社に就職した山本さんが、その後、東京のベンチャー企業を経て起業したのは二〇〇六年一月のことだった。

「自分が生まれ育ったところが、全国から〝馬のまち〟として認知されていると気づいたのは、東京で働くようになってからです。競馬好きの人からは『ＪＲＡのトレーニングセンターがある、あの栗東ですか』とよくいわれました。故郷が話題になる嬉しさと同時に、自分は馬のことを何も知らないという残念な想いを常に抱いていました」

山本さん曰く、実際の〝馬のまち〟は競馬ファンが抱くイメージとかなり違っている。栗東で暮らしていても、馬を近くで見たり触ったりする機会はまったくなかった。

「高い壁に囲まれたトレセンは、気軽に見学できるようなところではなく、競馬とは関係ない仕事をする地元の人々にとっては遠い世界でした。馬に興味を持つきっかけもなく、個人的には競馬や乗馬とは無縁でした」

だが当時の山本さんは、もっと深刻な〝残念事〟を抱えていた。それは自身が経営する会社の事業内容だ。学生時代から起業を目標に努力し続けてきたが、気づいたら起業そのものが目的になっていた。本当に自分がやりたい仕事は何なのか――悩みながらも、簡単には方向転換できない状況に陥っていたのだ。

転機になったのは、二〇一一年の東日本大震災だった。

災害発生からまもなく、山本さんは、被災地を訪れてボランティア活動に参加した。そこで痛感したのは、復興を進めるためには、地域の活性化につながる人やモノをつなぐ仕組みづくりが重要ということだった。

「以前からソーシャルビジネスに興味を持っていたこともあって、これをきっかけにようやく決意できました。イメージしたのは、広い意味での社会福祉事業です。自分がやるべき仕事は、故郷の栗東に帰って地域を活性化させる新しい仕組みをつくることだと気づいたのです。同時に馬に関わらなければもったいない、と考えました」

　馬について情報を持たない山本さんの力になったのは、同じ栗東市出身で学生時代に出会った妻の妃呂己《ひろみ》さんだった。〈ＴＣＣ　Ｊａｐａｎ〉のホースセラピーを取り入れた児童発達支援事業〈ＰＯＮＹ　ＫＩＤＳ事業部〉責任者で、理学療法士、児童発達支援管理責任者、精神保健福祉士でもある妃呂己さんは、父が伝説の天才ジョッキーと呼ばれた元騎手の福永《ふくなが》洋一《よういち》さん、兄は人気騎手を経て（二〇二三年二月引退）現在は調教師の福永祐一《ゆういち》さんという、競馬界の大スターが揃う家庭で育った。だが意外なことに、大人になるまで競馬を身近に感じたことはなかったという。

「父が落馬で大怪我をして引退したのは、私が生まれてまもなくのことでした。それ以来、父はリハビリ生活を続けています。子ども時代はＪＲＡの社宅で暮らしていましたが、家のなかに競馬に関連するものはなく、父の仕事やキャリアについて詳しく知らないまま成長しました」

　妃呂己さんが父親の現役時代のことを認識したのは、中学一年生くらいで、兄の祐一さんが騎手をめざしたいといいだしたときだった。

「家族は大反対しましたが、兄は競馬学校に合格して寮に入るために実家を出ました。その後も競馬の世界のことは、詳しくわからないままだったのです」

馬との接点は、むしろ獣医師の祖父の影響が強かった。動物好きだった妃呂己さんは中学三年の夏休みに、北海道でサラブレッドの育成牧場を営む祖父の知り合いのもとに一か月滞在して、馬たちの世話をした。

「ファームステイは、とても楽しくて貴重な体験でした。朝は馬房の掃除や食事の世話、昼間は放牧をして、夕方になると馬たちを集めて厩舎に戻す作業を毎日手伝いました。馬の特徴や魅力、かわいらしさ、豊かな心を持つ動物だということがわかったのです」

その体験から、一度は獣医師をめざそうと考えた。だがその後、母と祖父、妃呂己さんの三人で父の介護を続けるなかで、人間の医療への興味が大きくなり、高校卒業後は専門学校で理学療法士になるための勉強をすると同時に、通信制の大学で社会福祉を学んだ。

「ホースセラピーに興味を持ったのは、理学療法士として就職した横浜の病院での研修がきっかけでした。障がい者乗馬の普及を進めるＲＤＡ　Ｊａｐａｎ主催で、オーストラリアから専門講師を招いて開催されたものでした」

妃呂己さんがもっとも興味深く感じたのは、馬に乗ることで想像していた以上に、骨格や筋肉が刺激を受けるという事実だった。馬の背に跨って揺れていると骨盤の動きが自然に発生して、それは自力で立って歩いているときと似た状態になることもある。歩行が難しい人でも、馬と接することで普段は動かせない筋肉を動かすことができるのだ。バランス感覚や体幹を鍛えたり、こわばった筋肉を緩めてリラックスさせたりする効果があることもわかった。

馬に乗るだけで、普段やっているリハビリと同じ効果が得られると知った妃呂己さんは「自分も是非やってみたい」と思った。休日にボランティアスタッフとして手伝いながら勉強することも考えたが、就職したばかりで覚えることが多く、職場も忙しかったため同時進行は難しかった。

「まずは理学療法士としてのスキルを磨きながら、ホースセラピーに関する情報を集めようと思いました」

馬の世界へ大きく接近したのは、三年後のことだった。突然祖父が亡くなり、実家に戻ることになったのだ。これまで家族だけでおこなってきた父親の介護を行政サービスにつなげる手続きを妃呂己さんが進める一方で、兄の祐一さんは栗東を拠点に騎手として注目を集める存在になっていた。

「そのとき兄は、バレットの仕事ができる人を探していました。バレットというのは、レースのときに重量に合った鞍を準備したり、着替えを揃えたり、騎手の身の回りの世話をする人のことです。プライベートに立ち入る要素が多く、誰にでもお願いできる仕事ではないということで、私が引き受けることになったのです」

こうして、平日は病院勤務、週末は兄の祐一さんをサポートする生活がはじまった。この体験は妃呂己さんにとって、競馬のイメージを大きく変えるきっかけになった。兄の祐一さんが生命をかけて騎手をやっていること、一緒に仕事をする関係者それぞれがプロフェッショナルとしてどれだけ真剣に取り組んでいるかを知ったのだ。同時に、父の洋一さんがいかに偉大な人であったかも理解できた。これによって、今まで妃呂己さんが抱いていた〝競馬は危険な仕事〟というネガティブ一色のイメージが払拭されたという。

山本さんと結婚して、東京で生活するようになってからは、ＧＩレースで騎乗する祐一さんを応援するため夫婦で競馬場に駆けつけたり、食事を共にしたりするなど、三人で家族の時間を過ごすようになっていた。馬と地域を結ぶソーシャルビジネスを栗東でやりたい――。山本さん夫婦の相談に、祐一さんが提案したのは福祉事業だった。馬と共に過ごせる場所でデイサービスなどを提供する福祉事業所の構想は、リハビリ生活を続ける父の洋一さんの存在が影響していたことはいうまでもなく、妃呂己さんがこれまで温め続けていたホースセラピーへの思いともピタリと重なった。

同時に山本さんが耳にしたのは、引退競走馬の行き場が限られるという事実だった。実は、祐一さんをはじめ、この問題に関心を持っている騎手が少なくないこともわかった。

引退した競走馬たちが、福祉サービスの分野で活躍する――これこそ、山本さんが思い描いていたソーシャル・イノベーションビジネス＝新しい社会的価値を創造して社会的ニーズや課題解決に結びつける事業だった。

東京では子育てに専念していた妃呂己さんは、東日本大震災を機に栗東市に移住してまもなく、県立の自立支援センターで理学療法士として働きはじめた。福祉分野の仕事が未経験だった山本さんは、東京で事業整理を済ませて栗東に戻った後、デイサービスを提供する社会福祉事業所のスタッフとして経験を積みながら、新規事業の準備を進めることになった。

だが引退競走馬へのアプローチは、山本さんが想像していた以上に難航した。

「競馬業界で口にすべきではない話題ということもあり、部外者がコンタクトできる状態ではありませんでした」

突破口になったのは、祐一さんから紹介された角居さんの存在だった。現役の調教師が引退競走馬を支援する話などしたら、馬主から総スカンを喰《く》らって仕事が無くなる可能性さえある——それが業界の常識と聞かされていた山本さんは、堂々と声をあげる角居さんに感銘を受けた。

馬と馬業界について勉強したいと考えた山本さんは、福祉事業所で仕事をしながら、ホースコミュニティ設立と同時に事務局長としてリサーチを担当することになった。二〇一四年から開始した調査対象は、前述のように当時すでにホースセラピーを実施していた施設や乗馬クラブ、観光牧場、実績のある団体など四十数か所。山本さんは全国を飛び回り、実際に馬と接している人々の話をじっくりと聞いたのだ。

「わかってきたのは、乗馬クラブや牧場どうしは横のつながりが強固ではなく、そのため業界全体が情報不足に陥っているということでした。引退競走馬をセカンドキャリアにつなぐ話については、興味を持ってくれる人が多く『つないでくれる人がいればやりたい』という声が集まりました」

このリサーチをきっかけに、ホースコミュニティと〈ＴＣＣ Ｊａｐａｎ〉は複数の乗馬クラブや牧場と連携する体制をつくっていった。さらに山本さんと矢野さんは、プロジェクト実現に必要なことを整理するためミーティングを重ねていった。山本さんの調査に基づいたプランに、馬主協会で働いていた矢野さんが競馬業界のリアルな情報を加えていく。そこには数えきれない課題があったが、そのひとつは、多くの人に引退競走馬の支援活動を理解してもらう仕組みをつくることだった。

そこで山本さんが考えたのは、引退競走馬と全国の馬好きをつなぐ支援コミュニティ事業〈ＴＣＣ ＦＡＮＳ（のちの、ＴＣＣ引退競走馬ファンクラブ）〉だった。これは引退競走馬を支援する方法について情報発信しながら会員を募り、一口馬主制度などで、誰でも気軽に馬たちをサポートできる仕組みだ。一口馬主制度で預託料を確保した馬たちは、終生繋養を前提とし所有権はＴＣＣのまま連携する乗馬クラブや牧場でセカンドキャリアを歩む。こうすれば、やがて高齢で働くことが難しくなっても生涯を支えていくことができる。支援する会員は、全国各地で暮らす馬たちのもとに出かけていき、触れ合いや乗馬などができるという内容だ。

全国で五百万人といわれる競馬ファンのなかには、まだ引退競走馬の問題に気づいていな

〈TCC Japan〉代表の山本高之さんと引退競走馬のリベルタス。滋賀県栗東市で引退競走馬支援と社会福祉事業を結びつけるソーシャル・イノベーションビジネスを展開

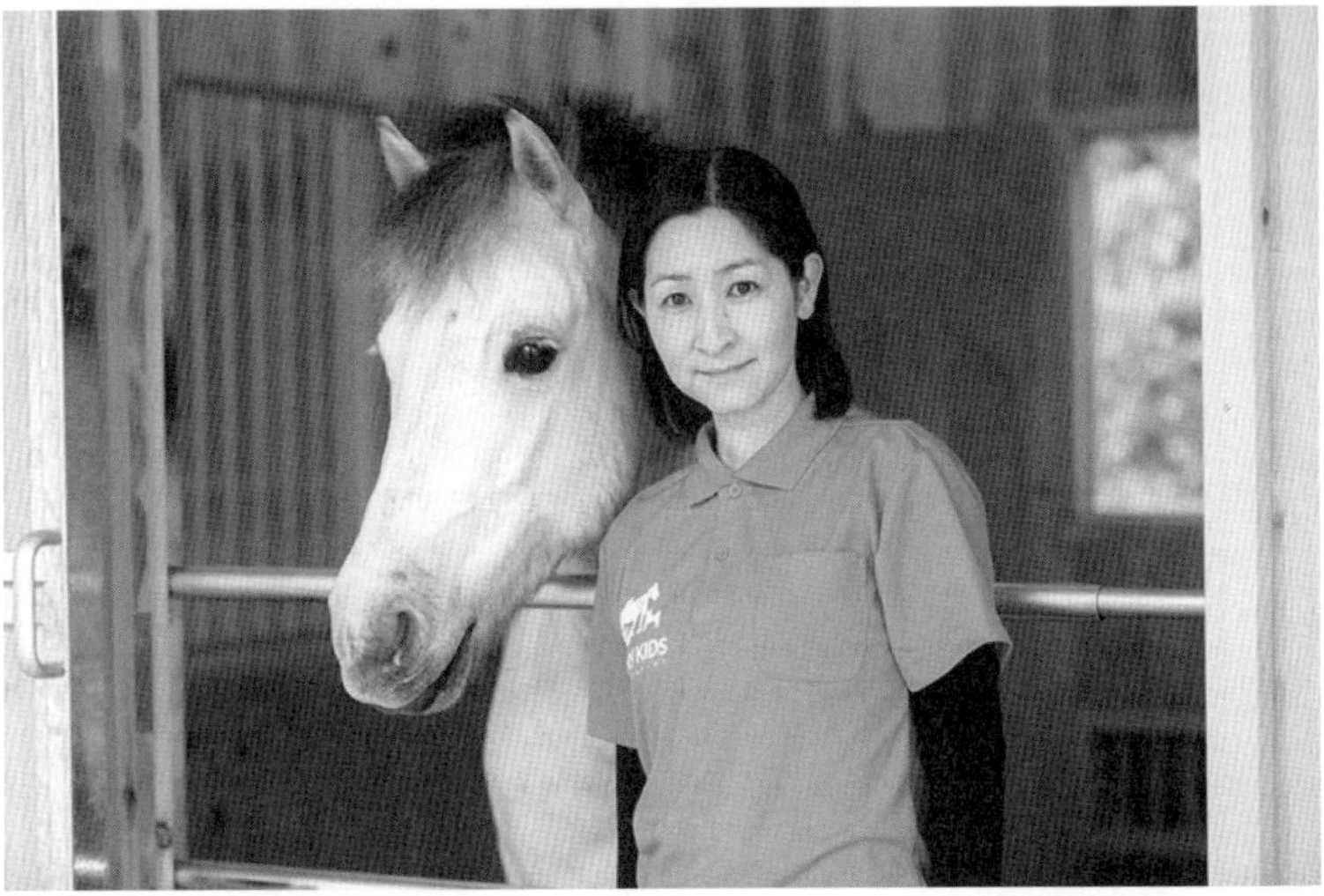

同社〈PONY KIDS事業部〉責任者で理学療法士の山本妃呂己さん。「放課後等デイサービス」でホースセラピーを取り入れたプログラムを提供している（提供・ともにTCC Japan）

い人、表立って口には出さないけれど引退競走馬に想いを寄せている人がいるはず。また競馬や乗馬の知識や経験にかかわらず、純粋な馬好きのなかにも「馬のために何かやりたい」「馬と触れ合いたい」という人は少なくない、と山本さんは考えたのだ。

　一方、準備を進めていた福祉事業は、当初の予定から少し方向転換していた。山本さんと妃呂己さんが現場で働いてみて実感したのは、支援が必要な子どもたちへのサポートの重要性だった。

「勤務していた自立支援センターは、十八歳から六十歳が対象の施設でした。そこでは二十歳前後の若い人に接することも多かったのですが、共通して感じたのは社会生活や仕事をするために必要な準備やサポートが不足しているということでした」

　もっと早い段階から関わることができていたら……。そう感じることが何度もあった、と妃呂己さんはいう。中学生時代のファームステイ経験から、子ども時代に馬の世話に関わることは、社会性を身につけたり、相手への思いやり、誰かの役に立つ達成感など、人生に必要ないろいろなことが得られると実感していた。

「ホースセラピーを取り入れた支援プログラムを組み立てる際に、何が必要なのか、どのような効果があるのか、具体的にイメージすることができました。馬に乗るだけではなく、触れ合うことで心のケアや精神的な成長につながる体験が提供できると思ったのです」

　こうした妃呂己さんの提案を軸に、山本さんは児童福祉サービス事業の構想を固めていった。ひとつは三歳から六歳を対象にした〈児童発達支援〉、もうひとつは六歳から十八歳対象の〈放課後等デイサービス〉の提供だ。これらは厚生労働省の補助対象にあたる福祉サービスで、発達支援などのサポートが必要と認められ、市町村が発行する受給者証があれば、行政が九割・利用者が一割の金額負担で利用することができる。このプランは社会的な必要性とともに、経営面でも早期に自立できる可能性があった。

　だがホースセラピーを実施する事業所用の土地の確保は、予想以上に難航した。

「理由は、まさに馬でした。栗東に住む多くの人は、ホースセラピーどころか、乗馬についてもほとんど知りません。しかも、馬は危ない、臭い、汚いというネガティブなイメージが定着していました。ようやく市街地から離れた場所に古民家が見つかり、そこを改装して事業所にすることになったのですが、地元向けの説明会では罵声を浴びることもありました」

　山本さんは、苦笑いとともに当時の様子を語ってくれた。そこまで激しい反応が出る理由は何だったのだろう？

「ひとつは、一般市民とトレセンの人々との溝です。今はかなり変わりましたが、かつて競馬関係者は荒くて派手なやんちゃ者が多い、といわれていました。生活時間帯が違うため地域活動に参加しにくいことも、隔たりを深くしていた理由のひとつだと思います」

　一九八〇年生まれの山本さんの子ども時代は、「トレセンの子と付き合うな」とはっきり口にする大人もいたという。一般市民にとって、馬はなんとなく怖い未知の動物で、そこにトレセンのイメージが重なってしまっていたのだ。しかも、多くの人にとって〝知り合いの知り合い〟までたどればトレセン関係者がいる。古民家に馬を連れてきて何かやる計画がある——そう聞けば「そんなことができるわけがない」「素人には無理」「危険」「糞尿《ふんにょう》の処理はどうするのか」といった意見が出るばかりで、そこから「プロがダメだというのだから、ダメに決まっている」と結論付けてしまう人が多かった。〝馬のまち〟ゆえに、ゼロどころかマイナスからのスタートだったのだ。地元の空気を知る山本さんにとっては予測の範疇《はんちゅう》だったが、それでも罵声続きの説明会はさすがにこたえた。

　運命の出会いが訪れたのは、そんなときのことだった。知人に同行して訪れたのは、北海道のとある馬のセリ市だった。その一角に佇《たたず》んでいた馬は、真っ白な体に真っ黒なつぶらな瞳、グレーの鬣はフワフワで、その間からはフカフカした毛に覆われた耳が覗いていた。山本さんは、ビロードのような滑らかな白い首筋を撫でて、気づけばゴージャスな鬣に顔を埋《うず》めるように抱きついていた。

「かわいい！　おまえ、めちゃカワイイな！」

　世の中に、こんなに愛らしい動物がいるのか。これまで犬も猫も馬もかわいいと思っていた山本さんだが、突き動かされるような気持ちは初めてだった。今すぐ連れて帰りたい……！　これが一目惚《ひとめぼ》れというものなのだろうか？　美しい小ぶりなその馬は、一番星という名のポニーだった。名前を聞いて、山本さんはさらに縁を感じた。

「このプロジェクトの行き先を照らし、先導してくれる存在があらわれた！　そう思いました」

準備中の福祉施設は、引退したサラブレッドをセカンドキャリアで活躍させる場所にする予定だった。しかし、まずは限られたスペースでも飼育可能で、子どもたちに威圧感を与えにくいポニーと共に、新しい仕事をスタートさせようと考えていたところだったのだ。だがこのときは事業所の土地についても交渉中で、飼育スペースも確保できていなかった。慌てて乗馬クラブを経営する友人に連絡して、一番星を一時的に預かってもらうことになった。

「それまで綿密に準備をしてきたのに、まさか自分が馬を衝動買いするとは思ってもいませんでした。それでも、早く一番星を迎えに行かなければ！　という気持ちが強まり、おかげでプロジェクトの進行をスピードアップさせることができました」

二〇一五年九月、山本さんは、児童福祉事業〈ＰＯＮＹ ＫＩＤＳ〉をスタートさせた。セラピーホースとして活躍するのは、一番星とライトという名前のポニーだ。古民家を改修した事業所は交通不便な立地だったが、それでも利用者は順調に集まった。保護者や学校、そして子どもたち自身に、馬と地域社会を結ぶ新しいビジネスが受け入れられたのだ。

ドバイ首長が世界一の競馬大国に提言したこと

風が吹く、山が動く、という表現があるが二〇一六年から二〇一七年は、長年放置され続けてきた引退競走馬の問題が新たな局面を迎えた時期でもあった。それまでこの問題に消極的だったＪＲＡが大きく方向転換したのだ。動物福祉の重要性が国際的に注目されるなか、競馬の世界でも馬の福祉を考慮した運営を推進する流れが強まったのだ。

その先頭に立ちもっとも影響力を発揮したのは、ＵＡＥ（アラブ首長国連邦）の副大統領であり首相、ドバイ首長のシェイク・モハメド氏だった。石油や天然ガスなど限りある天然資源に頼らない政策を早期から推し進め、ドバイを世界屈指の国際リゾート都市にした主要人物といわれるモハメド氏は、世界最高レベルの賞金で知られるドバイワールドカップの創設者であり、世界的に展開するサラブレッドの生産組織ダーレーの代表でもある。また愛馬と共に馬術競技大会に出場するなど、馬と深く親しむことでも知られる人物だ。

そんな世界の競馬業界のトップが、競走馬の余生を真剣に考える必要性を各国の競馬関係者へ向けて発信しはじめたのだ。その活動の一環として、ダーレーの本部があるイギリスから調査のため幹部が来日した。

複数の輝かしいキャリアを持つ角居さんにとって、ドバイワールドカップは生涯忘れられない特別なレースだった。開催は二〇一一年三月、東日本大震災発生からわずか十五日後のことで、甚大な被害に世界が震撼《しんかん》するなか、出走したヴィクトワールピサが日本馬初の優勝を果たし、日本人調教師として初めて世界最高峰のＧ１レースのひとつを制覇したのだ。ヴィクトワールピサの育成地である宮城県の山元《やまもと》トレーニングセンターも被災したが、関係者などから「元気が出た」と感謝されたことは、角居さんにとって調教師生活屈指の感動的な出来事だった。この栄誉は、馬が頑張ってくれたからこそ得られた——この体験は、引退競走馬支援活動の原動力にもなっていた。

　日本の競馬界は、今どうなっているのか？　ダーレー本部から派遣された幹部と面会した角居さんは、競馬界の現状とともに自分が進める引退競走馬支援プロジェクトについて詳しく説明した。

「はっきりと『応援しよう！』といってくれたうえで、国際会議の議題で取り上げることを約束してくれました」

　モハメド氏側のスタッフがもっとも問題視したのは、日本はアジアのなかでも競馬先進国であり、それを証明するパートＩ国に認定されていることだった。パートＩ国というのは競馬の国際的な競走格付けグループのことで、サラブレッドのセリをおこなう際の評価基準を作成する国際セリ名簿基準委員会が管理するものだ。格付けは一般国際競走がパートＩからパートⅢ、障害競走開催国がパートⅣに分類されている。日本がパートＩ国に昇格したのは二〇〇七年で、二〇二〇年現在、ほかにアルゼンチン、オーストラリア、ブラジル、カナダ、チリ、フランス、ドイツ、イギリス、アイルランド、ニュージーランド、ペルー、南アフリカ共和国、ＵＡＥ、香港《ホンコン》、アメリカの計十六の国と地域が認定されている。

　もうひとつ、これは日本人のあいだでもあまり知られていないが、日本は世界で一番馬券が売れている国だ。ＪＲＡの売り上げは右肩上がりで二〇二二年度は約三兆円で、この国の一大産業といっていい。にもかかわらず既存の「引退名馬繋養展示事業」の支援金は重賞勝ち馬が月二万円で、対象は十歳以上と年齢制限もあるため利用数は限られていた。その一方で、民間団体や個人が金銭的に苦しいなか馬の余生をつなぐ活動を続けている状況だった。

　これからは世界的な競馬団体の一員として、アニマルウェルフェアの世界基準を念頭におきながら、馬の福祉にしっかりと取り組んでほしい——国際会議でなされた日本への提言は、この国の引退競走馬支援活動を加速させる、最大の出来事といってもよかった。

　方向性が決まるとＪＲＡの対応は早かった。二〇一七年二月の準備委員会設立を経て、同年十二月には「引退競走馬に関する検討委員会」を発足させている。ＪＲＡがまず力を入れたのは、リトレーニングの推進だった。二〇一八年からは、賞金総額百万円で引退競走馬杯・ＲＲＣ（Retired Racehorse Cup）を開催して、引退したサラブレッドが乗馬で活躍する場を広げるための新しい取り組みが始まり、大会数は年々増加している。

　ちなみに引退したサラブレッドを乗用馬に転用する日本のやり方は、世界的にとても珍しい。海外の乗馬では、乗用馬に向く品種が使用されているからだ。国際大会で活躍するのは、温厚で持久力と俊敏性の高さが評判のドイツ産ハノーバー種、フランス産セルフランセなど、乗馬用として交配・改良された馬たちで、サラブレッドが乗用馬に転用されるケースは、日本とオーストラリアを除くと限られる。海外諸国の引退競走馬支援策の中心は、従来なかったセカンドキャリアにつなげる機会をどれだけ増やすかが大きな課題だ。ここ数年は、一緒に楽しく生きる馬の意味を持つ「プレジャーホース」をキーワードに様々な取り組みが進められている。

日本でサラブレッドが乗馬に転用されている理由は、国内で生産・飼育される馬の中でもサラブレッドの数が圧倒的に多く、乗用馬の生産が限られているからだ。そのため大学の馬術部をはじめ多くの乗馬クラブが、入手しやすいサラブレッドを使用している。現在日本で飼育される約七万頭の馬のうち七割がサラブレッドだ。つまり日本の引退競走馬支援プロジェクトは、まだ世界で気づかれていないかもしれないサラブレッドの可能性を探る行為でもあるのだ。

F1カーをファミリーカーにする方法

だがそれは、容易なことではない。角居さん、山本さん、矢野さんにとって最大の課題は、まさに引退競走馬をリトレーニングする体制を整えることだった。

現役の競走馬たちは、生まれてからこれまで騎手を乗せて、ひたすら前に向かって速く走ることだけを目的にしたトレーニングを積んできた。これはアスリートとして生きるためのもので、そのままでは人間社会で共存することは難しい。サラブレッドたちがセカンドキャリアで活躍するには、心身ともに疲れを癒し、乗馬やホースセラピーの世界で必要なことを身につける必要がある。そのためには、動物福祉に即した高度なリトレーニング技術を持つ人材、トレーニング法や飼育場所、飼育費用、人件費などを確保しなければ成り立たない。

ちなみに引退競走馬のリトレーニングは、これまでにも全国の大学馬術部や乗馬クラブなどで実施されてきた。だが技術や時間、予算、飼育場所などが限られるため、対象になるのは故障が少ない穏やかな気性の馬が中心になる。できるだけ多くの馬をセカンドキャリアにつなぐためには、既存の仕組みだけではとても追いつかない。

リトレーニングについては、山本さんはもちろんベテラン調教師の角居さんにとっても手探りだった。この問題をクリアしないかぎり、引退競走馬支援活動を広げることは不可能だ。だが妙案もなく、しばらく時間ばかりが過ぎていった。

ホースコミュニティ事務局に面会の申し込みがあったのは、二〇一五年十二月のことだった。「一刻も早くお会いしたい」と連絡をしてきたのは株式会社岡山乗馬倶楽部《くらぶ》代表の西崎《にしざき》純郎《すみお》さんで、引退競走馬支援を広げることを目的にしたリトレーニング運営プランがあるという。その提案内容は、①乗馬倶楽部で所有する一部の馬房で引退競走馬を一時保護する、

②乗馬倶楽部の施設を利用して西崎さんや経験のあるスタッフがリトレーニングを実施する、③予算の確保はふるさと納税の仕組みを利用する、というものだ。角居さんは、西崎さんの提案を聞いて驚いた。

「そこには、我々に足りないものすべてが揃っていました」

角居さんとメンバーをさらに驚かせたのは、西崎さんのスピーディーな行動力だった。岡山乗馬倶楽部の所在地、岡山県加賀《かが》郡吉備《きび》中央町《ちゅうおうちょう》の町長に相談したところ、このプロジェクトに強い関心を寄せているというのだ。ふるさと納税の仕組みを利用するには、町長の承認のもとでＮＰＯ法人の認定を受ける必要があるが、角居さん率いるホースコミュニティと連携できれば実現不可能ではないという。そこまでいわれたら、こちらも動かないわけにはいかない。二〇一六年一月、角居さんと山本さん、矢野さんは現地を訪れた。

西崎さんの運営する岡山乗馬倶楽部は、西日本最大級の土地面積をもつ自然に囲まれたところだった。さらに吉備中央町長のもとを訪れ、引退競走馬支援プロジェクトについて詳しい話しあいをしたところ、ＮＰＯ法人認定に向けて動き出すことも決定した。そこから最短期間といえる同年七月、引退競走馬のリトレーニング組織であるＮＰＯ法人吉備高原サラブリトレーニング（現・認定ＮＰＯ法人サラブリトレーニング・ジャパン）が設立されたのだ。

ノープランの状態からわずか八か月、リトレーニングの環境を整えることができたのは奇跡的といってよかった。

そうなると益々気になるのは、リトレーニングの具体的な内容だった。私がこれまで接してきた犬猫の保護活動から推測すると、リトレーニングとは新しい世界で生き直すための準備だ。怪我などの身体的なダメージをケアするとともに、心の問題と深く関わることになる。たとえばパピーミル（子犬工場）と呼ばれる劣悪な環境の繁殖場からレスキューされた犬は、生まれてから数年間を狭く不潔なケージのなかで過ごすのみで散歩の経験もゼロ、人間から名前を呼ばれたことがないケースも多い。保護活動に携わる人々の多くは、信頼できる新しい飼い主を見つけることを前提に、家庭犬として生活するための基礎トレーニングをする。その内容は、ペットシーツで排泄《はいせつ》するなど生活習慣を身につけるというものもあるが、もっとも重要なのは人間が信頼に値するもので、共に暮らすことは安全で、楽しく快適だと理解してもらうことだ。

具体的な方法は、好みに合った健康的な食事を与える、優しく声をかける、優しく撫でる、遊びながらおやつをあげる、専用ベッドを毎日清潔に整える、シャンプーやブラッシングで身体を清潔にする、散歩などの運動の機会をつくる、といった家庭犬としてごくあたりまえのことが多い。

しかし、辛《つら》い経験をした犬たちは、人間のアプローチに怯えたり、警戒したり、無反応ということが少なくなく、保護したばかりのときは人が見ている前で食事や排泄ができないこともある。一般的に犬は散歩が好きな動物と思われているが、それは生まれながらのものではなく、散歩好きになるための楽しい経験を積んだ結果なのだ。

動物には感情や情緒があり、個体によって好みや得意なことも違う。そしてサラブレッドは、生まれたときからアスリートになるための特別な訓練を受けてきた大型動物だ。犬や猫のように同じ部屋で寝食を共にするわけにもいかないし、いったいどのようなアプローチをするのだろう？

わからなければ自分の目で確かめるしかない。二〇二〇年一月、私はリトレーニングの現場を目指して、サラブリトレーニング・ジャパンの拠点である岡山乗馬倶楽部を訪ねた。東京から新幹線で岡山駅まで三時間半近く、そこから県内を北上するＪＲ西日本津山《つやま》線に乗り換え、市街地を抜けるとまもなく車窓の向こうにはふっくらとした山並みがあらわれた。サーモンピンクの列車で約四十分の旅を経て、下車したのは福渡《ふくわたり》という駅だった。そこから車で十五分程、岡山県の中央部に位置する高台に岡山乗馬倶楽部の建物が見えてきた。

見晴らしの良いカフェを併設したクラブハウスの前には、整備された馬場が広がり、建物の反対側にある放牧場では馬たちがゆったりと草を食《は》んでいた。西日本最大級の土地面積を持つ乗馬クラブと聞いていたが、想像以上の規模だ。

敷地内にはいくつも厩舎があり、約六十頭もの馬を収容できるという。馬の手入れをしたり鞍を付けたりするための繋ぎ場、汚れた身体をきれいにする洗い場の数も多い。複数の馬が同時に利用できる回転式ウォーキングマシーンや悪天候でもレッスンやトレーニングができる屋根付きの馬場も揃っている。

乗馬倶楽部のまわりは緩やかに隆起する土地で、その先には森林が続いていた。

「ここは夜ほぼ無人で、車も通らない、タヌキなどの野生動物が活動する環境です。引退したばかりの競走馬には、こうした自然豊かな場所でリラックスすることが必要です」

案内してくれたのは岡山乗馬倶楽部代表の西崎純郎さん、つまりサラブリトレーニング・ジャパンの設立に寄与したご本人だ。この日は、乗馬倶楽部の定休日。出勤しているのは限られたスタッフのみとのことで、施設はとても落ち着いた空気に包まれていた。昼間でさえこうなのだから、夜の静寂はどれほどのものだろう。厩舎で休む馬たちの耳を刺激するのは、おそらく風の音と野生動物の微《かす》かな足音や息づかいくらいだ。レース生活で疲れた馬たちの心身のケアをするには、素晴らしい環境だ。

西崎さんが馬と深く関わるようになったのは、中学二年生の秋に障害飛越競技と出会ったことがきっかけだった。障害馬術とも呼ばれるこの競技は、経路に設置された障害を落下させずに飛び越えてタイムを競うものでオリンピック種目にもなっている。中学三年生でジュニア選手権に出場するほど急成長した西崎さんは、高校二年生で国体三位になり、大学の馬術部からのオファーを受けるほど注目された。だが高校卒業後は乗馬クラブに就職して、馬のプロになるために修業しながら、国体優勝を目標にトレーニングを積む日々を送った。その後、一念発起して、ある乗馬クラブで雇われ場長を経て、現在の場所で岡山乗馬倶楽部をスタートさせたのは、西崎さんが二十六歳の二〇〇九年のことだ。

「引退競走馬の問題に目を向けるようになったのは、あるサラブレッドとの出会いがきっかけでした。警戒心が強すぎて、ゲート試験に不合格になってしまいデビューできなかった馬です」

西崎さん曰く、こうした馬が余生をおくることは難しい。だが馬主の意向がタイミング良く乗馬業界とつながるなど幾つかの幸運が重なり、ここ岡山乗馬倶楽部に引き取られることになったのだ。

「競走馬としての調教しかされていない馬に、乗馬用のトレーニングをするのは初めての経験でした。競走馬時代は怖がりという評価をされていましたが、一緒に過ごすうちにとても慎重な性格だということがわかってきました」

本来の性格を活《い》かして練習を積めば、足先まで神経が行き届いた動きができる馬になれるはず。そう感じた西崎さんは、最初は地面に置いたバーを跨《また》いで歩くところからスタートして、障害の高さや数を徐々に増やしながらトレーニングを繰り返した。やがて、ひとつひとつの障害を丁寧にクリアする優秀な乗用馬へと成長。その結果、西崎さんは、二〇一四年の全日本障害馬術大会で初タイトルを獲得した。こうした経験から西崎さんは、トレーニングができる環境さえ整えば、もっと多くの引退競走馬が新たなステージで活躍できると確信したのだ。

引退競走馬との全日本優勝の経験は、西崎さんにとって日本の馬事文化全体について考えるきっかけにもなった。

「有馬記念や日本ダービーでは毎年、十万人から十三万人の観客動員があります。世界でこの規模に匹敵するのは、アメリカンフットボールのプロリーグＮＦＬくらいです。これほどたくさんの人に注目されながら、主役の馬たちの余生支援は手付かずのままで、こんなことが今後通用しなくなるのはあきらかです。この仕組みを変えていかないと、日本の馬事文化はやがて衰退すると思いました」

そんなときに西崎さんが知ったのが、角居さんのプロジェクトだった。引退競走馬支援の啓発イベント「サンクスホースデイズ」のトークショーでは、リトレーニングの重要性について語る一方で、人材と場所、予算が不足している現状が訴えられた。それを知った西崎さんの行動は早かった。

「これは社会貢献活動ですが、競馬ファンを乗馬の世界につなぐビジネスプランでもあります。現在の日本の乗馬人口は五万から六万人ですが、対して競馬人口は賭けている人だけで五百万人です。引退競走馬をきっかけに、競馬ファンにも乗馬の楽しさや素晴らしさを体験してほしいという期待があります」

さて、ここからは、いよいよリトレーニングの根源に迫る。西崎さんによると「車の世界にたとえれば、プロのレーサーしか操れなかったＦ１カーを誰にでも運転できるファミリーカーにするようなもの」だという。併せて説明されたのは、馬という動物本来の姿についてだった。

「競走馬のレースなどを見ていると忘れがちですが、彼らは草食動物です。一日に十八時間は草を食べることに費やし、仲間と一緒に群れをつくって暮らし、全力疾走するのは危険が迫ったときだけです」

レーシングスピリットを抜いてあげることによって、草食動物本来の個性や好みがわかってきて、それがセカンドキャリアでの適材適所を判断する材料にもなるのだ。具体的なアプローチ方法は、試行錯誤を経て大きく変化した。

「スタートした当初は、乗ってトレーニングしていました。しかし、馬の状態によってかなり危険だということがわかってきました。知らない場所に来たばかりの馬たちは、不安や恐怖に怯えています。競馬の世界の調教は闘争心を磨いて一秒でも速く走ることを目標としますが、乗馬やホースセラピーの世界では、止まる、のんびり歩く、むやみに興奮しないなど、これまでと正反対のことが求められます。これを馬に理解してもらうためには、まずは世話をする我々人間を信頼して、安心して過ごせるようにしてあげることが大事だと気づいたのです」

そこで重視されたのが〝グラウンドワーク〟と呼ばれるものだ。これは人と馬が同じ地面に立って信頼関係をつくるコミュニケーションメソッドで、引退競走馬のリトレーニングを安全、かつ確実に進めるためのカギになるものだ。

　乗らなくても、いいのか……。

　グラウンドワークという言葉を初めて耳にしたとき、まず思ったのはこのことだった。馬を理解するためには、馬に乗れなければならない――そう思いこんでいただけに、かなり予想外だったが同時にストンと腑《ふ》に落ちるような、納得感に似た思いにかられた。

　自分の足で立って向き合うというのは、とても対等な関係だ。人間と犬は、散歩という共通体験を通じて、言葉ではいい尽くせない関係性を日々紡いでいる。動物園で暮らすゾウやキリン、シロクマ、チンパンジー、ペンギンなど、ペット動物とは違うといわれる動物たちであっても、担当飼育員は同じ地面に立ち（必要に応じて鉄柵やフェンスを介することはあるが）頻繁に声をかけ、同じ空間で過ごすことで信頼関係を深めている。それを思えば馬に対しても、背中に乗る前にするべきことがあると考える方が自然だ。

　馬とはどのような動物なのか、彼らはどのような世界観のなかで生きているのか――この取材をスタートさせてから私が抱き続けてきた疑問について、新たな扉が開かれることになった。

第3章 知られざるリトレーニングの世界

馬語がわかる男

丸馬場の柵に沿うように走るのは、限りなく黒に近い褐色の馬だった。春の日差しのなかで美しい体毛を輝かせながら、左まわりに三回、四回と周回を重ねている。前日まで続いた雨で地面が若干ぬかるんでいるせいだろうか、時おり足まわりが重そうに見えることもあるが、馬場の中央に立つ男性が励ますように指先を進行方向へ動かすと、馬もそれに応えるようにテンポ良く駆け続けていた。

二〇二一年三月、私は再び認定NPO法人サラブリトレーニング・ジャパンがある岡山県吉備中央町を訪れていた。引退競走馬をセカンドキャリアにつなぐためにはリトレーニングが必須で、なかでも最も重要といわれるのがグラウンドワークという人と馬の信頼関係を築くコミュニケーションメソッドだ。グラウンドワークとは、具体的にはどんなものなのだろう？

「詳しく知りたいのなら、宮田朋典《みやたとものり》さんにお会いになるのがベストです」

サラブリトレーニング・ジャパン創設メンバーの西崎純郎さんによると、同団体では宮田さんにリトレーニングに関する技術提供や指導を依頼しているという。宮田さんの名前を私が耳にしたのは、実はこのときが初めてではなかった。

この世界には、馬語がわかるすごい先生がいるんですよ——それは二〇一九年九月、私がＴＣＣセラピーパークを初めて訪問したとき、セミナー後の親睦会で出会ったＡさんが教えてくれたことだった。馬語がわかる先生というのは、犬の世界でいうドッグトレーナーに該当する専門家のことらしい。宮田さんのトレーニング方法は日本では革新的なもので、競馬業界や乗馬業界のベテランを指導することもめずらしくない。全国各地で講習会を開催するほか、競走馬の種馬場《しゅばじょう》で種馬の調教に携わることも多く、ディープインパクトはじめ有名馬に関わるなど業界で知らない人はいないらしい。

私が感心して聞いていると、Ａさんは「宮田さんのやり方や発想を馬業界のプロが広く取り入れてくれれば、この国の馬たちの扱いはもっともっと良くなるはずです」と力説していて、どうやらこの方法は動物福祉の向上に直結しているようだ。

そんなこともあって、西崎さんから宮田さんの名前を聞いたときは「すぐ連絡して、密着取材ができるようにお願いしよう」と考えた。だがその計画は、新型コロナウイルス感染拡大の影響で完全に阻まれてしまったことは、第1章にも書いたとおりだ。

だが引退競走馬支援プロジェクトが充実するという点で、かならずしも悪いことばかりではなかった。これまで講習会や講演会の仕事で全国を飛びまわっていた宮田さんが、サラブリトレーニング・ジャパンのリトレーニング責任者として引退競走馬たちに継続的に向き合うことになったのだ。〝馬語がわかる男〟が自ら馬たちの心身をケアしているとは、これ以上ない最高の環境だ。

タイミングを見計らうこと約一年、私はようやく宮田さんの仕事現場に密着する機会を得たのだった。

「まずは、丸馬場でのグラウンドワークを見てもらいましょうか」

宮田さんは、リトレーニング中だという馬に声をかけながら、手際よくホルター（頭部に取り付ける馬具）を装着して馬房から連れ出した。厩舎を出て軽快な足取りで進む宮田さんの右側では、褐色の馬が歩調を合わせるように優雅に四肢を動かしている。

放牧場が広がるエリアを抜けて、草原の一部を囲った丸馬場に入り宮田さんが中央に立つと、まもなく褐色の馬が駈歩《かけあし》をはじめた。手にしているホルターにつながった一本のロープは、常にゆるりとした状態が保たれていて、つまり無理に引っ張る、強制するなど物理的な拘束はない。

やがて宮田さんが馬の名前を呼ぶと、地面を蹴る四肢のテンポはスムーズにスローダウンして、正面から向き合うような位置で止まった。やや頭を下げて、柔らかそうな口先をモゴモゴと動かしている様子は、小声で何かを囁《ささや》いているみたいだ。再び名前が呼ばれると馬はゆっくりと前進して、まるで懐に入るように宮田さんの右側にまわりこみ、同じ方を向いて静かに佇んだ。

「よくできた。えらいね」

宮田さんが優しく声をかけながら艶やかな首筋を撫でると、馬はあきらかに安心したような穏やかな顔つきになった。

「これは引退競走馬が馬の社会と人との関わりを学び直すための、初歩段階のトレーニングです。人間にたとえると、母親との関係を幼稚園からやり直すイメージになります」

「母親との関係……ということは今、宮田さんは馬のお母さんの役割を担っているということですか？」

私の質問に頷いた宮田さんは、競走馬として生まれたサラブレッドの成長過程について説明してくれた。

「競走馬として生まれたサラブレッドが母親と一緒にいられるのは、生後六か月くらいまでです。競走馬業界内では六か月離乳が通常ですが、本来の離乳は、母親に守られていた子馬がやがて他馬との関わりを増やしていく過程で少しずつ母親と離れていくものです」

人と馬の信頼関係を築く基礎になるグラウンドワークをおこなう、ホースクリニシャンの宮田朋典さん

「よくできた。えらいね」優しく声をかける宮田さんに、甘えるように顔を寄せる引退競走馬のフランクリン（撮影・ともに著者）

早期の離乳によって、母親を通して学ぶはずの馬の社会を知らないまま成長する競走馬たちが経験するのは、ほぼレースに関連することだ。セカンドキャリアを歩むためには、まずは馬の社会を一から学び直す必要がある。それなしに馬どうしが良好な関係をつくることは難しく、馬のプロではない人間たちと、うまく関わっていくこともできない。馬は群れで生きる動物で、野生の馬は十数頭程で行動する。彼らの社会構造について、宮田さんは次のように説明した。

群れのなかで牡馬のトップは経験値の高い体力のある馬で、外敵や他の群れからはぐれてきた牡馬と戦う役目を担っている。その下には母馬や子馬、若馬たちがいるのだが、この群れ全体を束ねているのは女帝と呼ばれる牝馬のトップで、群れのなかでもっとも信頼を集める存在だ。母馬は子馬が自立するまで世話をするといわれ、それまでに信頼関係やコミュニケーション方法、外敵から逃げる方法、安全を確認して群れに戻る方法を教えていく。

馬は家畜化されて久しい動物で、人間と共に暮らしてきた歴史が長い。私のなかではそのイメージが強すぎて、恥ずかしながらこれまで馬のみで構成される社会が存在するとは想像もしていなかった。宮田さんにそう伝えると、日本の競馬業界や乗馬業界で働く人々のあいだでも広く知られているわけではないと説明され、再び驚いた。

その主な理由は、現在の日本の馬業界の原点がイギリスをはじめ欧州の技術と深く関係しているからだ。一方、宮田さんが身につけたのは、二十代で渡米して学んだウエスタン乗馬の文化をベースにした技術や知識だ。

宮田さんの肩書きは、ホースクリニシャンという。直訳すると馬の臨床医だが、これは米国人のモンティ・ロバーツ氏が考案した調教技術「Join-Up」や、ナチュラルホースマンシップなどの行動心理学に基づくトレーナーの名称を指す。

一九三五年生まれのモンティ・ロバーツ氏は、カリフォルニア州でロデオ競技場を運営する父親から馬術を叩きこまれ、わずか四歳のときに馬術大会で優勝して、それ以降はハリウッド映画の子役スタントマンとして活躍するなど、乗馬界の天才少年として育った。しかし、父親の伝統的で残酷な馬の扱い方には、子ども時代から激しい抵抗感を抱いていた。それは馬を従順にさせるために、恐怖心を煽《あお》る行為や暴力、物理的な拘束を十日近くも続けて馬の自発性を完全に破壊するという方法だ。

その様子はモンティ・ロバーツ氏の半生を追った『馬と話す男』に詳しく書かれているが、残酷な描写が連続するかなりショッキングな内容だ。それだけに少年時代のモンティの怒りと憎悪、父親を反面教師に馬との信頼関係を深めることで成立する調教方法を確立させていく情熱や感受性には深く共感できる。なにしろ父親が一週間以上かけてやっていた血みどろの馴致《じゅんち》作業が、わずか七歳のモンティの考案した方法では、かすり傷ひとつつけずに二、三日でできてしまうのだ。

馬は「この人は信頼できる」と理解するとロープなしで後をついて歩くようになるという

から、なんだか犬のようだ。さらに馬にとってもっともハードルが高い鞍を付けるトレーニングも、スムーズにおこなえるというから驚いた。二〇二三年現在、モンティ・ロバーツ氏は八十八歳にしていまだ現役で、調教師やホーストレーニング講習会の講師として活躍している。公式サイトには、世界各地から受講可能な「Join-Up」オンラインセミナーの案内もある。

　日本の競馬や乗馬の多くが英国発祥のブリティッシュスタイルを基盤としているなかで、米国のウエスタンスタイルを背景にした宮田さんは孤高の調教師ともいえる。

「三十年前、行動心理学に基づいて馬と信頼関係を築くという発想は、日本の競馬界や乗馬界ではほとんど理解されませんでした。服従させることで馬をコントロールしなければならないと考える人が多く、こうして人間の横に立つことさえ馬に許さない人もいました」

　苦笑いをする宮田さんが、艶やかな馬の首筋に優しく手を添えると、馬は甘えるように少しだけ顔を傾けた。筋肉隆々の立派な体躯《たいく》ながら、その姿は頼れる相手のもとですっかり安心した子馬のようにも見えた。

　これを聞いて私が思い出すのは、かつて犬の世界でも「犬に舐《な》められないために、飼い主がリーダーシップをとる」という軍隊を連想させる服従式ドッグトレーニングがもてはやされた時代があったということだ。例えば散歩のとき、犬は飼い主と並んで歩調をあわせ、しかも飼い主のつま先のラインよりも前に出てはいけないというルールが躾《しつけ》の基本事項にもなっていた。米国のマッチョ文化を背景にした、動物行動学とは無縁のメソッドで、今では完全に過去のものになっているが、二十年近く前の熱心な愛犬家たちのあいだでは服従させること＝犬と上手く付き合う最善の方法と信じられていたのだ。

その後、犬科動物研究が急速に進んだ結果、犬は狼《おおかみ》の亜種であり、また野生で暮らす狼の群れ社会は軍隊式の上下関係ではなく、聡明《そうめい》で愛情深い親と、それに学び協力する子どもたちで構成されていることがわかっている。捕食動物である犬と、被食動物である馬はまったく違う動物だが、親子関係をベースにした社会経験が重要という点は共通しているようだ。

宮田さんのやり方が少しずつ受け入れられるようになったのは、今から二十年近く前のことだ。噛みつく、蹴るなどの攻撃行動のある馬の扱い方について相談したい——そう連絡してきたのは、ＪＲＡ調教師として開業して間もなかった角居勝彦さんだった。競走馬それぞれの才能を理解してベストの状態を引き出すには、人と馬の信頼関係に基づいた調教方法を取り入れる必要があり、宮田さんが実践する行動心理学に基づいたトレーニングは不可欠だった。これをきっかけに複数の調教師や生産・育成牧場などからの依頼が増え、競馬界にグラウンドワークが少しずつ浸透していった。

「それでも受け入れているのは、業界の半分にも満たない。現在でも、馬を扱ううえでグラウンドワークは意味がないというプロも少なくありません」

しかし宮田さんは、人が馬を深く理解するという点から、グラウンドワークは日本の馬事文化の裾野を広げるためにも重要と考えている。

ここからは、さらに馬の世界について詳しく解説してもらうことにした。まずは宮田さんが馬の母親の役目をするということについて。

「母親の重要な役目のひとつに、先に逃げるように子馬を促し、安全になったら呼び戻して群れに帰ってくるようにする、というものがあります」

リトレーニングでは、①指示に従い一定の距離を保つ、②どのような状態であっても、母親役である人間のサインに注目してそれを理解する、③指示を受けて安全な場所に戻ってくる、④安心できる場所でリラックスする、という体験を繰り返しながら信頼関係を徐々に深めている。

不安を感じたら迷わず逃げることは若馬の基本行動のひとつ、と宮田さんはいう。そういえば、顔の真横に目がある彼らの視野は真後ろを除く約三百五十度で、常に身の回りの警戒を怠らないと聞いたことがある。そのことから私は、馬というのは魚眼レンズで見たような世界で暮らしている、と長らく思いこんでいた。しかし、それは完全な間違いで、実は頭上と足元はあまり見えていない。彼らの視野は、上下が切り取られた筒状のスクリーンのようなものだ。そのため鳥が上空からあらわれたり、枯れ葉が舞い落ちたりするだけで驚いてしまうことさえある。

「彼らは、正面から近くを見るのも苦手です。目と首の位置の関係から一部に死角があり、鼻先近くはピントが合わないので不安です」

説明を聞きながら、先ほど宮田さんの正面で立ち止まってやや頭を下げた馬が、柔らかそうな口先をモゴモゴと動かしていたことを思い出した。馬が頭を下げて口先を動かしているのは、リラックスして自分で判断する余裕があるときにする行動のひとつだ。それは放牧場で草を食んでいる姿にピッタリとあてはまり、これこそが馬にとって〝ストレスの少ない快適な状況〟なのだ。とはいえ彼らの口先と蹄はとても鋭敏で、地面から伝わる外敵による振動にも常にアンテナを張っている。風の音や揺れる草木に注意を払うことも多く、それは捕食動物が草むらを走る音に似ているからだ。

被食動物として生きるのは、なんて大変なのだろう……。本来の馬たちの心理や感覚について知ると、つくづくそう思わないではいられなかった。

外敵が近づいたときにもっとも危険なのはパニックになることで、過剰反応や慌てた行動は捕食動物の狩猟本能を刺激してしまう。生き残るために大切なのは、気持ちをコントロールしてパニックにならない練習を積むことだ。しかし、競走馬の多くは、怖いという気持ちを抑えて冷静さを保ったり、安全を確保するために指示を聞いたり、情報を得たりする経験が圧倒的に不足している。

「引退競走馬のリトレーニングの大部分は、離乳時点に立ち返る母性的な要素のものです。引退直後のサラブレッドのなかには、驚いて走り出したらパニックが高まる一方というタイプも少なくありません。そのままの状態では、人や馬が声やボディランゲージで話しかけてもコミュニケーションは成り立たないのです」

宮田さんがリトレーニングで目指しているのは、どこにいっても幸せに生きられる馬にすることだ。特に重視しているのは、むやみに怖がらないことと、人間と信頼関係をつくること。この二点が揺るがなければ、ストレスによる病気や驚いて怪我をするリスクが格段に減る。宮田さんのリトレーニングは、馬の健康寿命を延ばすことにもつながっているのだ。

丸馬場のなかでは、トレーニングを終えた褐色の馬がゴロンゴロンと地面に転がっていた。四肢を動かすたびにまわりに飛び散る泥から、開放的な気分を楽しんでいることが伝わってきた。

「ご機嫌ですね。やりきったー！　という気分なのでしょうか」

「今日は足元が滑りやすかったので、少し怖かったはずです。そういうときは人に集中しにくくなるので、いつもより大変だったと思いますよ」

微笑む宮田さんに見守られながら、片側のお腹《なか》をすっかり泥んこにした馬はダイナミックに反転すると、さらにゴロンゴロンを続けた。艶やかな被毛は台無しで、このあとのお手入れのことを考えると大変だけれど、でもその表情はリラックスしていて、とても嬉しそうだ。

「えらいね。トレーニング、頑張ったね」

あまりにかわいいので声をかけると、丸い目がエヘへと笑ったような気がした。それだけにその後の宮田さんの言葉は、あまりに意外だった。

「このコは、ここに来たとき、人と目も合わせられない、ごく一部の人しか触ることができない、一瞬もじっとしていられない馬だったんです」

彼の名前はコペルニクス。

地動説を唱えた中世の天文学者と同じ名前を持つこの馬の父親は、ディープインパクトだ。その名を聞けば、競馬に疎い私でも超一流の血統を継ぐ馬だとわかる。しかし二〇一四年一月に生まれたコペルニクスは、二〇一六年十一月に中央競馬でデビューして以降、怪我が多かったために競走馬として厳しい日々を送り、地方競馬を経て、二〇二〇年五月のレースを最後に引退している。サラブリトレーニング・ジャパンにやってきたのは、宮田さんがここの専属になってしばらくしたときのことだった。

「最初に会ったときは、何を考えているのかまったくわからなくて、ずいぶんと悩みました……」

当時のことを思い出したのだろう、宮田さんは一瞬、遠くに視線を向けた。調教のプロとして追い詰められた経験だったことが伝わってくる一方で、宮田さんの懐に入るように寄り添うコペルニクスの様子を思うと、簡単に「そうだったんですか」とはいえなかった。

〝馬語がわかる男〟をこれほど苦悩させるとは、コペルニクスはどんな馬だったのか。人間とのコミュニケーションを激しく拒否していた、その理由は何だったのだろう？

驚きとともに好奇心が刺激されるのを感じながら、しかし私は、事態がさらに複雑だったことを知った。

厩舎に戻ると、宮田さんは二頭の馬を紹介してくれた。

「こちらの馬の名前はプラトン、隣の馬房にいるのはフランクリンです」

いずれも黒に近い褐色の被毛が美しく、なんだかコペルニクスに似ている。というよりもそっくりで、いつの間にさっきの泥んこを洗い流したのだろうと一瞬、思ったほどだった。

「この馬たちの父親もディープインパクトで、母親もすべて同じロベルタという馬です」

コペルニクスとプラトン、フランクリンは、なんとリアル三兄弟なのだ。そして外見と同様に、彼らは心と身体に同じ問題を抱えていた。

ディープ三兄弟がやってきた！

どうやら、とんでもない馬と出会ってしまった——ホースクリニシャンの宮田朋典さんがそう確信したのは、フランクリンのリトレーニングを担当して数日後のことだった。ディープインパクトを父に持つ良血馬として二〇一六年に生まれ、二〇一八年九月にデビューしたフランクリンは、しかし六戦一勝の結果で二〇二〇年二月に引退が決まり、馬主の意向でサラブリトレーニング・ジャパンにやってきた。

「出会ったばかりのフランクリンは常に落ち着かない様子で、後肢で立ち上がろうとしたり、激しい蹴りを繰り出したり、人の隙をついて噛もうとしました」

宮田さんによると、当時のフランクリンはいわゆる〝荒ぶる馬〟の代表だった。私が差し出す手を柔らかな鼻先でフムフムと確認しながら嗅いで、首筋を撫でると気持ちよさそうな表情を見せてくれる、現在のフランクリンの姿からはとても想像できない。

だが引退直後の競走馬としてそうした行動は、特別めずらしいものではない。競走馬の使命はレースに勝つことで、この最優先事項が満たされるとわかれば、扱いが少々難しくても交配され生まれてくるのがサラブレッドだ。さらに厳しいトレーニングに耐え抜きながら闘争心、瞬発力、距離に合わせた持久力を磨き上げ、ハードな生活を支える高カロリーな餌を食べていれば、エネルギーが有り余っていても仕方がない。しかし、勝敗がすべてのアスリート生活は終わった。セカンドキャリアをめざすためには、まずはリラックスできる環境のなかで心身を癒していく必要がある。

リトレーニングの初日、宮田さんはフランクリンを馬房から洗い場へと移動させた。優しく声をかけながらブラシをかけたり、タオルで汚れを拭いたり、蹄のまわりや裏側に溜《た》まった汚れを掻き出す裏掘りと呼ばれる作業は、お互いの距離を縮めるための基本的なコミュニケーションだ。

だがフランクリンは、ブラシやタオルが身体に触れることを嫌がり、激しく蹴り返そうとした。なだめても興奮は高まるばかりで、ついには後肢で完全に立ち上がってしまった。瞬時に身をひるがえした宮田さんは難を逃れたが、空中で激しく前肢をバタつかせる体重五百キロ前後もあるサラブレッドのパワーは凄《すさ》まじく、係留用の金具を弾き飛ばしそうになるどころか、洗い場ごと破壊しかねない勢いだった。この騒ぎにほかの馬たちは驚き怯え、周囲には嘶きと激しい蹄の音が鳴り響き、そこに彼らを鎮めようとする人々の声が重なってあたりは騒然となった。

ブラシやタオルをここまで嫌がるなんて、これまでの世話はどうしていたんだ？　フランクリンの興奮をようやく鎮めた一方で、宮田さんのなかで疑問符は大きくなるばかりだった。馬は人間と同様に汗をかく動物で、特に夏のトレーニング後は水洗いやタオルドライ、ブラッシングなどのアフターケアが欠かせない。レース出走のときは、どの馬も身体の隅々まで磨き上げられていて、つまりどれだけ気性が激しい競走馬でも人間の世話無くして存在することはできないのだ。

宮田さんがもうひとつ気になったのは、フランクリンがまったく目を合わせようとしないことだった。威嚇の意味を持つ、ジッと見つめるようなことはもちろんしないが、丸馬場でリトレーニングの基本といえるグラウンドワークをおこなううちに、通常は二、三日で視線が合うタイミングが生まれてくる。しかしフランクリンには、その兆候も感じない。気位の高さゆえの拒絶なのか、恐怖感などによるパニックで視線が定まらないのか、この時点ではっきりした理由はわからなかったが、人間やほかの馬とのコミュニケーションに必要な社会経験が不足していることは間違いなかった。

まもなく宮田さんの耳に入ってきたのは、現役時代のフランクリンが預託されていた栗東トレーニングセンターでの評判だった。〝うるさい馬〟として有名で、厩舎では一部の人しか触ることができず、ハミを付けられるのは担当厩務員ひとりだけだったという。〝うるさい馬〟は馬業界用語のひとつで、やんちゃで扱いが難しい馬という意味だ。ハミというのは馬の上顎と舌の間に入れる金属製の棒状の馬具のことで、それが手綱と接続されていて騎手が馬の動きをコントロールする仕組みになっている。

フランクリンは動けば動くほど不安が高まり、冷静な判断ができなくなるタイプだということがわかってきた。リトレーニングを開始しようにも、このままでは人や馬が怪我をする危険性が大きすぎる。まずはリスク軽減の方法を考える必要があった。

だが宮田さんは、さほど深刻にはとらえていなかった。放牧すればフランクリンの興奮やイライラはまもなくおさまってくるだろう、と考えていたからだ。米国の馬業界の人々のあいだでは別名グリーンドクターと呼ばれるほど、放牧は心身の疲れやストレスを緩和して健康状態を整える効果があるといわれている。サラブリトレーニング・ジャパンがある岡山県吉備中央町には、馬たちの心と身体を休めるのにうってつけの自然豊かな環境が整っている。

三月に入ってからは、穏やかに傾斜した放牧場のあちこちで牧草が勢いよく成長しはじめていた。フランクリンもここが安全な場所だと理解すれば、春の味覚を楽しみながら心穏やかに過ごしてくれるようになるはず、と宮田さんは考えた。

牧草地に連れてこられたフランクリンは、あきらかに不安そうだった。放牧しても白くペイントされた柵の前から離れる気配はなく、首を高く上げたまま、オロオロと右へ左へと動き続けていた。やや不憫《ふびん》ではあるけれど、少し時間がたてば新鮮な牧草にも気づいてくれるだろうと、宮田さんは期待をこめて見守った。

しかしフランクリンは、いつまでたっても横揺れをやめようとしなかった。見守ること三十分、一時間、三時間――次第に心配になってくるが、それでも空腹になれば草を食むようになるはずと期待した。だがオロオロ行動は絶え間なく続き、結局この日フランクリンは、丸一日を白い柵の前で頭を高くかかげるようにしたまま左右に揺れ続けた。疲労困憊《ひろうこんぱい》しているはずなのに、草も食べず水も飲まない。牧草地で草を食べない馬がいるのか！　宮田さんにとっても、こんなことは初めてだった。

食欲がわかないのは、ひとりぼっちでいる淋《さび》しさや不安感が原因なのかもしれない。宮田さんがそう考えたのは、フランクリンが馬房のなかでは落ち着いて過ごしているからだった。ここは自分のテリトリーを確保できると同時に、ほかの馬の存在も感じられる場所だ。そこで、ほかの馬の姿が見えるところで放牧してみたり、隣接した放牧場にフレンドリーな馬を連れてきたりしたが、フランクリンの行動はまったく変わらなかった。

乗馬倶楽部を運営しているこの場所は、昼間は頻繁に人や車の出入りがある。見知らぬ人の複数の声やエンジン音に警戒する馬はめずらしくないので、夜間の放牧も試してみた。馬は夜目が利く動物といわれ、月明かりの下でも十分に活動できる。だが静寂に包まれた放牧場の柵の前で、フランクリンは昼間と同じようにオロオロと身体を揺らし続けた。

この馬と、どうやって向き合っていけばいいのだろう——。

深夜、振り子のように動く黒褐色の馬を見上げながら、宮田さんは暗澹《あんたん》たる気持ちになった。ホースクリニシャンとして二十年以上、馬の行動心理学に基づく調教の実践と指導を続けてきたが、ここまで雲を摑《つか》むような状況に陥ったのは初めてだった。擬人化は無論否定するが、馬の気持ちに寄り添いながら彼らの心身をケアする方法を探り、人と馬が良好な関係を築く方法を広めるための努力を重ねてきたつもりだった。だがこのとき、プロのホースマンとしての自負は大きく揺らぎはじめていた。

フランクリンがここにやってきたのはリトレーニングのためで、つまりセカンドキャリアにつなぐことを前提に飼養されている。しかし、このままではリトレーニングを開始することもできない。足元を確認すると、右前肢の蹄の上部がかなり腫れていて、右後肢にも故障が見つかった。入厩当時から肢の故障は指摘されていたが、頻繁に横揺れをくりかえすたびに自分の肢どうしをぶつけてしまうためさらに悪化していた。足まわりのトラブルは、馬の運命を決める重要な要素だ。とにかくこの奇行を止めなければ、フランクリンを救うことはできない。

もう過去の経験に頼っている場合ではない。そう悟った宮田さんは、これまでやっていなかった方法を試すために、まずはフランクリンが好きなもの、気に入っているものを探ることにした。人や馬、ニンジンやリンゴ、新鮮な牧草にも無反応な彼が唯一、興味を示したのはペレットと呼ばれる馬用の配合飼料だった。なかでも嗜好《しこう》性の高い栄養豊富なタイプはお気に入りで、目の前に差し出すと奪い取るように口にした。

犬や猫などの捕食動物と違って、馬は食べ物がトレーニングのモチベーションにつながりにくいといわれている。しかし今、使えるものはこれしかなかった。放牧場にいるフランクリンにペレットの袋を取り出して見せると「それ美味しいやつだ！」「早くよこせ！」といわんばかりに、鼻息荒く歩みよってきた。

「フランクリンが大好きなおやつ、ここに置くよ」

宮田さんは、黒褐色の馬の視線がこちらを追っていることを確認しながら、一摑みのペレットを地面に置いた。フランクリンはすぐにそこにやってきて、立ち止まると頭を地面に近づけ、鼻先で牧草をかき分けながらペレットを食べはじめた。

やった……！　フランクリンがサラブリトレーニング・ジャパンにやってきて、初めて放牧場で立ち止まることができた瞬間だった。馬にとって、頭の位置は心の状態と深く関係している。馬は頭部を高くしていると、興奮しやすく心理的な視野も狭くなる。逆に頭部が地面に近いほど冷静になり、さらに口先を動かすことで心が落ち着いて的確な判断ができるようになる。最初はペレットを探すことが目的でも、牧草地でこうした姿勢をとることで、フランクリンもやがてリラックスできるだろう。

「こっちにもあるよ」

声をかけながら、宮田さんはもう少し離れたところにペレットを置いてみた。するとフランクリンは、地面に口を付けながら牧草地を移動しはじめた。

ようやくフランクリンと対峙する糸口が見つかった頃、宮田さんのもとにセカンドキャリアをめざす新しい引退競走馬がやってきた。二〇一七年生まれのプラトンは、黒に近い褐色のサラブレッドで、その姿はフランクリンとそっくりだった。

フランクリンより一歳年下のプラトンは、二〇二〇年三月下旬に引退して四月一日にサラブリトレーニング・ジャパンに入厩した。

プラトンとフランクリンの二頭が並ぶと、馬を見慣れた宮田さんでさえ見分けがつかなくなりそうだった。だが似ているのは外見だけではなかった。プラトンは常にオロオロと落ち着かず、頻繁に後肢で立ち上がろうとし、激しい蹴りを繰り出し、人の隙をついて噛もうとした。声をかけても目を合わさず、ブラシやタオルを激しく嫌がり、放牧場では草には見向きもしないで横揺れをくりかえした。身体の状態を調べると右前肢の蹄の上部内側が腫れ、右後肢も痛めている。プラトンが抱える問題は、フランクリンとまったく同じだったのだ。同腹の兄弟とはいえ、こんなことがあるのか。さすがの宮田さんも頭を抱えたくなったが、立ち止まっている暇はなかった。とにかく今は、馬たちと向き合うしかない。それはプレッシャーに押し潰されないように、気持ちを維持するための唯一の方法でもあった。

しかし、試練はそれだけにとどまらない。翌月、新たなリトレーニングホースとしてやってきたのがコペルニクスだった。彼もまたディープインパクトとロベルタの血を引く競走馬で、フランクリンよりも二歳、プラトンより三歳年上の二〇一四年生まれだ。特徴をあげると、興奮して立つ、蹴る、噛む、目を合わさない、ブラシやタオルを激しく嫌がる、放牧場で揺れ続ける――というもので先の二頭と恐ろしいほど一致していた。右前肢と右後肢の故障もまったく同じだった。

見えてきた個性と思考

こうして集まったディープインパクトの血を引く同腹の三兄弟は、宮田さんにとって目の前に立ちはだかる壁そのものだった。特に悩んだのは、いくらグラウンドワークを重ねても、彼らが少しも目を合わせようとしないことだ。すでに他者とのコミュニケーションが不可能なほど、三頭の心は壊れてしまっているのだろうか。精神的に問題を抱えていることは、宮

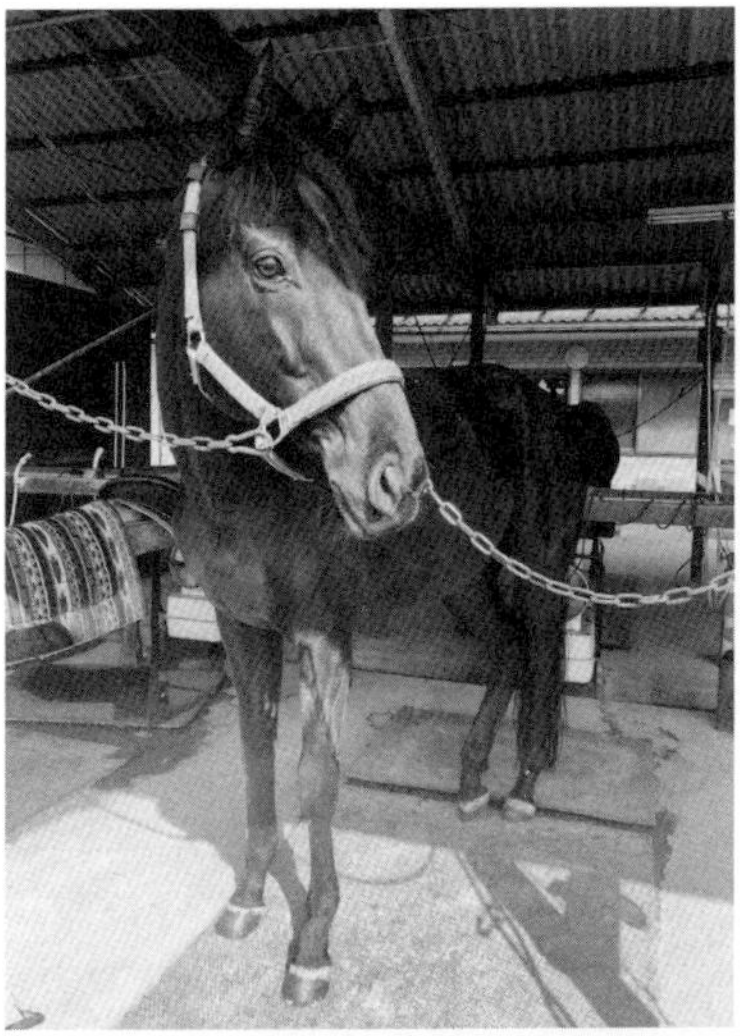

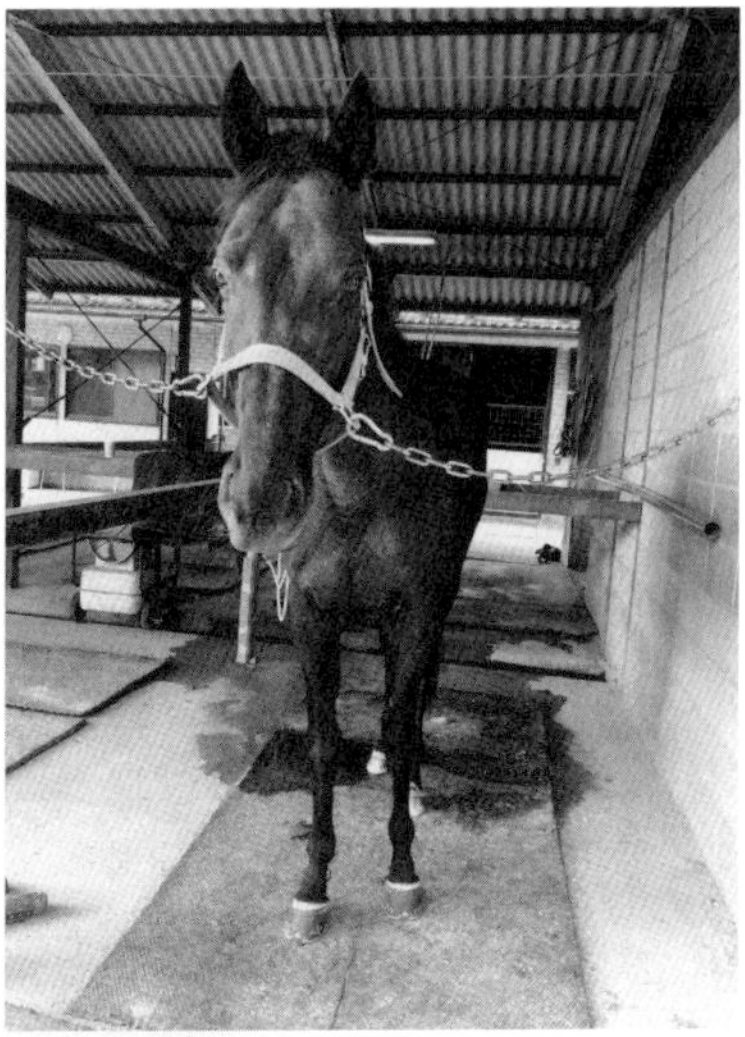

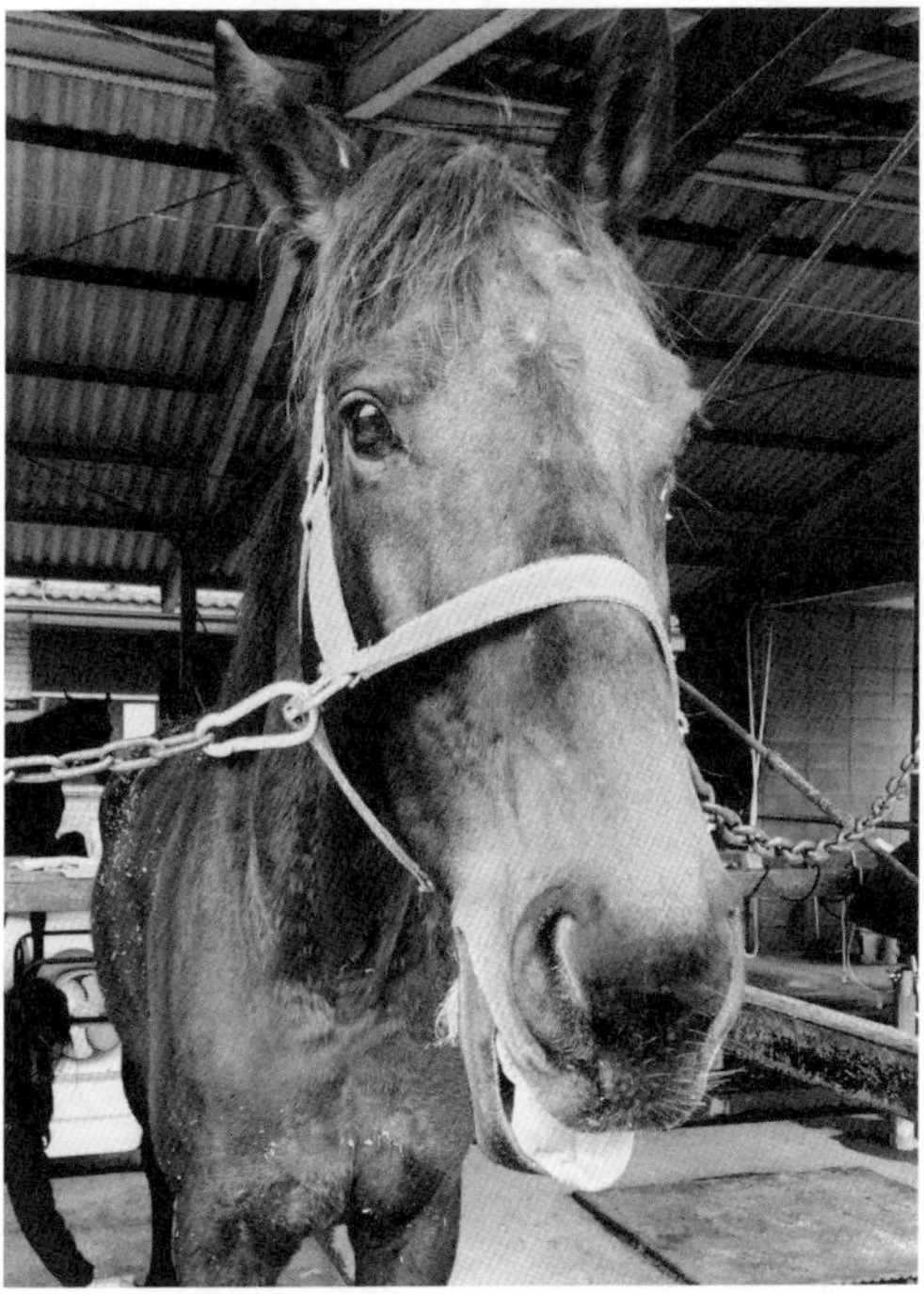

ディープインパクトの血を引き、同じ母親から生まれたフランクリン（左上）とプラトン（右上）、コペルニクス（下）の三兄弟。多動的で興奮しやすい、膝蓋骨の亜脱臼など心身に共通の課題を抱えていたが、数か月のリトレーニングで問題が緩和してくるとそれぞれ個性が見えてきた（撮影・すべて著者）

田さんの目にはあきらかだったが、このままでは先天的な事情も視野に入れる必要があり、それは生命にも関わる問題と直結していた。

しかしある日、思いがけないことがおこった。それはプラトンの馬房で作業をしていたときのこと。この厩舎では、馬たちがいつでも清潔な水を飲めるように馬房ごとに給水器を設置していて、それは馬が口を近づけると鼻先でレバーが押されて水が飲める仕組みになっていた。だがプラトンの給水器の使い方は、ほかの馬とちょっと違っていた。レバーを鼻先で一定時間押し続けて、その下の容器に水を溜めてから飲んでいたのだ。給水器をこのように操作する馬など、それまで見たこともなかった宮田さんは心底驚いた。でも、これだけで判断するのはまだ早い。偶然の可能性も考えてしばらく観察を続けてみると、プラトンは次も、その次も鼻先でレバーを押して容器に水を溜めてから飲んでいることがわかった。

あきらかにプラトンは、既存の道具を自分の好みに合わせて使う方法を編み出している。誰に教えられたのでもなく、誰かがやっているのを見たわけでもない、まったくオリジナルの方法だ。これは身のまわりのものについて、深く考えなければ絶対にできないことだった。この黒に近い褐色のサラブレッドは物事をしっかりと判断できる思考力の高いタイプだとわかったのだ。

またフランクリンと同様に、プラトンとコペルニクスもペレットをきっかけに放牧場で草を食べる楽しみを少しずつ覚えはじめていた。リトレーニングには時間がかかるが、セカンドキャリアにつなぐことは不可能ではない。宮田さんのなかで確信に似た想いが募っていった。

宮田さんが実施する行動心理学に基づいたリトレーニングは、サラブレッドが成長する過程で十分に経験できなかった母親との関係をやり直して、馬の社会を一から学び直すことに重点を置いている。その一環として、まず目標にしたのはフランクリン、プラトン、コペルニクスに、それぞれ自分の名前を覚えてもらうことだった。

これを聞いたとき、私はかなり驚いた。これまで仕事やプライベートで出会った人間と関わる動物は、ほぼ例外なく名前で呼ばれていて、その多くは自分の名前を覚えていたからだ。犬猫はもちろん、動物園で暮らす動物のなかにも自分の名前を理解していると感じることは少なくなかった。家畜動物について詳しく取材をしたことはなかったが、かつて旅先のインドで出会ったヤギは名前を呼ぶと「メエー」と返事をして、近所の人々から人気を集めていた。馬たちの判断能力の高さから推測すれば、名前を覚えることなど難しくないはずだ。自分の名前がわからないとは、どういうことなのだろう？

「競走馬の世界では、馬に名前で呼びかけることがほとんどありません。トレーニングセンター内での毎日の世話や調教は、時間的にもタイトで名前を何度も呼ぶ余裕がないという事情もあります」

宮田さんは、自分の名前を把握していないサラブレッドはめずらしくないという。これについては、後日に競馬関係者にも訊いてみたところ「馬は自分の名前が覚えられない」という意見もあった。

しかし、宮田さん曰く、セカンドキャリアを目指す馬にとって自分の名前を覚えることはとても重要なことだ。それは名前を通して、自分という存在をはっきりと認識することにつながるからだ。

「母親との関係を子馬時代からやり直す経験を積んでいくためには、まずは母親役である人間が発する『あなたに注目しているよ』『あなたに指示を出しているよ』という意識や意図を、馬に気づいてもらうことが必要です。でも自閉的で多動的な傾向が強く、パニックをおこしやすい三頭にはそれがとても難しい。けれど名前を覚えてくれれば、もし興奮状態になっても名前を呼んだことをきっかけに『自分のことだ！』と我に返ることができ、それが冷静さを取り戻すきっかけになるのです」

宮田さんは、彼らが聞き取りやすいようにフランクリンは「フ・ラ」、プラトンは「プ・ラ」、コペルニクスは「コ・ペ」と呼び方を短く、はっきりした発声や発音を意識した。母親が子どもを呼ぶように、優しく愛情をこめることも忘れない。この世に生まれてからこれまで、名前を呼ばれる経験がなかった三頭にとって、最初はなんのことなのかさっぱりわからない。だが宮田さんは、グラウンドワークの基本をくりかえしながら、馬たちの名前を何度も呼び続けた。

　ディープ三兄弟の抱える精神的な問題は、実は身体的な課題にも直結していた。これは彼らに限ったことではなく、特に馬は精神と身体の関係が密接につながっている動物だという。

「馬は精神的に落ち着くことによって、自分の身体構造や能力を理解して適切にコントロールできるようになります。三頭が共通して抱えている問題として、前肢をぶつけあうことで蹄の上部を痛めていたり、右後肢にトラブルを抱えたりしていますが、これらはパニックによって四肢を正しく動かせないことが原因です」

　宮田さんは、これは多動的な面が強化されやすい、ディープインパクトの血統の特徴でもあると説明する。馬の世界では〝跛行《はこう》〟という言葉が頻繁に使われるが、怪我や痛みなどによって歩行がスムーズにできないことを指すのと同時に、恐怖や興奮、パニックによって四肢の動きがバラバラになってしまう状態も含まれる。三頭の跛行の原因は、あきらかに後者だった。

「彼らは頻繁に跛行していて、ちょっとしたことで自分の肢の方向や範囲がわからない状態になっていました」

「それはつまり自分の肢がどこにあるのか、どこまで伸びているのかわからないという状態ですか」

　頷く宮田さんを見て、私はあらためてゾッとした。車の運転にたとえれば、車両感覚がまったくわからないまま、狭くて人通りが多い商店街を暴走するようなものだ。馬は三次元で飛び跳ねることが可能だから、馬自身にとっても人間にとっても命にかかわる怪我につながりかねない。馬と人の安全のためにも、三兄弟に名前を覚えてもらうことは最重要課題だった。

地道なトレーニングの結果がようやく見えてきたのは、彼らがサラブリトレーニング・ジャパンで顔を揃えてから半年が過ぎようという頃だった。

その日も宮田さんは、丸馬場でグラウンドワークをおこなっていた。馬場の中央に立って指で進行方向を示すと、フランクリンは柵に沿うようにゆっくりと走りはじめた。それを追うように宮田さんがさらに指を高く上げると、四肢の動きは次第にスピードアップしていった。これは母馬が子馬を敵から遠ざける行動を再現したもので、競走馬時代に体験できなかった馬社会の基礎を学ぶプログラムだ。リトレーニングをする馬にとって特に重要な課題は、駈歩を続けながら母親役の宮田さんの言葉や行動に意識を集中することだ。身体を激しく動かしながらも冷静さをキープできれば、「危ないからもっと遠くへ逃げなさい」「もう安全だから戻りなさい」という母親の指示をすぐにキャッチして、速やかに群れのもとへ戻ることができる。

だが走れば走るほど興奮が高まるのはサラブレッドの特徴のひとつで、フランクリンは三兄弟のなかでも特に刺激に対して反射的に動く傾向が強かった。頭の位置が高くなると興奮度がさらに増して、気持ちに余裕がなくなってくる。すると筋肉が緊張して、四肢のコントロールも利きづらくなる。馬がバタバタとした足取りになり跛行するのは、車の脱輪に近い状態で、もしそうなれば焦りや恐怖でパニックをおこしかねない。

「フ・ラ」

そのとき、宮田さんの優しい声が馬場に響いた。フランクリンの名前を呼ぶと同時に、宮田さんは両腕を下ろして姿勢を低くした。これは母馬がリラックスして草を食んでいる姿をイメージさせるポーズで、子馬にとっては「もう心配ない。安全だよ」という情報だ。

すぐに変化を感じ取ったフランクリンは、宮田さんを見て立ち止まった。もう逃げなくて、いいの？　戻っても、いいのかな……。そう言わんばかりに、頭の位置を徐々に下げて口先をモグモグと動かしている。唾を飲みこむと、気持ちはさらに落ち着いてくる。ゆっくりと宮田さんのもとに戻るフランクリンは、心底ホッとした様子だった。

「フラ、よくできた。えらいね」

宮田さんは首や鼻筋を優しく撫でながら、言葉で褒めることも忘れない。

だがリトレーニングの日々は、スムーズにはいかないことの方が多い。毎日が地道な作業のくりかえしで、三兄弟の状態はまさに一進一退といってよかった。それでも慣れてきたら、カサカサと音のするレジ袋を振るなど小さなプレッシャーをかけることもある。これはちょっと怖かったり驚いたりした後でも、信頼できる人の指示で心を落ち着ければ大丈夫という経験を重ねるためのものだ。コペルニクスとフランクリン、プラトンは、こうして少しずつ自信をつけていった。

自分の心をコントロールできるようになった三兄弟は、やがて身体的にも変化していった。

「最初は筋肉がコチコチに凝り固まっていて、ほぐしてあげようにもケアできないレベルでしたが、心が落ち着いてリラックスするうちに深呼吸ができるようになりました。たっぷり酸素を取り入れて血流がよくなると、筋肉が柔らかくなり関節の可動域も広がってきました」

宮田さんが取り入れていったのは、小さな円を描くように歩いたり、デコボコしたエリアや坂道を歩いたり、地面に置いた棒などの障害物を跨ぐといった運動だった。いずれも地味な動きだが、これらはすべて引退したばかりの競走馬たちに有効な筋力トレーニングだ。

「競走馬は六か月で離乳して育成牧場に行きますが、最近は怪我などを防ぐために子馬のときからデコボコの土地では遊ばせないようにするところもあります。デビューしてからは、整備されたコースやランニングマシーンを使ったトレーニングなどがメインです。現役競走馬の多くは、フラットな地面を高速で直進するときに使う筋肉を強化する運動しかしていません」

小さな円を描きながら地面を踏むには、自分の体重をしっかりと支えられる筋力が必要だ。引退したばかりのサラブレッドにとってかなりキツイ運動で、肢《あし》捌《さば》きも難しい。ちなみに馬の多くは、左回りよりも右回りの方が苦手で、その理由は母親の胎内で胴体の左側に四肢を集めた姿勢をしているためだという。こうした身体構造も理解したうえで、坂道でもまっすぐ上を目指すだけではなく、斜めに上るなどして左右のバランスを整える必要があった。

　リトレーニングをはじめた当初、コペルニクス、フランクリンとプラトンは共通して右の膝蓋《しつがい》骨の亜脱臼というトラブルを抱えていた。直線を進んでいるときはわからなかったが、小さな曲線をたどる動きになると思うようにできないためパニックをおこし、後肢どうしをぶつけて跛行するという症状が続いていた。しかし、弾力のあるしっかりした筋肉がついてきたら、亜脱臼を克服し、動くときのフォームも変わってきた。

彼らの気持ちがわかる理由《わけ》

　リトレーニングの開始から数か月後、三兄弟の変化を目のあたりにしてきた宮田さんが気づいたのは、彼らの心の内だった。サラブリトレーニング・ジャパンにやってきたばかりの頃、彼らは蹴る、噛む、後肢で立ちあがる、ブラシやタオルを嫌がり、目を合わそうとしなかった。放牧場では、新鮮な牧草に見向きもせず、頭を高くかかげ左右に揺れ続けた。

「人間やほかの馬に対する激しい苛立《いらだ》ちは、おそらく痛みが原因だったのだろうと気づきました。特に放牧場で揺れていたのは、辛い痛みをどうすることもできず、とにかく身体を動かすことでしのいでいたのではないかと思います」

確かめようもないので、あくまで個人的な結論ですが……と宮田さんはいうが、膝蓋骨の亜脱臼という深刻な怪我を抱えた状態だったことを考えると、絶え間なく続く痛みが、三兄弟の精神を深く傷つけていた可能性は高い。

地味でハードな筋力トレーニングは、つまりリハビリテーションだったのだ。だとすれば、痛みを抱えたコペルニクス、フランクリン、プラトンにとってトレーニングは、お世辞にも楽しいものではなかったはず。「もうイヤだ」「やめたい」「やりたくない」と訴えてくることもあっただろう。それでも毎日続けてこられたのは、母親役の宮田さんのもとで子馬時代の経験をやり直し、信頼関係を築いたからだ。

「馬業界では、馬が動かないことを〝反抗する〟といいますが、私はずっとその表現に違和感を抱いていました。それは反抗ではなく、馬自身による〝イヤ〟という意思表示です。リトレーニングでは、気持ちや心の変化に気づいてあげることも大切で、キツかったね、怖かったね、頑張ったね、などの声かけも頻繁にします」

馬語がわかる男――。宮田さんが、馬を愛する人々のあいだでなぜそう呼ばれているのか、リトレーニングの現場を訪ねて、その理由が少しずつわかってきたような気がした。馬たちの心と身体に寄り添うことを忘れないのはもちろんだが、もっと深い意識の部分で彼らと一体化している印象を受ける。その根源とは、何なのだろう。

訊くと、宮田さんは意外な言葉を口にした。

「それは私が臆病で、逃げてばかりの人生を送ってきたからかもしれません。三頭のリトレーニングを絶対にあきらめないと決心したのは、彼らの姿が過去の自分と重なったからです。私の人生は、馬に救われました。馬と出会わなければ、今頃はどうなっていたか……」

ホースクリニシャンという日本では稀有な専門技術を持つ宮田さんは、馬業界で有名なのはもちろんのこと、ここ数年は大学の獣医学部や作業療法学科、スポーツコーチング学、動物行動学など様々な学科で教鞭《きょうべん》を執ることもある。多くの人から尊敬され評価されるキャリアを持ちながら、「逃げてばかりの人生」とはどういうことなのだろう。

宮田さんが生まれ育ったのは宮崎県で、祖父は米問屋を営みながら馬車馬の調教にたずさわる人物だった。しかし、馬については、祖母を介して「近づくな」「触るな」「怪我をする」といわれ、ふれあうことは許されなかった。

「それでも馬のプロの世界のことは、よく話して聞かせてくれました。当時はクリント・イーストウッド主演の西部劇が好きで、カウボーイの世界に憧れていましたが『馬で生活はできない』と祖母からいつも釘《くぎ》を刺されていました」

そんな宮田さんにとって、学校は辛く危険な場所だった。小学生のときに些細《ささい》なことでクラスメイトとの関係が悪化したことをきっかけに、中学ではいじめのターゲットになり、高校進学でその状況はさらにエスカレートした。凄絶ないじめと不登校という深刻な問題を抱えていたが、八〇年代から九〇年代当時の教育現場には、それを理解する大人もサポートする仕組みもなかった。

「誰かに相談しても、ウジウジするな！　と叱られるだけでした。私は臆病でいつもビクビクして、何かいわれるたびに謝っていました。高校時代は、授業が終わるとすぐに教室を飛び出して自転車置き場へ走りました。急いで学校から逃げ出さないと、いじめグループに何をされるかわからなかったからです」

　だが相手は大人数だ。必死でペダルをこぎ続けるが、複数のルートからみるみる距離を縮められてしまう。背後からは、罵声やからかいの声が迫ってきた。恐怖に喘《あえ》ぎそうになったその瞬間、走ってきた乗用車と接触した宮田さんは、地面に激しく叩きつけられた。

「それでも頭のなかは、逃げることでいっぱいでした。すぐに飛び起きて、よろけながら壊れた自転車を必死に立て直そうとしたところ、運転者に『病院に行くから乗りなさい！』といわれ、ようやく我に返りました。あのときの私は、肉食動物に追われる草食動物そのものでした。だから今でも、馬たちの恐怖や不安がまるで自分のことのように感じられるのです」

　高校時代、宮田さんにとって唯一の心の支えは馬だった。アルバイトで貯《た》めたお金で、紫《し》龍《りゅう》という名前の乗用馬の共同馬主になったのだ。しかし、毎月の預託料を払い続けることは難しく、かわりに馬の世話を手伝うことになった。ほぼ毎日、自宅から約二十キロ離れた牧場に自転車で通い、早朝から馬房の掃除や餌やり、放牧などの仕事をした。それが終わると愛馬に乗って、自然のなかを走りまわった。もちろん家族には内緒だ。毎日、弁当を作ってくれる母親に申し訳ない気持ちでいっぱいだったが、学校に行ったフリをする日が増えていった。

しかし米国人の英語補助教員の赴任で、学校生活に変化がおきた。あることをきっかけに話をするようになり、英語だけは熱心に勉強するようになったのだ。これまで居場所がなかった学校で、初めての理解者だった。

「私の事情を知った先生は『アメリカに行きなさい』といってくれました。勉強も運動も苦手な自分には無理だと思いましたが、背中を押されて夏休みの交換留学生枠に入りました。ほかのメンバーは優秀な生徒ばかりだったので、なぜ宮田が？　といわれました」

ミネソタ州での留学生活でもっとも印象深かったのは、失敗を指摘するよりも挑戦を褒める米国文化との出会いだった。これまで失敗やミスをすれば、叱られ、がっかりされ、からかわれるのが当然だと思っていたので、この違いは衝撃といってもよかった。渡米した翌日、生まれて初めて「Nice try!」とホストファミリーに呼びかけられたときは、涙が止まらなかった。

現地の家族のサポートで乗馬にも挑戦した。この国で乗馬といえば、大自然をめぐるホーストレッキングがスタンダードで、宮田さんは憧れ続けていたカウボーイの世界を体験することができたのだ。

高校卒業後は、看護専門学校へ進学した。

「男社会への恐怖心がどうしても拭えず、男性の少ない業界を選びました。その選択が甘いと気づくまで時間はかかりませんでしたが……」

苦笑いする宮田さんだが、救急病院での勤務を経て、眼科医のもとで手術介助のプロフェッショナルとして腕を磨いた。しかし、どうしても馬とアメリカのことを忘れることができず、二十代後半、再び渡米した。

あらためて馬に接してみて気づいたのは、草食動物である彼らが、人間が想像する以上に恐怖心や不安を常に抱えて生きているという事実だった。特にビビリといわれる馬の気持ちを推し量ると、とても他人事《ひとごと》とは思えなかった。

数年間は装蹄《そうてい》の専門学校に通ったり、馬の講習会を受講したりしながら学び続けた宮田さんはその後、ＡＱＨＡ（American Quarter Horse Association）理事であり、元全米チャンピオン馬を管理する日本人トレーナーのアシスタントになった。カリフォルニアでトップホースを管理する牧場は、モンティ・ロバーツ氏の牧場関係者とのつながりが深かった。かつてカウボーイがおこなっていた伝統的で残酷なやり方を反面教師に、馬の心身を傷つけることなく調教する方法を考案した世界的な調教師の影響力は絶大で、宮田さんがホースクリニシャンになるべく学ぶには最高の土地柄だった。医療の現場で働いた経験は、獣医学や動物行動学、理学療法、装蹄学など、馬を科学的に理解するうえでも役に立った。

あれから二十数年、宮田さんは問題馬といわれる馬を数えきれないほど調教してきた。だがディープ三兄弟との出会いは、これまでの常識をくつがえすものだった。

「一番印象深かったのは、リトレーニングが進むにつれて三頭がまったく違うタイプだとわかったことです」

辛い痛みやそれを理解してもらえない苛立ち、心身をコントロールできない不自由さなど、生きづらさの原因が緩和されることで、本来の性格や気質を出す余裕が出てきたのだ。宮田さんによると、三兄弟の特徴はつぎのようになる。

末の弟のプラトンは、怖がりで繊細な、甘えん坊タイプ。馬房に付けられた給水器の構造を理解して独自の使い方を編み出したことからもわかるように、自分の世界観を大切にしている。

真ん中のフランクリンは、自分に自信がある先頭を行くタイプ。痛みのあるうちは、それが人から与えられていると早とちりして八つ当たりすることもあった。怪我を克服して筋肉がついてきてからは、走ることそのものが好きになったアクティブ派だ。

兄のコペルニクスは、謙虚でまわりをよく見ているタイプ。気遣いある行動が自然にできるなど、人や馬とのコミュニケーション能力は三兄弟のなかで一番高かった。

「ディープインパクトとロベルタという同じ親から生まれた馬たちの性格が、これほど違うことにとても驚きました。コペルニクスの社会性の高さは、三頭のなかで一番年上ということも関係していると思います。生きている時間に比例した、経験値の高さを感じました」
ちなみに競馬の世界では、同腹の三兄弟が同じ場所に集まって飼育されることはまずあり得ないという。馬の言葉がわかる男のもとで、三兄弟が揃ってリトレーニングされるのは奇跡的なことなのだ。

三頭の個性の表れは嬉しい成果であると同時に、新たな悩みのはじまりでもあった。今後はそれぞれの長所を伸ばし、短所を補うプログラムを考えなければならないからだ。

これまでのトレーニングは馬と人が一対一だったが、これからは馬二頭あるいは三兄弟が一緒におこなう必要もあった。セカンドキャリアである乗馬やホースセラピーの現場では、複数の馬と一緒に仕事をすることになる。馬どうしの言葉やマナー、過剰反応することなく穏やかに気持ちを伝える社会性を身につけるためにも、合同トレーニングは欠かせなかった。

「三頭を同じ馬場に出すと、それぞれの個性がよりはっきりとしてきました。特に際立っていたのは、自信家のフランクリンです。気弱なプラトンやガツガツしないコペルニクスに接するうち、強気なオレ様キャラが際立ってきました」

トレーニングを頑張る三頭にとって、スペシャルなご褒美は栄養価の高いペレットだ。あるとき難しい課題をクリアしたプラトンにペレットを差し出そうとしたら、フランクリンが横から奪い取ってしまった。怒ることもできないプラトンは、残念そうにその場に佇んでいるしかなかった。

「やがてフランクリンは、プラトンを押しのけたり威嚇したり、嫌がらせをするようになりました」

このままではマズイ。宮田さんは、フランクリンに「ご褒美の横取りはダメ」「プラトンをいじめてはいけない」と言葉や態度で伝えていった。そのとき役に立ったのも、それぞれの名前だった。

「フ・ラ」

宮田さんが呼べば、フランクリンは「あ！」と我に返ることができたのだ。行動を変えるトレーニングは、正解を伝えることが難しいのだが、兄のコペルニクスがお手本になってくれることも良かった。大好きなペレットが登場しても前に踏み出すこともなく、横にいるプラトンに「先にお食べよ」と促すような仕草をするのだ。

「コペはえらいね！」「コペは優しいね！」

少し大袈裟に褒めたり撫でたりしながら、コペルニクスにもペレットを与えた。社会性のある動物は、お互いの行動から多くを学ぶといわれている。正解例を見ることで、フランクリンも「なるほど、ああすればいいのか」と理解してくれるようになってきた。ペレットを見てもじっとしていられたら、すかさず褒めることでさらに正解を印象付けていった。

引退競走馬のリトレーニングに専念する日々のなかで、宮田さんが痛感したのは人材育成の必要性だった。今後、たくさんの引退競走馬をセカンドキャリアにつなぐためにも、グラウンドワークの技術を広めることは必須だ。

ディープ三兄弟の合同トレーニングができるようになった頃から、宮田さんは「馬を救いたい」という志を持つメンバーを募り、リトレーニング技術を学ぶ〈宮田塾〉を度々開催した。県内在住者だけでなく、週末などを利用して県外から何度も足を運んでくる参加者もいる。複数の人間がリトレーニングに参加することは、馬たちにとっても社会経験を積むチャンスにつながった。

人間やほかの馬を思いやる行動や態度は、引退競走馬たちが幸せなセカンドキャリアを歩むための大切な要素だ。でもそれは、嫌いなことや苦手なことを一方的に我慢させることではない。三兄弟のなかではオトナといわれるコペルニクスだが、腰まわりのブラッシングは今でもちょっとだけ苦手だ。皮膚が刺激されると時々、後肢を蹴りだして蹄をカツンと鳴らしてしまうことがある。馬にとって軽い動きでも、人間がくらえばダメージは大きい。

そんなコペルニクスに、ブラシを手にした塾生のBさんが優しく話しかけた。

「コペちゃん、これ嫌いだよね。でもお願いだから、もう少しキレイにさせて」

Bさんがもう一方の手に持ったペレットを見ると、コペルニクスはとたんに穏やかな顔になった。ブラシが腰に触れると時々皮膚がブルブルと震えているが、どうやら後肢は動かさないように頑張っている。本当はイヤだけど、美味しいし、わかってくれているみたいだから、ちょっとだけなら我慢するよ——モグモグと動く柔らかな口元は、そういっているようだった。

コペルニクスの卒業が決まったのは、二〇二一年の夏のことだった。行き先は神奈川県の乗馬クラブだ。さらに同年の晩秋、弟たちも一歩を踏み出すことになった。サラブリトレーニング・ジャパンが拠点を置く岡山乗馬倶楽部で、プラトンは馬主を得て、フランクリンは会員向けの乗用馬として活躍することになったのだ。

ディープ三兄弟と過ごした日々は、ベテランホースマンにとって忘れ難いものになった。

第4章　馬と暮らした日本人

競馬はどこからやってきた？

引退競走馬との出会いをきっかけに馬ワールドの取材をスタートして、気がつけば一年半以上が過ぎていた。馬の知識がほぼゼロだった私にとって、それは初めて尽くしの日々といってもよかった。

最初は、馬と挨拶をする方法さえわからなかったが、やがて耳の角度や視線、目の輝き方、口元の動き、頭の位置、立ち姿などから、彼らの気持ちを少しずつ感じられるようになってきた。ニンジンは一番人気のおやつで、リンゴも人気が高いが、バナナはどうやら好みが分かれるようだ。人間と同じように汗をかく馬にとっては、ビタミンやミネラルが豊富な黒糖も定番のおやつだ。真夏は熱中症対策で人間用のスポーツ飲料を与えることもあると聞いたときは、犬猫との根本的な違いに驚いた。

馬といえば、かつては立つか走っている姿しか思い浮かばなかったが、実は地面でコロンコロンと転がることが大好きで、リラックスしていれば横になってウトウトすることもある。その無防備な姿を目にすることで、馬という動物がより身近に感じられるようになった。馬の聡明さや個性に触れるなかで、実は犬っぽい馬や猫っぽい馬がいるという意外な発見もあった。

とはいえ彼らは草食動物で、最優先事項は捕食動物から身を守ることだ。常に警戒を怠らないことが馬にとっての日常で、木から舞い落ちる枯れ葉にも驚いてしまうなど、捕食動物である我々には想像も及ばない世界観のなかで生きている。それでも長年人間と共存してきたのだから、馬とは繊細であると同時になんと寛容な動物なのだろうと思うのだ。

しかし依然として馬は、私にとってどこか遠いままだった。その理由は実ははっきりしていて、馬にまつわる歴史的な背景や経緯が今ひとつ把握しきれていないことにある。日本の馬事文化、現代ではその中心ともいえる競馬業界はどのように生まれ、どのような経緯で今に至ったのだろう――?

訪れたのは、神奈川県横浜市中区にある根岸《ねぎし》森林公園だった。

ここは日本初の西洋式の常設競馬場があったところで、公園のなかにある高台には「旧根岸競馬場一等馬《うま》見《み》所《しょ》」と呼ばれる建物が遺《のこ》されている。競馬場が完成したのは一八六六（慶応二）年で、最初は横浜開港にともなう外国人居留地の娯楽・社交施設として、欧米人のみが出入りする場所だった。日本政府が管理するようになった一八八〇（明治十三）年の翌年、明治天皇の初行幸があり、それ以降は国際交流の場として賑わうようになった。明治後期、全国に続々と誕生した競馬場はこの根岸競馬場がモデルといわれている。

　現在の根岸森林公園は、梅や桜、イチョウなど四季折々の自然と親しめる横浜の名所として整備されている。敷地中央の芝生広場は、かつての外国人用のゴルフ場で、その周りが競走馬たちが走るコースだった。

　公園内の高台にある西洋建築物は、競馬場の開設当初に建てられた施設が関東大震災で被災した後、一九二九（昭和四）年に竣工《しゅんこう》したもので、設計者はＪ・Ｈ・モーガンというアメリカ人の建築家だ。遺されているのは「旧一等馬見所」と呼ばれる観覧席の一部で、三つの塔を持つ蔦《つた》の絡まる巨大な建造物はヨーロッパの古城さながらの存在感。経済産業省の「近代化産業遺産」に認定されているが、今のところ修復や整備はされず廃墟《はいきょ》のままで、立入禁止の札の先にはホラーなムードが漂っていた。

　この競馬場で、果たしてどんなドラマがあったのか。私は、公園に隣接する馬の博物館を訪れた。この施設は一九七七（昭和五十二）年に日本中央競馬会によって開設され、現在は公益財団法人馬事文化財団が運営する。馬と人の文化をテーマに、競馬のほか自然史や歴史、民俗、美術工芸など幅広いジャンルを対象に、収集や調査、研究、展示をおこなっている。

館内に入り早々に目をひいたのは、常設展コーナーにある赤と白の派手な縦縞《たてじま》のジャケットだった。表示には〈西郷従道《さいごうじゅうどう》馬主服〉とある。馬主服とは、騎手が着用する服のことだ。解説によると、日本で最初の馬主であり騎手は、西郷隆盛《たかもり》の弟で後に海軍大将になる西郷従道で、一八七五（明治八）年の三十二歳当時、愛馬「ミカン号」と共に出走して日本人として初勝利を果たしている。当時の勇姿を伝える雑誌『ジャパン・パンチ』には、馬に跨る〃みかん男〃の風刺画が描かれていて、濃い眉やはっきりした目鼻立ちは大西郷と呼ばれた兄に共通するものを感じさせた。

西郷隆盛は、ツンを連れた銅像で知られるように愛犬家として有名だ。トラという犬と一緒に京都・祇園《ぎおん》で鰻《うなぎ》を味わったり、普段はとても大らかなのに犬の首輪のオーダーになると細かな注文を出したり、贈り物を徹底拒否していても犬に関連したものは例外だったりと、現代の愛犬家をも和ませる微笑ましいエピソードに事欠かない。その実弟が、日本初の馬主にして騎手というのは見逃せない話だ。

これは勝手な想像だが、従道もかなりの動物好きで、馬を純粋に愛する男だったのだろう。そうでなければ、愛馬にあんなにかわいらしい名前はつけないからだ。日本初の馬主という社会的ステイタスは相当なもので、馬を権力や自己顕示欲を満たすものと考えていたら、もっと違う名前になったはず。ミカンちゃん――おそらく橙《だいだい》色に輝く毛色が美しい馬だったのだろう。ちなみに当時、競馬で出走していたのは、体高百三十センチほどの日本在来の小型の馬だったという。日本近代史に名を連ねる兄弟が動物と深く関わっていたことを知り、ひっそりと温かな気持ちになった。

その後、従道は、陸軍卿として日本人初の競馬場開設に携わっている。一八七九（明治十二）年七月、アメリカ第十八代大統領ユリシーズ・グラントの来日に合わせて歓待競馬が開催されることになり、現在の新宿区にあった陸軍戸《と》山《やま》学校に競馬場が建設されたのだ。華やかな国際社交場としての役割を果たした後は、一八八四（明治十七）年十一月に上《うえ》野《の》不忍池《しのばずのいけ》に移転され、池の周りを馬が走るユニークな競馬場として一時は東京名物になった。だが一八八九（明治二十二）年、陸軍省と農商務省の運営撤退によって、やがて財政難に陥り衰退していった。

一方、根岸競馬場は、政界や財界、外国人の社交場であると同時に、居留地で治外法権であったため馬券が売られていた。しかし、一八九九（明治三十二）年に施行された条約改正によって日本の刑法が適用されるにあたり、馬券の発売を禁止しなければならなくなった。だが、日英同盟の関係から政府が黙認して、各地で日本人による競馬が開催されるようになった。馬券の売り上げは絶好調で、一時は北海道から九州まで全国各地で競馬が開催されたが、法的根拠がないという理由からわずか数年で馬券の発売は停止された。一九二三（大正十二）年に日本で初めて競馬法（旧競馬法）が制定され、馬券の発売が合法化したものの、戦局悪化によって競馬開催は完全にストップした。

馬に支えられている社会制度

ここからは、戦後の競馬業界の話だ。

現在の競馬業界は、一九四六（昭和二十一）年の日本競馬会、一九四八（昭和二十三）年の農林省（当時）畜産局の管理のもとでの国営競馬の開催を経て、一九五四（昭和二十九）年の吉《よし》田《だ》茂《しげる》内閣時代に特殊法人日本中央競馬会（ＮＣＫ）が発足したところから始まっている。中央競馬の開催は同年九月からで、運営は発足と同時に制定された「日本中央競馬会法」に沿って行われている。その第一章・第一条には次のように書かれている。

この法律は、競馬の健全な発展を図つて馬の改良増殖その他畜産の振興に寄与するため、競馬法（昭和二十三年法律第百五十八号）により競馬を行う団体として設立される日本中央競馬会の組織及び運営について定めるものとする。

戦後、日本で始まった競馬は、主に畜産振興事業の財源確保を目的のひとつにしていたのだ。国がかかわる競馬の開催は世界的にめずらしいが、戦後から現在に至るまで国策と密接につながっていたとわかると腑に落ちる。

ところで、引退競走馬の問題について話していると、「競馬なんか廃止すればいい」という声を耳にすることがある。問題の根源を無くすということでは一案かもしれないが、ただ実現はほぼ不可能だ。すでに書いているように、日本は世界で一番馬券が売れている国で、現在のＪＲＡの年間売り上げは約三兆円と一大産業レベルの経済規模になっている。私が取材をスタートしてまもなく、これについて知ったときはＪＲＡの莫大な経済力に心底驚いたが、実は競馬ファンのあいだでもあまり認識されていないことだという。だが具体的な数字など知らなくても、競馬の開催数やメディアへの露出度、華やかなＣＭを見れば、競馬業界で数多くの人が働いていることは容易に推測できる。

　競馬廃止が不可能なのは、要するに、業界で働く本人と家族の生活、周辺経済への影響を考えれば当然――と理解したつもりになっていたのだが、畜産振興事業のことまでは把握できていなかった。

　そこで約三兆円の具体的な行き先や使い道について、詳しく調べてみることにした。巨大資金ゆえに、おいそれとは把握できないイメージを抱いていたが、内訳は意外なほど明瞭だった。

　ＪＲＡの売り上げの使い道は、主に三種類に分けられる。

金額の多さで断トツなのは馬券購入者の払戻金で、売り上げの約七十五パーセントを占める。残り約二十五パーセントのうち、十パーセントが国庫納付金、約十五パーセントがＪＲＡの運営費にあてられている。さらに各事業年度で利益が生じた場合は、その金額の半分を国庫に納付することになっている。売り上げの十パーセントに当たるものが第一国庫納付金、営業利益の半分に当たるものが第二国庫納付金と呼ばれている。

　これはすべて「日本中央競馬会法」で定められたもので、ＪＲＡの公式サイトでは、年度ごとに第一国庫納付金と第二国庫納付金の額が公表されている。最新の二〇二二（令和四）年度は、売り上げが約三兆三千億円に対して、第一国庫納付金が約三千三百億円、第二国庫納付金が約四百億円となっている。

　これらの納付金は、具体的にどのような事業に使われているのだろう。詳しい内容について教えてくれたのは、農林水産省の畜産局競馬監督課の担当者だった。

「国庫納付金は、国の一般予算に取り込まれた後、総額の四分の三が農林水産省による畜産振興事業へ、四分の一が厚生労働省の社会福祉事業に使われることになっています。畜産振興事業として代表的なものは、食肉の流通や輸出振興、家畜伝染病の防止、畜産事業者の経営支援などです」

　畜産振興事業の具体的な内容を知ると、それらが食糧の安定供給や食の安全といった我々一般消費者の生活と直結していることがわかる。ちなみに農林水産省の年間予算総額は、二〇二二（令和四）年度が約二兆三千億円で、そのうち約二千七百七十五億円つまり年間予算の約十二パーセント前後に相当する額がＪＲＡからのものだ。

　国庫納付金の四分の一に当たる社会福祉事業については、少し古いが、二〇一四（平成二十六）年に国土交通省室蘭《むろらん》開発建設部が作成した資料「日本一の軽種馬産業②　～競馬売上を社会還元…こんなところに～」がわかりやすかった。ＪＲＡから国の一般会計を経て振り分けられたものは〈民間の社会福祉事業の振興のために必要な経費〉になると記載されている。具体的な活用事例は、社会福祉施設の建設や整備、社会福祉事業者への報酬だ。

こうしたお金の流れが把握できると、我々の日常生活が想像以上に競馬業界とつながっていることがわかる。

これまで私は、引退競走馬に対する責任の所在ということでは、ほとんど無関係だと思っていた。でもそれは、大きな思い違いだった。畜産振興事業は、日々の食卓をはじめ、家族の団欒《だんらん》、友人・知人との交流など複数のシーンとつながっている。また愛犬の食事を手作りしている私にとっては、愛犬の健康維持にも関係している。社会福祉事業についても家族や親戚、親しい友人やその家族のサポートを考えれば、無関係ではいられない。

我々の生活に不可欠な社会制度の財源を長年支えてきたのは、実は命をかけて走ってきた馬たちだった。競馬業界で最大とされる問題は、実はこの国で暮らすほぼすべての人に関わっている。つまり引退競走馬は、社会問題のひとつといっても大袈裟ではないことがわかったのだ。

住宅街で馬を飼う

大まかながら歴史的背景や社会の動向、経済的な疑問を整理したら、競走馬の存在は格段に近くなった。さらに私は、もうひとつどうしても知りたいことがあった。

馬と生活を共にするとは、どういうことなのだろう——。

競走馬や軍馬とは別に、日本には昔から馬と暮らす文化があった。終戦当時の日本では百万頭以上の馬が飼育されていた。かつて馬は、財産で、仕事のパートナーで、家族の一員だったのだ。

岩手県の盛岡市周辺から遠野《とおの》盆地に至るエリアには、馬と一緒にひとつ屋根の下で暮らした伝統文化があり、母家と馬屋がひとつながりになった「曲《まが》り家《や》」と呼ばれるL字形の建築が有名だ。数年前に訪ねた遠野市内で、江戸末期に建築された曲り家を見る機会があったが、人が暮らす板間と馬屋をつなぐ土間に立つと想像以上にお互いの距離が近いことがわかった。ここで暮らしていれば、飼い主は馬の声や息づかい、ボディランゲージなど、彼らの発する言葉を常に受け止めることができそうだ。馬にとっても飼い主の存在がいつも近くにあれば、コミュニケーションは頻繁になり、お互いの親密度は相当高くなるだろう。

現代社会で、そんな昔ながらの暮らしを続けることは難しい。それでも私は、この日本のどこかに、馬と共に働き、暮らし、親密な関係を築いている人がいるはずだと考えた。馬をパートナーにする生活、そこから見えてくる馬の魅力や能力とはどんなものなのだろう。

リサーチは難航したが、私はようやくある女性と出会うことができた。場所は意外にも東京都内、しかも京王線新宿駅から特急でわずか三十五分の高幡《たかはた》不動《ふどう》駅から徒歩十五分ほどの住宅街だった。ここで暮らす山崎《やまざき》立暎《りえ》さんは、家族兼ビジネスパートナーである愛馬と共に〈馬カフェ マリヤの風〉を営んでいる。

公式サイトによると、馬カフェとはホーストレッキングとお茶やランチを提供するスポットだ。住宅街でどうやって馬が暮らしているのだろう？ いったいどこをトレッキングするのだろう？ 謎は深まるばかりだが、連絡してみるとコロナ禍で飲食の提供は停止しているが、ホーストレッキングは通常営業とのことなので訪ねてみることにした。

現地は、比較的新しい一軒家やアパートが立ち並ぶ、ごく普通の住宅街だった。路地の奥へと進むと、民家の玄関脇に馬の姿が見えた。

「おはようございます。今、マリヤが出かける準備をしているので、少しお待ちくださいね」

迎えてくれたオーナーの山崎さんは、愛馬の背に鞍を付けているところだった。そこは元ガレージで、山崎さんが自ら改装して馬房にしたという。厳密にはひとつ屋根の下で暮らしているわけではないけれど、どうやら玄関の窓からいつでもマリヤさんの様子が見えるようで、さらに「気候のいいときは横にテーブルを出して一緒にお茶を飲んでいます」というか

東京都日野市の住宅街から徒歩数分、多摩川支流の河川敷で体験できるホーストレッキング。リアル“道草を食う”シーンにほっこり

〈馬カフェ　マリヤの風〉代表の山崎立暎さんと愛馬のマリヤさん。お互いに家族であり、ビジネスパートナーでもある（撮影・ともに著者）

ら、人間と馬の生活エリアは限りなく近い。

マリヤさんに挨拶をするために手の甲を差し出すと、躊躇なく鼻先でフムフムと情報収集して、さらに私のお腹に口先をスリスリしてきた。人懐っこくて、とてもかわいい。

「マリヤはクォーターホースという種類で、アメリカのカウボーイが使う馬です。サラブレッドより小型ですが、牛を追う時にダッシュしたり突然止まったり、瞬時に方向転換ができるなど、小回りが利いてとても運動神経がいいんですよ」

説明をしながら山崎さんは、マリヤさんの隣でバケツを抱えていた。なんと排泄のタイミングを待っているという。

「マリヤさんは、排泄コントロールができるんですか？」

「今は、出かける前に済ませています」

当然という顔をする山崎さんは、マリヤさんが尻尾を上げたタイミングに合わせて後ろに回り込んだ。一滴もこぼさずバケツに受け止められた排泄物は、ガレージの傍らにある蓋付きの排水溝から処理している。馬の世界で通称ボロと呼ばれる固形物もバケツで済ませていて、こちらは堆肥利用するところに引き取られていく。これだけ排泄物の管理が徹底できれば、住宅街で暮らしても臭いなどの問題はなさそうだ。今までに会った馬たちの排泄のタイミングはフリーダムで、私はそれが当然だと思っていたので、これにはかなり驚いた。

「どうやって教えたんですか」

「特にしつけはしていません。以前はトレッキングの途中で排泄していました。すぐに片付けても家や店の前だと嫌がられて、そのたびに私が謝ったり、頭を下げたりしていました。その様子を見ていたのか、ある時からマリヤが自ら排泄コントロールをはじめたのです」

それまでトレッキングの仕事は、サポートスタッフが必要だったが、トイレの心配がなくなってからは、山崎さんひとりで営業できるようになった。従来、馬には難しいと思われてきたことをクリアしたのは、飼い主である山崎さんとの親密な関係性あってのことらしい。どうやら馬には、まだ一般的には知られていない能力がたくさんありそうだ。

準備が整ったら、いよいよホーストレッキングに出発する。私にとっては、ほぼ初めての乗馬だ。山崎さんに運動習慣について訊かれたので、趣味でダンスを細々と続けていると伝えると、「体幹は強そうなので、大丈夫でしょう」とのことだった。とりあえずガレージの前の路地で騎乗して、手綱の持ち方と前進、停止、左右に曲がる方法を数分練習した。

「それでは、ついて来てくださーい」

山崎さんが、自転車を発進させた。いきなり本番？　そう思った途端、私はたった今練習したばかりのことが完全に吹き飛んでしまった。山崎さんの後ろ姿がみるみる小さくなるが、手綱を通してマリヤさんにスタートを伝える方法がわからない。仕方がないので「お母さんが呼んでいるよ」と語りかけると、マリヤさんはゆったりと歩きだした。

宅配便の車や清掃車などをやり過ごしながら進むこと約三分、到着したのは多摩《たま》川《がわ》支流の浅川《あさかわ》の河川敷だった。土手に沿って整備された道には、ランナーや犬の散歩をする人がいたが、意外なことに誰も驚いていなかった。私にとっては非日常だが、地元の人々のあいだでマリヤさんのトレッキングはすっかりお馴染《なじ》みの光景らしい。河川敷に下りると草木のあいだに細い道ができていて、なるほどこの環境ならホーストレッキングに最適だ。

河川敷を進むこと十分程、マリヤさんが突然足を止めた。

「ここは、おやつスポットです」

山崎さんの指示で手綱を完全に緩めると、首と口がフリーになったマリヤさんは、脇に生えている草を夢中で食べはじめた。これぞリアル〝道草を食う〟だ。それでも「写真を撮るよ」と声をかけるとカメラ目線になってくれるのだから、さすがはレジャー業界で働くアイドルホースだ。

一時間程のホーストレッキングを終えて、あらためて山崎さんにマリヤさんとの暮らしについて訊いてみた。馬を飼おうと思ったのは、今から十年程前のこと。夫との死別やいくつかの仕事を経た後、ある起業塾主催のコンペで入賞して起業支援金を得たことがきっかけだった。

「入賞したのはホースセラピーを提供するプランですが、当時の私は馬の知識も乗馬経験もありませんでした。マリヤと出会ったのは、乗馬用の馬やペット用のミニチュアホースを販売するところで、当時は未調教の二歳馬でした。一緒に暮らすなんてもちろん不可能なので、ある牧場に預託しました」

　鞍付けなどの基本的な調教を牧場のオーナーに託すと同時に、山崎さんはそこで乗馬を学んだ。米国のカウボーイ文化が発祥のウエスタンスタイルの乗馬で、練習場所は主に秩父《ちちぶ》の山中だった。

「乗馬レッスンは、険しい山を登ったり、車が通る暗くて狭いトンネルを通過したりと心身共に鍛えられました。マリヤはまだ経験が浅かったので、もしパニックを起こしたら大事故は免れません。怖くてとてもできません、とよく泣いていました」

　そんな山崎さんに、いつもオーナーは「馬を信じろ！」といった。あえて山崎さんは手綱に力を入れず、マリヤさんの判断に任せて難所を乗り越えたこともあった。下山途中にマリヤさんが肢をズルズルと滑らせはじめ、焦った山崎さんがオーナーに訴えると「スライディングは、クォーターホースの身体能力のひとつだ」と教えられて感心したこともあった。身の安全を委ね合う数々の冒険を通じて、山崎さんはマリヤさんと信頼関係を築いていったのだ。

　一緒に暮らすことが決まったのは突然だった。その後、預託先をいくつか変わり、その先でマリヤさんが熱中症で倒れてしまったのだ。

「マリヤを救うことが先決で、後先考えずに車に乗せて自宅のガレージに連れ帰りました。その瞬間〝マリヤと共に生きよう〟と覚悟がきまったのです。健康を取り戻すまで本当に大変でしたが、あのアクシデントがなければ住宅街で馬と暮らせると気づくことはなかったと思います」

山崎さんは、マリヤさんのことを「娘」と呼ぶ。だが家族であると同時に「先生であり、ビジネスパートナーであり、セラピストでもあります。精神的に大きな支えになっています」と話す。

〈馬カフェ　マリヤの風〉で提供する乗馬時間は、技術やスキルよりも、馬と過ごす非日常感を楽しんだり、動物や自然と親しんだり、精神的にリラックスすることを最優先している。山崎さんは、参加する本人の希望や体力・健康状態を総合的に判断したうえで、マリヤさんと相談しつつ提供する内容やコースを決めている。河川敷を思いきり走ってみたいという乗馬経験者から、七五三のお祝いやウエディングの記念撮影まで、幅広い要望に対応している。

「私もマリヤも、お客様が笑顔になってくれることが、なにより嬉しいんです」

そう語る山崎さんの傍らで、マリヤさんはまるでインタビューに参加しているかのように「うん、うん」と相槌《あいづち》を打った。

東京の住宅街で馬と生きる——常識で考えたらあり得ないそのスポットは、想像以上に唯一無二の魅力に溢れていた。

第5章　ある地方馬主のリアルと挑戦

馬が教える馬の学校

この国の馬の多くは、健康手帳を持っている――このことを知ったのは、数冊の黄色い手帳の画像が添付された、あるＳＮＳの投稿がきっかけだった。

これは公益社団法人中央畜産会衛生指導部が発行するもので、正式名称は「馬の検査、注射、薬浴、投薬証明手帳」で、通称「馬の健康手帳」だ。予防接種履歴や検査履歴、移動履歴などの防疫に関わる情報のほか、生年月日や血統登録番号、品種、性別、毛色などの個体識別情報がまとめられている。

競走馬として出走するためにはこの手帳が必要で、二〇〇七年以降に生まれた馬はマイクロチップの装着が義務化され、その情報も記載されているという。馬用のマイクロチップは、直径二ミリ、長さは犬猫用よりもやや長い十四・六ミリ程の大きさの円筒形チップで、外側に生体適合ガラスを使用した電子標識器具だ。世界で唯一の十五桁の番号を専用リーダーで読み取ることで個体識別ができる仕組みで、獣医師管理のもと専用の注入器で皮下に埋め込むと半永久的に使用できる。

競走馬というのは、これほど厳密に管理されているのか。私は感心すると同時に、大きな疑問を抱かないではいられなかった。個体識別ができるにもかかわらず、なぜ数多くの馬が行方不明になってしまうのか。

ペット動物の世界を長らく取材してきた私にとって、マイクロチップは終生飼養をサポートするアイテムというイメージが強い。犬や猫の個体識別と同時に所有者登録をするマイクロチップは、迷子対策や動物愛護管理法で禁止されている遺棄の防止にも役立っている。ペット動物の世界では、飼い主不明で行き場がなくなり、殺処分される動物を減らすための有効なアイテムなのだ。

日本でマイクロチップが注目されるようになったのは、二〇一一年の東日本大震災発生時に、飼い主とはぐれたたくさんのペットが保護されたことがきっかけだった。災害時は首輪や迷子札が脱落しやすく、長い放浪生活で外見が変化すると飼い主が愛犬や愛猫を見分けられなくなるケースも多い。個体識別ができて飼い主の連絡先がわかるマイクロチップは、災害大国に必須のペット防災対策のひとつとして認識されるようになったのだ。二〇二二年六月一日からは、環境省によってブリーダーやペットショップなどで販売される犬や猫について、装着の義務化が開始されている。

一方、競馬業界でのマイクロチップは、主に血統管理を厳正にするために活用されている。装着の義務化は、繁殖現場での馬のすり替えなどを防ぐことが主な目的で、引退後の使用を想定したものではないのだ。

それだけに私は、冒頭のＳＮＳで投稿されたもうひとつの画像から目が離せなくなった。それは投稿者のもとで世話していた馬を乗馬クラブなどに送り出す際、馬の健康手帳に独自に貼付しているメッセージシールで、そこにはつぎのようなことが書かれていた。

【ご協力お願いします！】

この馬は、本校の生徒たちが、引退競走馬から、乗馬転用に携わりました。万が一、飼養の必要がなくなった場合、当学院までご連絡ください。

どうやらこの学校に通う若者たちが引退競走馬をリトレーニングして、乗馬などのセカンドキャリアへつないでいるらしい。「全頭は難しくても可能性のある限り馬を最後までみてあげたい！」という書き込みから終生繋養をめざしていることが伝わってきて、胸の奥にジンワリと温かなものが広がった。同時に、学校教育の現場でサラブレッドの心身をケアして、次のステージにつなげる取り組みをしているということに俄然興味がわいた。

アカウントを運営するのは、株式会社馬事学院。いったいどんな学校なのだろう。

東京駅から総武本線・特急しおさいで一時間足らず、到着したのはピーナッツ生産量が日本一という千葉県の北部中央にある八街《やちまた》市だった。最寄りの八街駅からはタクシーで十五分程、住宅地と農地が混在するエリアの先に、森林に囲まれた広大な馬場を備えた校舎があった（二〇二一年一月取材時）。

「我が校で飼育している馬の数は、出たり入ったりで、常に八十頭前後になります」

代表の野口佳槻《のぐちよしき》さんは、軽快かつエネルギッシュなムード溢れる人物で、さっそく学院の施設を案内してくれた。敷地内にはいくつも馬場があり、その向こうには複数の厩舎が見えた。

「出たり、入ったり、ですか？」

学校で飼育している馬が流動的というのは、どういうことなのだろう。

「地方競馬で走っている現役の競走馬を世話したり、引退競走馬を引き受けたり、それを乗用馬としてトレーニングして乗馬クラブに送り出したり、余生を送らせるために高齢の馬を迎え入れたり、いろいろなケースがあります。飼育する馬たちの世話は、すべて本校の学院生がしています」

株式会社馬事学院、通称〝バジガク〟では同じ敷地内でふたつの学校を運営していた。東関東馬事高等学院は、ジョッキーを目指す〈騎手受験特別コース〉、厩務員や牧場への就職を目標にした〈競走馬の育成コース〉、競技の腕を磨きながらライセンス取得やスポーツ推薦で大学進学などを目指す〈乗馬馬術選手コース〉があり、馬と共に三年間学びながら、高校卒業資格も取得することができる。

　東関東馬事専門学院は、ＪＲＡ厩務員をはじめ、地方競馬の厩務員、生産・育成牧場など、馬業界への就職を目指すカリキュラムに重点が置かれていて、二年コースと三年コースがある。野口さん曰く、もっとも力を入れているのは、即戦力になる人材の育成だ。

「競馬業界はここ数年で急成長する一方、引退競走馬の問題、養老馬の行く末など、多くの課題を抱えています。なかでも深刻なのは、若手の人材が圧倒的に不足していることです」

　業界の未来を担う人材なくして、馬たちの尊厳に関わる難問に対処することはできない。そう考えている野口さんは、馬の経験値ゼロからスタートしても二年後、三年後にプロの世界で活躍できることを前提に逆算した、実践的な授業や数多くの実習を行っている。専門学院の特徴のひとつは、学生ひとりずつが〝自分の馬〟に責任を持つ担当馬制度だ。馬の経歴は、現役競走馬、乗用馬や馬術馬、引退競走馬、イベントで活躍するポニーなど様々で、毎日の手入れ、検温や馬体、歩き方などのチェック、病気や怪我の早期発見や予防など、プロの世界で不可欠な知識や技術を実践のなかで学ぶ。

「ここにいる馬は、もともとはセリで売れ残っていたサラブレッドです」

到着したのは青草が広がる放牧場で、五、六頭の馬が楽しそうに駆けまわっていた。ワチャワチャとした様子が子どもっぽいと思ったら、まだ一、二歳だという。

「かわいい。仲間どうしでじゃれあいながら、いろいろなことを学んでいる年齢ですね」

「仲良しの馬もいるし、お互いに気の合わない馬もいます。いじめたり、いじめられたりといった上下関係、グループのリーダーができるなど、馬にはあきらかに社会があります」

野口さんは、過剰生産によって余剰個体とされてしまう馬たちの処遇もまた、業界の大きな問題だと話した。ここにいるのは、学院が主催したクラウドファンディングで集めた資金で購入した馬だ。私はこれまで主に引退競走馬に目を向けてきたが、それ以前にデビューを目指すこともできない馬が数多くいるのだ。この馬たちは、ほぼ未調教で、今は鞍を付ける練習をはじめたところだった。

「鞍付けも学生さんがしているんですか。調教のなかでも難関のひとつと聞きます」

「ええ。最初はかなり嫌がります。背中に物が載るだけでなく、鞍を固定する腹帯で圧迫されるので、馬にとって恐怖感は大きいです。たいていの馬は『やーめーてー！』と激しく訴えてきます」

野口さんによると、一般的な育成牧場では、暴れさせて疲れさせることを繰り返し、二週間くらいすると馬が鞍を受け入れるらしい。

「でもここでは、世話をする人と馬の信頼関係ができているので、だいたい三日くらいで慣

上／学院生を指導する馬事学院代表の野口佳槻さん（右）。引退競走馬のリトレーニングもカリキュラムに取り入れている
中／学院内の走路での授業風景
下／学院入口で迎えてくれる猫たち。いずれも付近で暮らしていた元野良猫で、学校職員と学院生が協力しながら世話している（撮影・すべて著者）

れてくれます」

「三日で？　そんなに早く慣れるんですか」

笑顔でうなずく野口さんは、さらに厩舎へ案内してくれた。巨大な建物内部の両側には馬房がズラリと並び、それが遥か前方へと続いている。中央の通路は幅が広くゆったりとしていて、二頭の馬が行き来してもかなり余裕がありそうだ。

「こんにちは」「こんにちは！」

ブルーのユニフォームを着た学院生たちとすれ違うたびに、厩舎内に元気な声が響いた。

「こんにちは！　おじゃましてまーす」

こちらも挨拶を返すと、はにかみながら笑顔を見せてくれる子もいる。年齢相応のあどけなさはあるものの、馬を引いてキビキビと歩く姿からは、大好きな動物と接している人ならではの優しさと前向きさ、自信が伝わってきた。馬たちはツヤツヤと輝き健康そうで、表情も穏やかだ。私を見て「この人、誰～？」といわんばかりに、好奇心旺盛な視線を送ってくれる馬もいる。人間に大切にされている動物には共通した愛らしさがあるが、先ほど耳にした「信頼関係ができているので鞍付けに三日で慣れる」の説明に説得力を感じた。

馬の世話は担当馬制をベースにグループでおこなっていて、毎日、八十頭すべての馬を放牧やトレーニングなどで馬房の外に出している。

「食事の準備はこちらでしています。馬それぞれの体調や体質に合わせて、ペレットやトウモロコシなど、複数の素材を調合します」

野口さんは、厩舎の脇にある作業場にズラリと並ぶバケツの中身について説明してくれた。現役の競走馬や引退競走馬、乗用馬や競技馬など、馬の仕事内容やライフステージの移行段階などによっても食事内容は大きく変わる。

事務所に移動して、学校の詳細について訊いてみた。

主なカリキュラムは、つぎのようなものになる。①余剰サラブレッドをゼロから育成して競走馬にする、②現役競走馬に必要なケアやトレーニングをする、③引退競走馬を引き取り心身のケアやリトレーニングをする、④怪我をしてリハビリが必要な馬のケアをする、⑤③の後に競技会で活躍できる馬に育成する、⑥③の後に乗馬で活躍できる馬に育成する、⑦乗馬や観光牧場を引退した馬を養老馬として飼育する、等だ。

あらゆる年齢や役割、ライフステージに属する馬と接する授業は、実際の馬業界の現場さながらだ。

「この授業を成立させるには、馬の循環が必要です。こうした理由から、ほかでは扱いにくいと敬遠されるような、元気いっぱいな引退馬も積極的に受け入れています」

野口さんは、競馬や乗馬を引退した馬を年間四十頭近く引き取っているという。学校運営を開始した二〇〇九年からこれまで携わってきた引退競走馬は三百頭以上になる。ＳＮＳに投稿されていた、馬の健康手帳の管理も授業の一環だ。

最初に耳にした〝出たり入ったり〟の理由と意義が、ようやくわかってきた。様々なプロフィールの馬に接する環境が確保されていれば、作業や学びがルーティンになることはないし、むしろ想定外の事態に遭遇することも多い。学院生たちの経験値は、確実に上がるだろう。

教育の質を支えているのはいうまでもなく馬たちで、先生と呼んでもよさそう。この学校は、馬が教える馬の学校なのだ。しかもその仕組みは、余剰個体や引退競走馬、余生をおくる養老馬など、競馬業界の問題解決にもつながっている。馬の福祉向上と人材育成をつなぐこの方法は、野口さんが考案したオリジナルだ。

専門学院は、一学年四十名定員の全寮制だ。入学前の見学会や説明会では、教育理念や指導方針の説明と同時に、馬と共に学ぶことや、馬の仕事を目指すことについて丁寧に紹介したうえで、挫折しないでやり遂げられるのか、本当に自分がやりたいことなのか、真剣に考え抜いてから決断してほしいと伝えている。本人や保護者からの細かな疑問や相談にも、徹底的に応じることをモットーにしている。

慎重に対応するのはミスマッチを避けるため、また二年分の授業料と寮費などを入学時に一括納付するルールがあるためだ。「途中で退学しても授業料はお返ししません、と伝えています。それでも何度かここに足を運び、他校まで見学する子のほぼ全員はウチに入学します」というから、やはりこの学校でしか学べないことは多いようだ。

魅力のひとつは、カリキュラムをやり遂げたらほぼ百パーセント就職先が決まるという点だ。難関のＪＲＡ厩務員をはじめ、複数の有名馬を輩出している生産・育成牧場など、就職先は一流大手が多数含まれる。

「でもなかには途中で怪我をしたり、技術が追いつかなかったりする子もいます。もし勉強期間が延びても、追加費用なしで数か月から一年かけて個別にフォローをして、本人が納得できる進路に結びつけています」

　野口さんは、卒業生の就職先である企業にも、関係性に応じて職場環境の改善や向上を目的に意見交換を申し入れることもある。馬業界の多くはいまだ週休一日というところが多いが、ある大手牧場に「週休一日では実家にも帰れず、学生時代の友人と会うことも難しい。毎週は無理でも月に数回、週休二日を導入してほしい」と相談したところ、数か月後に制度を整えた企業もあったという。また男性中心社会といわれる馬業界だが、大手牧場各社を中心に新たな職場環境づくりも提案し続けている。

「ここ数年は女子の入学が増えていて、現在の比率は六対四くらいです。動物に優しく扱いも丁寧で、大胆に接することもできる、馬業界に必要と感じる学院生が多数います。彼女たちが安心して働ける職場にするために、女子寮の新設などを各社に打診しています」

　野口さんの出身は大阪府。乗馬と出会ったのは小学校時代で、中学・高校時代は全日本ジュニア選手権、国体などに出場した。進学した日本大学では馬術部に所属して、全日本学生馬術選手権大会で優勝を果たした。引退競走馬や馬の余生、業界の人材不足という問題に取り組もうと考えたのは、馬術部の主将として複数の乗馬クラブや牧場、競馬関係者とのつながりを得て、そこから馬業界の仕組みや全貌が見えてきたことがきっかけだった。

　卒業後は、乗馬クラブや競走馬の育成牧場などの経営に携わり、二〇〇二年からは騎手や厩務員などの育成にも取り組みはじめた。ＪＲＡの競馬学校をはじめ既存の学校は、主に乗馬などの経験者から才能のある人材を選抜して教育するところだ。一方、野口さんがめざしたのは、未経験者と働き手を求める馬業界の架け橋になることで、前例のない挑戦だった。

　模索を経て、徹底した教育環境を整える重要性に気づき、二〇〇九年に現在の前身「馬の学校 東関東馬事職業訓練」を設立。騎手や厩務員をめざす、四名の生徒と共に学校運営をスタートさせた。現在の体制になったのは二〇一二年からで、授業や実習指導にあたる講師や日常生活をサポートする事務スタッフ、栄養管理スタッフなど二十名以上が、学院生たちの生活を支えている。

　ユニークな挑戦を実績につなげてきた野口さんは、このとき新しい引退競走馬支援プロジェクトの準備をすすめていた。

「これまで絶対に関わることができなかった馬たちです。ある人との縁をきっかけに、新たな挑戦をすることになりました」

　馬業界のプロ中のプロである野口さんでさえ、関わることができない馬がいるというのに驚いた。それは、どんな馬なのか。プロジェクトのキーパーソンとは、どんな人物なのだろう?

予後不良からの生還

二〇一九年二月七日十五時五十分、岐阜県・笠松《かさまつ》競馬場。かつてオグリキャップなど数々の名馬を輩出したことで知られる地方競馬場では、ダート一八〇〇メートル・第九レースのゲートインが完了したところだった。

少しばらついた飛び出しのスタートから、馬番二番のサムライドライブに並ぶように、三番ヴェリテ、五番メモリージルバ、八番ハタノリヴィールの四頭が広がって先行した。その直後、内側から接近したのは、一番人気の九番フロリダパンサーだ。笠松競馬場のコースは、一周が一一〇〇メートル。サムライドライブが一馬身リードを取った中盤で、全体のペースは一瞬落ち着いたが、二周目に入るとメモリージルバが追い上げ、先頭争いは激しさを増していった。最終コーナーから、残るは直線のみ。そのとき、トップ集団にくらいつき続けていたフロリダパンサーが、突如ガックリと失速して後方へ消えていった。

大変なことになった! 馬主の林《はやし》由真《よしまさ》さんは、コース上で肢がぶらぶらになった愛馬の姿を見て血の気が引いた。なにをどうしたらいいかもわからないまま、とにかく馬運車に積み込まれるフロリダパンサーを必死に追いかけた。

獣医師の診察の結果は、右前肢の繋靭帯《けいじんたい》の断裂による予後不良――これは競馬業界で安楽死を意味する。調教師からそう告げられ、さらに獣医師から詳しい説明が続いたが、突然のことに林さんはとても受け止められなかった。しかし、調教師や獣医師、競馬場関係者などその場に集まる十名程のあいだには、「仕方がない」「そういうもの」というムードが色濃く漂っていた。

馬運車のなかでフロリダパンサーは、痛みに耐えながら三本肢で必死に立ち、瞳からは生命を諦めない凄まじいエネルギーを発していた。林さんはそれを見た瞬間、馬主として諦めることはできないと思った。だが目の前では、競走馬としてのキャリアが閉ざされた馬を送り出す作業が、今まさにはじまろうとしていた。

「待ってください！　治療できるところを探すので、もう少しだけ待ってください」

林さんは、知りうる限りの競馬関係者に電話をかけはじめた。しかし、複数の知り合いに怪我の状態を伝えるほどに、自分がやろうとしていることがいかに難しいかがわかってきた。時間は十分、二十分と刻々と過ぎていき、待たされたままの関係者の苛立ちは頂点に達しようとしていた。

あの人なら、相談できるかもしれない――。ある競馬関係者を介して、馬事学院の野口さんの情報にたどりついたのは三十分後のことだった。

レース中に靭帯を断裂して安楽死させられそうな馬がいて、その馬主が治療できる場所を探している。連絡を受けた野口さんが真っ先に思い浮かべたのは、かつて同様の状態の馬を治療したときのことだった。どれだけ手を尽くしても、靭帯断裂という重傷を負った競走馬が完全に復活することは難しい。オーナーが何をどこまで望んでいるのか、まずはそれを確認する必要があった。

「もう人を乗せられなくてもいいんです。せめて自分の意思で歩けるようにしてあげたい。もう時間がないんです。なんとかご協力いただけないでしょうか」

電話口の林さんの悲痛な声を聞けば、決断のときがすぐそこに迫っていることが伝わってきた。馬の状況を確認すると、痛みに耐えながらも三本の肢で立っているという。これなら救えるかもしれない！　そう感じた野口さんは、学院から馬運車を出す決断をした。

とはいえ懸念は尽きなかった。笠松競馬場から馬事学院がある千葉の八街市まで、約四百五十キロもの距離がある。ノンストップでも六時間近くもかかる馬運車での移動は、健康な馬でさえかなりの体力を消耗する。激痛を抱えて三本の肢で立つフロリダパンサーが、果たしてそれだけの長距離移動に耐えられるのか。馬のためを考えると、散々苦しい思いをさせたあげく安楽死になることだけは絶対に避けたい。

それでも応急処置でギプスと包帯で肢を固定されたフロリダパンサーは、辛い移動を耐えぬき、馬事学院に到着することができた。馬運車から降ろされたとき、その目からはハラハラと涙が流れていた。痛みによるものなのか、生命の危機を感じた不安や強いストレスによるものなのか、涙の理由はフロリダパンサーにしかわからないが、野口さんは「ここまで無事に連れてくることができて、本当によかった」と少しだけ胸を撫で下ろした。

だが状況は、依然として厳しかった。駆けつけた林さんに、診察した獣医師がまず伝えたのは「治る可能性は低いので、覚悟だけはしておいてください」だった。そもそも安楽死が選択されるほどの大怪我なのだから、その苦しみは尋常ではない。痛みに耐えきれず暴れたり、身体を横たえたまま起き上がれなくなったりする馬はめずらしくない。

しかし、フロリダパンサーは治療を受け入れ、まるで苦痛を乗り越えた先にまた元気に歩ける日がくると理解しているかのように、黙々と自身の身体と向き合う日々を送った。最初の数日は、三本の肢で立ったり座ったりを繰り返していた。しばらくすると時おり、負傷した肢を地面につけるようになり、やがて四本の肢で立っていられる時間が少しずつ増えていった。そこから右前肢を庇《かば》うようにしながら、一歩、また一歩と歩くようになり、ゆっくりとだが確実に回復への階段を上っていったのだ。

一年を経て歩くことはできるようになったものの、四肢のバランスはまだ完全ではなく、寒さが厳しい日は明らかに辛そうにしていることもあった。しかし、若くて小柄な牝馬が近くにいると興奮するなど生命力は旺盛で、林さんや野口さん、毎日のケアにあたっている馬事学院のスタッフや学院生たちのあいだで「これだけ元気なら、もう大丈夫だね」と笑い合えるまでになった。現在のフロリダパンサーは、痛みからすっかり解放されて、飛び跳ねて走りまわれるほど目覚ましい回復を遂げている。

この経験をきっかけに林さんは、引退競走馬支援の世界に本格的に引き寄せられていくことになるのだが、実際にお会いして驚いたのは、その馬主らしからぬ風貌だった。優しげな青年という感じで、実際の年齢を訊いてもまだ三十代だ。いきなりで失礼とは思いながら、その若さで単独馬主とはどういう境遇なのか、訊かずにはいられなかった。

「実家は自営業で、ごく普通の家庭です。馬主といっても私は地方競馬ですから、ハードルはそれほど高くありません」

林さんは、ＪＲＡが管理する中央競馬と、地方競馬全国協会が管理する地方競馬の個人馬主の条件について説明してくれた。中央競馬は、継続的に得られる見込みがある所得金額が過去二年連続で千七百万円以上、継続的に保有する資産額が七千五百万円以上あること。一方、地方競馬は、直近年の所得金額が五百万円以上あることが、主な金銭的な条件だ。

地方競馬であれば「普通の会社員でも資格取得は可能です」という説明に納得がいくが、とはいえこの金額は最低ラインだ。

「競走馬を購入して、調教師に毎月の預託料を支払うことを考えたら、地方競馬とはいえ馬主を継続することは並大抵ではないですよね。まとまった準備金などがあったのでしょうか」

私の質問に、林さんは静かに頷いた。

「そこは頑張りました。中学生から三十二歳で馬主になるまで、私はそれだけを目標に生きてきたんです」

「中学生から、ですか！」

人生の半分、つまり青春のすべてをかけて、林さんはひとつの夢を追いかけ続けてきたということらしい。

曰く、子どもの頃から無趣味で、学校も好きではなかった。友人と一対一で話すことはできたが、グループの輪に入るのは苦手だった。そのせいでいじめの対象になってしまい、中学に入ってからは自分の存在価値について考えこむことが多くなった。

「そんなとき叔母が、『面白いよ！』といって誘ってくれたのが中山《なかやま》競馬場でした。ちょうどＧＩレース開催日でものすごく盛り上がっていて、気づいたら自分も大声を出して応援していました。観戦席に集まった人すべてが感情を爆発させているのも新鮮で、とにかく楽しかったんです」

それは林さんにとって、自分の居場所を発見した瞬間だった。それ以来、休日は競馬場に通い、叔母に馬について教えてもらいながら応援することが一番の楽しみになった。自分の馬を競馬場で走らせることが将来の目標になるのは、自然な成り行きといってもよかった。

「詳しい条件はわかりませんでしたが、とにかくお金がかかることだけは理解していました。

高校入学と同時にアルバイトをはじめて、夏休みは短期で工場労働もしました。とにかくお金を貯めることに熱中しました」

その生活は大学生になっても変わらず、居酒屋をメインに働いてひたすら貯金に励み続けた。馬以外の趣味もなく、友だちも少ないのでお金を使うこともない。授業とバイトだけの日々を経て卒業、そして就職してからも目標がブレることはなかった。

「ひとり暮らしをするようになってからは、徹底して節約も心がけました。食事は、安い米と瓶詰めの海苔《のり》や鮭《さけ》ほぐしだけで、可能な限り切り詰めました」

その後、林さんは、父親が経営する新聞販売店で見習い及び配達員として働くようになった。出社は、毎日午前一時。新聞とチラシが到着するとそれをセットする作業をして、自分の配達分を準備して配達に出かける。すべての作業が終わるのは朝五時から六時すぎで、夕方も同様の作業がある、変則的な勤務時間の体力勝負の仕事だ。

すべては馬主になるため。ハードな仕事と節約生活のかたわらで、競走馬を購入する方法や預託先に関する情報収集などは、どのように進めたのだろうか。

「実は当時、そういうことをリサーチする発想がすっぽり抜け落ちていました。もちろん競馬はやっていましたが、毎日の生活がハードすぎて細かいことを考える余裕がなかったんです」

夢に向かって一直線すぎる林さんに、思わず笑ってしまった。

インターネットで〈地方競馬の馬主になる条件〉について検索したのは、三十歳をすぎてからのことだった。最初にやることは、馬主資格を取得することだ。所得条件はギリギリのラインだったが、高校一年生から貯め続けた貯金は約千五百万円になっていた。それを資産として申請したら、通過の知らせがきた。

林さんは三十二歳にして、念願の馬主になったのだ。

しかし、そこから先は手探り状態だった。事務局に訊くと「まずは預託先の調教師を見つけてください」といわれた。特にツテもなかった林さんは、自宅から近い浦和《うらわ》競馬場に所属する調教師の情報をインターネットで検索して、そのなかの何人かに預託先を探していること、馬の購入方法もわからないので相談にのってほしいと連絡をした。

調教師というのは、初心者馬主のサポートもするものなのか。私が感心していると、林さんは苦笑いしながら首を横に振った。

「地方とはいえ、私は馬主の世界であまりに若すぎました。何も知らないガキが来たようなもので、今から思えばいいカモです」

競走馬を購入する方法は、主に①セリ、②家畜商からの紹介、③サラブレッドオークションの三種類になる。セリで扱うのはすべて子馬で、購入からデビューまでは一年以上かかる。セリでは売れ残った馬は五十万円ほど、トップクラスは一億円以上と金額の幅は広いが、ある調教師の「三百万円以上の馬でなければ勝負にならない」という見解はひとつの目安になりそうだ。しかも、デビューできない馬、デビューしても怪我ですぐに走れなくなる馬もいる。セリで馬を購入するには、これらのリスクをカバーできる財力が必要になる。

一方、家畜商が扱うのは、主に中央競馬や地方競馬で走る成績の悪い現役競走馬が対象だ。家畜商とはかつて馬喰《ばくろう》とも呼ばれた専門仲介業者で、競馬関係者や牧場など馬に関わる人々すべてに顔がきくプロ中のプロだ。それだけに素人にはわかりにくい要素も多い。

サラブレッドオークションは、十年程前から楽天が運営する専門サイトだ。こちらはオーナーが所有する中央競馬や地方競馬で走る、現役の競走馬が対象になる。かつては楽天オークションの一部門だったが二〇一六年九月以降は、競走馬という取扱対象の特殊性が考慮された独自のルールが設定された。オークションの参加者は、身元確認を兼ねた事前登録が必要で、売主と買主双方の情報、馬のデータや写真などが公開される。もし購入した馬が規約に反していたら売買契約が解除できるシステムなど、これまでの競馬界にはなかった仕組みがつくられたのだ。

ペット動物の世界に慣れ親しんでいる身には、生きた動物がインターネットオークションにかけられると聞くと一瞬ギョッとしてしまうが、もちろんワンクリックでサラブレッドが自宅に配送されるわけもなく、そもそも競走馬は生涯ワンオーナーで生きることが難しい。正確な情報がオープンにされた環境で、レースの世界で活躍する期間を延長させられるこの仕組みは、多くのサラブレッドを生かすためのひとつの方法といえるだろう。

「今は、ほとんどの人が、サラブレッドオークションを利用していて、昔から営業する家畜商の数は少なくなったと聞きます」

林さんは、サラブレッドオークションで初めて競走馬を購入した。だが憧れの馬主ライフは、序盤からいきなり不測の事態に陥った。あてにしていた調教師の都合で、預託できなくなってしまったのだ。慌てて新しい預託先を探し、たどりついたのは船橋《ふなばし》競馬場の厩舎だった。しかし、愛馬はすぐに怪我をしてしまい半年以上も放牧場で静養したが、再起をかけたレースで再び怪我をしてしまった。「もうダメだから引退させるしかない、乗用馬にできるから」という調教師の言葉に、若い初心者馬主は従うことしかできなかった。

それでも林さんは、やがて運命の馬と出会う。アサクサポイントは、当時中央競馬を引退したばかりの八歳だった。

最初のレースの前日、厩舎のある名古屋競馬場に行き、洗い場につながれているアサクサポイントと初めて対面した。艶やかな黒毛（青鹿毛《あおかげ》）の馬体で、真っ白で流星のような額の模様が印象的で、とても優しい目をしていた。

「見た瞬間、かわいい！　と思いました。触っても嫌がらず、初対面の私を素直に受け入れてくれたのも嬉しかったです。そんな穏やかな様子からは想像もしていなかったのですが、翌日の地方デビュー戦は、ぶっちぎりで勝ってくれました」

二番人気ながら五馬身差で圧勝という結果に、林さんは度肝を抜かれた。さらに二〇一六年の大晦日《おおみそか》には、笠松競馬場で重賞を制覇した。

「アサクサポイントは、その翌年も名古屋で重賞を勝ってくれました。重賞をふたつも勝つなんて本当に驚きましたし、馬主として貴重な体験をさせてもらいました。彼が稼いだ賞金は、すべて彼の余生のために使おうと思いました」

林さんがそう考えたのは、一頭目の馬に対して後悔の念があったからだ。乗用馬になると聞いたものの、行き先は教えてもらえなかった。やがて引退競走馬に関する厳しい現実を知り、同じことは二度と繰り返さないと心に決めたのだ。

アサクサポイントは三つ目の重賞を勝ち取り、二〇一九年一月のレースを最後に引退した。蹄の上部の靭帯に包まれた種子骨の骨折が判明して、手術をすることになったのだ。それは笠松競馬場でのフロリダパンサーの大事故から、馬事学院の野口さんとの縁がつながった直後のことだった。手術が成功したアサクサポイントは、馬事学院に預託することになり、現在はスタッフや学院生にかわいがられながら余生を送っている。

二頭の愛馬の余生をつないだ経験を経て、林さんは、やがて関わった馬すべての面倒を見られる養老牧場を運営することが将来の目標になった。引退したほかの愛馬をセカンドキャリアにつなぎながら、土地探しや人脈づくりを進める過程で、あるプランが立ち上がった。馬の飼育技術を身につけるため、牧場研修を受けるなど準備に奔走したものの、しかし実現には至らなかった。

「引退競走馬を継続的に飼育する環境づくりがいかに難しいか、身をもって知りました。精神的に少し参ってしまったこともあって、走れる馬はオークションで新しいオーナーを見つけて、馬の世界からは完全に足を洗おうと考えていました」

しかし、林さんには、ひとつだけ心残りがあった。

その数か月前、ある乗馬クラブで一頭のサラブレッドと出会った。クラブのオーナーによると、肥育場から引き取った馬だという。ここでいう肥育場とは、引退競走馬などに飼料を与えて、食肉用の馬として出荷している施設のことだ。林さんにとって初耳であると同時に、そこから馬を引き取れることにも驚いた。それは肥育場の社長と、乗馬クラブのオーナーの信頼関係で成り立っていた。「社長にお願いすれば肥育場の見学もできますよ」というオーナーの案内で、現地を訪ねることになった。

そこにいる馬たちは、食事をたっぷりと与えられ、厳しいトレーニングもなく、のんびりと過ごしていた。広いスペースを走りまわる馬もいれば、馬房でじっとしている馬もいる。食欲が旺盛な馬も、餌に口をつけていない馬もいた。

そのうちの一頭が近づいてきて、林さんの服の袖を静かに引っ張った。だが、撫でてあげることしかできなかった。所有者ではない自分に、できることは何もない。しかし林さんは、ここで出会った馬たちのことが、どうしても忘れられなかった。

その話を聞いて驚いたのは、馬事学院の野口さんだった。

「林さんは、肥育場に行ったんですか！　私だって行ったことがない」

競馬から乗馬まで、長年業界に深く関わり続けてきた馬のプロフェッショナルである野口さんでさえ、知らない世界がある。その事実に林さんも驚いた。

　さらに野口さんは、予想外の言葉を口にした。

「その馬たち、引き取りましょうよ」

「そんなことができるんですか！　でも、どうやって？」

「林さんは、どうしたいんですか」

　咄嗟《とつさ》のことだったが、クラウドファンディングなどで集めた支援金で肥育場から馬を購入して、その後は乗馬クラブなどで活躍できるよう道筋をつくりたいという希望を口にした。

　すると野口さんは、すぐに役割を買って出た。

「乗馬クラブに出すには、リトレーニングが必要です。林さんが買い取ったら、そこについてはウチが全部やりますよ」

「馬事学院さんにやってもらえるんですか！　ご協力いただけるのは、とてもありがたいです。でも……」

　林さんは、嬉しい半面、戸惑いもあった。馬業界を知り尽くして、多くの人脈があれば、独自にプロジェクトを立ち上げることはいくらでもできる。一介の馬主である自分に、野口さんほどの人が賛同してくれる理由は何なのだろう？

「もちろん林さんの〝馬たちをセカンドキャリアにつなぎたい〟という気持ちが揺らがないことが大前提です。肥育場の馬に関わるのは、引退競走馬支援のなかでももっとも難しいことですから。その肥育場に行き、そこで馬たちに会い、具体的な方法まで考えた。これは、林さんにしかできないことです。私は、それをバックアップしたいんです」

その言葉を聞いたとき、林さんの腹は決まった。

目の前の数頭について考える意味

肥育場の馬を引き取り、新たな馬生につなぐ——このプロジェクトを成功させるためには、少なくとも三つの要素が必要だった。ひとつは馬を肥育場から引き取るための資金、もうひとつは引き取った馬をリトレーニングする場所の確保、三つ目は乗馬などのセカンドキャリアにつなげるルート。つまりは、お金と環境、そして人脈だ。

環境と人脈は、これまでの野口さんのキャリアがあれば実現不可能ではない。残る問題は資金で、こちらはクラウドファンディングで支援者を募ることになった。

プロジェクトのスタートには、肥育場の経営者の理解と協力が不可欠だ。林さんは、社長のCさんのもとを訪ね、馬主としての経験を通して考えたこと、初めて肥育場を訪ねて感じたこと、さらに、ここにいる馬を引き取るための具体的なプランの内容を説明した。

「儲《もう》けはほとんどないが、そこまで考えているなら協力してもいいよ」

Cさんは、林さんを信用すると言ってくれた。

ただし、クラウドファンディングの実施には、ひとつ条件があった。それは肥育場の場所を絶対に公開しないというものだ。第三者に所在地が特定されることは、とても危険だとCさんは言う。いったい、どういうことなのか？　林さんが知ったのは、引退競走馬等を扱う肥育場とそこで働く人々が、激しい差別や誹謗中傷《ひぼうちゅうしょう》、攻撃のターゲットにされている事実だった。こんなことは、絶対に許されることではない。しかし、これは現代の日本でおきていることなのだ。

この国では今、一年間で約七千頭のサラブレッドが生産される一方で、約六千頭が引退している。一部は乗用馬や繁殖馬になるが、その多くは食肉等になる。これは様々な形で馬を経済的に循環させるために競馬業界が長らくおこなってきたことで、引退競走馬等を扱う肥育場はこうした業界の仕組みを支える役割を担ってきた。だがこの構造や関係性は丁寧な説明なしに現状を正しく伝えることが難しく、そのため世間にきちんと理解される機会のないまま今に至っていた。

競馬業界にとって必要な仕事をすることで、日常生活さえ脅かされてしまう人々がいる。その事実に、林さんはショックを受けると同時に激しい憤りを感じた。

クラウドファンディング成功のためには、競馬業界の現状を多くの人に伝えたうえで、このプロジェクトの目的を丁寧に説明することがカギになる。だがそのために関係者に被害が及ぶことだけは、絶対に避けなければならない。

林さんは、社名や現住所、代表者名、さらに馬主名や馬の名前等、すべて非公開でおこなうことを約束した。一方でＣさんは、肥育場を経営する立場から世間に想いを伝えること、肥育場で過ごしている馬たちの様子を写真や動画に撮り公開することを快諾してくれた。前例のないプロジェクトが成立した瞬間だった。

クラウドファンディングは、六頭の馬を引き取りリトレーニングする内容で、目標金額は六百三十万円とした。その内訳は、馬の購入費が一頭五十万円×六頭で合計三百万円、輸送費が一頭十万円で合計六十万円、六か月間のリトレーニング期間の飼育費・医療費・施設利用料などで百五十万円、そのほかクラウドファンディングプラットフォーム企業に支払うサービス手数料が支援総額の十七パーセント＋消費税だ。

林さんがもっとも心を砕いたのは、支援者に向ける説明文の作成だった。このプロジェクトの原点には、愛馬フロリダパンサーがレース中に大怪我をし予後不良と診断されるも、馬事学院の野口さんのもとでの治療とリハビリを経て、自力で歩けるようになるまで回復する姿を目の当たりにした得難い経験がある。それをきっかけに、自分の馬には責任を持ちたいと考えるようになり、個人的に引退競走馬支援活動をしてきたこと。そのなかで運命的にＣさんが飼育する馬たちと出会ったこと――これまでの体験や肥育場の馬を引き取る決意をし

馬主の林由真さん家族と愛馬アサクサポイント。現在は馬事学院で余生を過ごしている（提供・林由真さん）

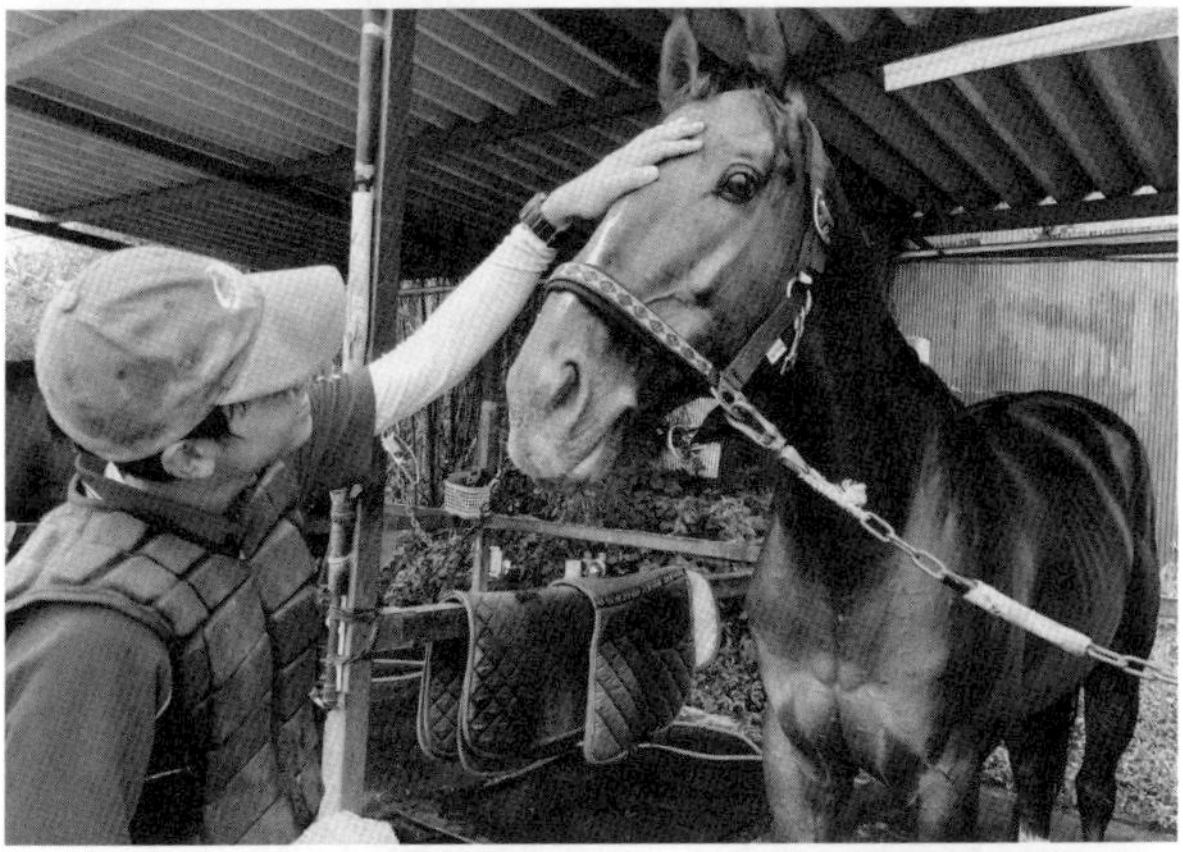

肥育場から引き取られ、馬事学院の学院生に世話される引退競走馬（撮影・著者）

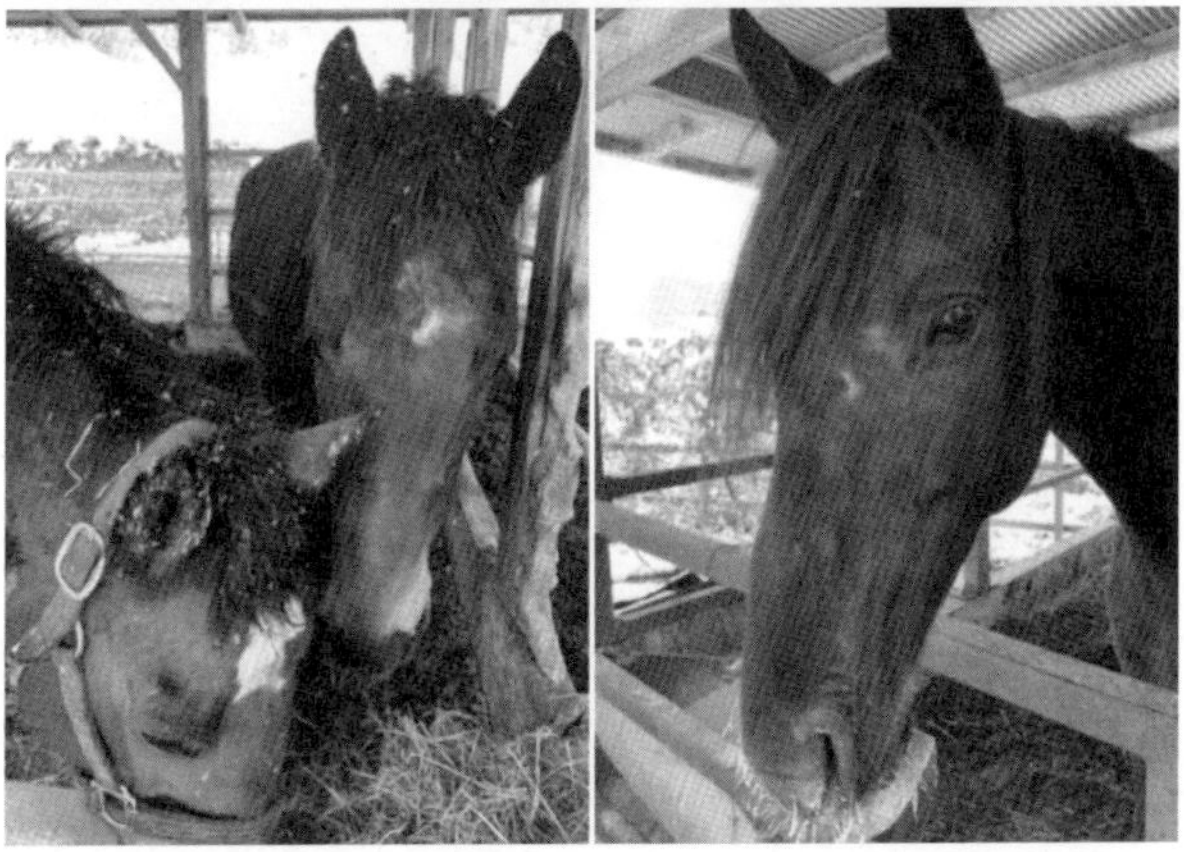

肥育場で暮らす馬たち（提供・林由真さん）

た経緯について、野口さんとギリギリまで打ち合わせを重ねながら公開用の記事を完成させた。

二〇二一年三月三十一日、クラウドファンディングがスタートした。果たしてどれだけの人が興味を持ってくれるのだろうか……。

不安を抱えながらの船出だったが反響は予想以上で、わずか一週間で百五十名以上からの支援が集まった。コメント欄には「初めて引退競走馬について考えました」「思ってもみなかった挑戦を心から応援します」「これをきっかけに引退競走馬の支援が広まることを期待したい」など、プロジェクトを応援する声が寄せられた。

林さんと野口さんにとって特に印象深かったのは、これまでずっと引退競走馬を支援したいと考えながらも、何をしたらいいのかわからず悩み続けていた人が予想していた以上に多いことだった。こうした人々によってプロジェクトの情報が拡散され、さらなる支援者を集めていった。クラウドファンディングの開始から十七日、四月十七日に目標の六百三十万円を達成したのだ。

あまりに早い目標達成に驚きながらも、林さんと野口さんは、すぐにネクストゴールに向けて進みはじめた。ここからは、百万円ごとに一頭ずつ引き取っていくことを目標にした。

しかし、寄せられるのは好意的な意見だけではなかった。クラウドファンディングの情報が広く知られることで、反対や否定的なコメントも増えていった。代表的な声は「目の前の数頭だけを引き取っても意味がない」というものだ。

たとえば環境問題やジェンダー問題などの社会問題を考える際、その課題があまりに深刻すぎたり大きすぎたりすると無力感におそわれ、個人的に行動することは無意味と感じてしまう人は少なくない。引退競走馬支援も、競馬業界がこれまでと同じように営業を続けている限り、根本的な解決には至らないという問題を抱えている。

だが社会問題が世間で注目され、改善へ向かうムーブメントに至った実例に目を向ければ、その原点には今できることを考え、行動した人がかならず存在している。同調圧力の強い社会では、こうした行動や発言を疎ましく思う人もいるが、それでも活動を継続させることで多くの賛同者を集め、それが世論や社会を動かす力になった例は数えきれない。

私がこれまで取材を続けてきたペット動物の世界でも、犬や猫の保護・譲渡活動に対して「無意味」「偽善」「自己満足」などの言葉が投げかけられた時代があった。しかし、この活動を継続し情報発信を続ける人々の賛同者が増えることによって、やがてペット動物に関連した話題やニュースが社会的に注目されるようになった。動物に対する残虐な事件をきっかけに、凶悪な動物虐待に対する厳罰化を望む人々の声が集まった結果、動物愛護管理法改正が実現した例もある。

様々な意見が寄せられたことでプロジェクトが注目され、それによって引退競走馬の問題に初めて気づいた人も多い。その点からも〝目の前の数頭について真剣に考えること〟はけっして無意味なことではないのだ。

否定的な意見は、野口さんにとっても想定内だった。

「我々のプロジェクトによって、これまで一般の人々には知られてこなかった競馬業界のシステムに光があたることになります。クラウドファンディングでは、情報の出し方や表現についてあらゆる点に気をつけていましたが、批判や疑問を抱く人の声を完全にゼロにすることは、不可能と考えていました」

こうした声があがったときほど、ＳＮＳでの対応は重要だ。野口さんと林さんは、非難する行為そのものが目的と思われる投稿への反応は最小限にとどめ、そのかわり純粋な疑問や誤解を含む意見にはできるだけ丁寧に返事をする方針をとった。

引退競走馬等を扱う肥育場やその仕事は、社会に不可欠であること。このプロジェクトに、屠畜や食肉を否定する意図はないこと。空前の競馬人気を支える競馬業界の仕組みに対して、自分にできることは何なのか考えたこと。目の前の一頭からはじまる道のりの長いプロジェクトだが、多くの人が引退競走馬の問題を考えるきっかけとなると思っていること。費用は、馬の取引額や馬運車の本体の値段、管理・運用費、馬の飼育費用など、業界の相場を実例に挙げて説明することで、限られた金額でなるべく多くの馬を引き取る計画であることがわかるようにした。

こうして複数の意見や疑問に答えることによって、支援者がプロジェクトの意図や意義をより深く理解することを目指したのだ。

「社会を変えるプロジェクトは〝いいね〟ばかりでは広がらないし、成功しません。反対意見に対峙することで議論と理解が深まり、結果的に応援していただけることもありました」

飛行機の離陸に最適なのは、追い風よりも向かい風である——野口さんは、そう考えることで反対意見も前向きに受け止めることができたという。

募集終了日の五月二十八日、肥育場から馬を引き取るプロジェクトは千二百六十三名の支援者を得て終了した。支援総額は千四百四十二万二千円となり、合計十四頭の馬を引き取りリトレーニングすることが決まったのだ。林さんは、多くの支援者に深く感謝しながら、行動を起こしたことは間違いではなかったと確信した。

馬に名前をつける日

林さんと野口さんは、息つく暇もなく馬を迎える準備を進めた。馬運車で一度に輸送できるのは三、四頭まで。引き取った馬は、馬事学院の厩舎に運び、しばらく心身のケアをしながら新しい環境や生活に慣れさせる必要がある。その後、それぞれの個性や状態にあわせて、少しずつリトレーニングを進めていく。こうして何回かに分けながら、合計十四頭を引き取ってセカンドキャリアにつなげていく計画を立てた。

プロジェクトが進むなかで、私は林さんに、肥育場を訪問してCさんにインタビューができないか相談していた。しかし、残念ながら実現には至らなかった。

一回目の引き取りは、二〇二一年七月某日に決まった。

当日の朝、林さんが肥育場に到着すると、Cさんは二頭の馬を馬房の外につないで待っていた。一頭は、やや体が大きい焦げ茶の牡馬。その隣のもう一頭には見覚えがあった。栗毛で額にフワリとした円形状の白い模様がある牝馬で、以前ここを訪れたときに出会っていた。人懐っこい性格で、林さんが柵の脇にいると自ら近づいてきた。顔や首を撫でてあげると、とても嬉しそうにしていた。

「この馬、気に入っていたみたいだから残しておいたよ」

Cさんは、半年近くも前のことを覚えていてくれた。肥育場の馬は二、三か月で出荷されることが多く、費用の点などからこれほどの長期飼育はイレギュラーだ。林さんはすぐに言葉が出てこなかった。Cさんの心遣いが胸に沁《し》みると同時に、このプロジェクトに対する大きな責任を感じないではいられなかった。

ここにいる馬たちは、血統や経歴はもちろんのこと、年齢も名前もわからない。競走馬を引退して肥育場に来ると決まったときに、健康手帳が処分され、マイクロチップも読み取らないことになっている。経歴も病歴もわからない状態で、リトレーニングできる馬を見極めることはCさんに一任されていた。心身の健康状態を観察した結果、将来性ありと判断されたのがこの二頭だった。

まもなく野口さんも現地に到着した。リトレーニングを実施する立場から二頭の状態をチェックしたところ「この馬たちなら大丈夫」という結果になった。

いよいよ馬たちの輸送開始だ。だが早々に、予想外の事態がおこった。肥育場は、市街地から離れた土地に建っている。周辺は細い道しかなく、野口さんが使用している大型の馬運車では横付けできないことがわかった。広い道と交差するところまで歩けない距離ではないが、信頼関係ができていない馬を公道で引くのはリスクが高すぎる。考えた結果、二頭を肥育場の馬運車に乗せて、野口さんの馬運車が駐車している場所まで運んで積み替えることになった。

二頭を積み込んだ馬運車は、五分程で野口さんの馬運車が駐車している場所に到着した。二台の馬運車の乗降口を向かい合わせにして、馬たちの脱走を防ぐためにタラップの左右にバリケードを張って誘導し、ようやく乗せることができた。

ここからは、馬事学院までの長旅だ。移動は休息を挟みながら順調だったが、やがて大渋滞にまきこまれてしまった。この日、馬事学院では本校で学ぶ学院生たちが、二頭の馬を待っていた。肥育場から引き取られた馬がやって来たら、まずは自分たちの手で洗って旅の疲れを癒してあげたい。そう考えて待機していたのだ。

だが時間は刻々と過ぎて、このままでは到着が真夜中になってしまいそうだった。全寮制で学ぶ学院生たちは、翌日も早朝から授業や実習で忙しい。これ以上の無理はさせられないと判断した野口さんが学院に連絡を入れると、スタッフから予想外の返事があった。

「生徒たちが、明日に支障がないようにするので是非やらせてほしい、と言っています」

待機していたのは、この春に入学したばかりの一年生だった。初めて馬にふれてまだ数か月なのに、すでに馬たちを優先に考えて行動してくれている。学院長として、こんなに嬉しいことはなかった。

深夜、二頭の馬を乗せた馬運車が、ようやく馬事学院に到着した。

「よく来たね」「待っていたよ」「お帰り」

乗降口が開くと学院生たちは、それぞれ自分の想いを込めて馬たちに呼びかけた。その声のなか、まもなく二頭はタラップを進みはじめた。

馬たちが洗い場に移動すると、さっそく三人ひとチームでシャンプーを開始した。肥育場で飼育されていた馬の世話は、もちろん学院生にとって初めての体験だ。輸送日の前日が大雨だったこともあり、馬たちは泥だらけで、移動時には大汗をかいているので臭いも強い。学院生たちは、移動中に乾燥してカピカピに固まった頑固な泥を少しずつ溶かすように、優しく丁寧に全身を洗っていった。

「馬運車から降りてきたときの表情が、今も忘れられません」

同日に参加した菊池涼《きくちりょう》さんは、長い移動で心身ともに疲れはてた、馬たちの様子について語ってくれた。見知らぬ場所に連れてこられて神経が過敏になっていたのだろうか、ホースの水に馬が怯えたことにも驚いた。「怖くないよ、これは水だよ」「ここから洗っていくね」と説明しながら作業を進めていったという。

「洗い場に来ても、最初はものすごく震えていました。先生や先輩に教えられたことを思い出して、少しでも安心してもらえるように、落ち着いた声でゆっくりと言葉をかけました」と話すのは、松生大輝《まつおいだいき》さんだ。新しい環境に怯える馬は、パニックになりやすく行動の予測がつかないので注意が必要だ。同じチームの沖野奏太《おきのそうた》さんも、「自分が緊張していると馬も不安になってしまう。人と馬が怪我をしないよう気をつけながらコミュニケーションをとるうちに、少しずつ落ち着いてきてホッとしました」と振り返る。

肥育場から引き取った馬たちの世話をすることは、学院生たちにとってもこれまでにはない貴重な学びの機会になった。小さく切ったニンジンを手のひらにのせて差し出すと、馬たちは吸い込むように口にふくみ、カリポリと音をさせながら食べた。長旅を終えて、ようやく二頭の馬は寝床にたどりついた。

翌朝は、装蹄師によって足まわりの健康診断とケアがおこなわれた。四肢の細部を確かめたところ、問題なしという結果が出た。それぞれの放牧場に移動した二頭は、無事に馬事学院での生活をスタートさせた。

やってよかった！　林さんと野口さんにとって、これほど嬉しい瞬間はなかった。

まもなく学院生たちが、二頭に新しい名前をつけた。林さんと縁のあった牝馬は、人懐っこい性格なのでナッツ。もう一頭のしっかりした体格の牡馬は、人気絵本『きかんしゃトーマス』とイメージが重なることからトーマスに決まった。

一度は引退を余儀なくされた馬が、リトレーニングでこれほど変化するものなのか――その後、肥育場から馬を引き取るたびに、林さんは感心しないではいられなかった。埼玉の自宅から馬事学院まで片道二時間半近く、週末など時間が許す限り訪れていたが、調整がつかないこともある。数週間後に会ったとき「これがあのときと同じ馬なのか？」と思うほどの変化をとげることもあった。馬たちは学院生やスタッフにも馴れて、信頼関係を築きながら日々乗馬トレーニングを続けていた。

そんなある日、林さんは野口さんから嬉しい報告を受けた。

「今、健康手帳の発行申請の手続きを進めています」

馬たちは、新たな名前でセカンドキャリアを歩みはじめた。

第6章　ホースセラピーの力

ラッキーハンターのお仕事現場へ

ガラス張りのロビーから厩舎へ続く通路を足早に進んでいくと、馬房から顔を出す栗毛の馬の横顔が見えてきた。

艶やかな体毛にサラリとした赤茶の鬣、その下には真っ黒な丸い瞳が輝いている。正面を向くと眉間にミルクをひと垂らししたような模様があり、それが鼻先に向かってまるで極細筆の余韻を味わうように伸びている。

「ラッキー、久しぶり！　元気だった？」

この日、私は、滋賀県栗東市にあるＴＣＣセラピーパークを訪れていた。引退競走馬の共同オーナー制度を利用して、この施設でセラピーホースとしてセカンドキャリアを歩むラッキーハンターの馬主になって以来、ＳＮＳの公式アカウントから発信される投稿画像をチェックすることは、私にとってすっかり日常の一部になっていた。

だが東京から気軽に行ける距離とはいい難く、リアルで会うのはようやく五回目でしかも約一年ぶりだ。あまりにもご無沙汰で、果たして私のことなど覚えていてくれるのだろうか。ちょっと心配になったが、ラッキーハンターは躊躇なく鼻先を近づけてきてくれた。

あ、この人、知っている人。来たんだ。いらっしゃーい。

そう言わんばかりに私の上着の袖をしばらく嗅ぐと、ゆっくりと一歩前へと踏み出してきた。首を撫でてあげると、体毛が短いぶんダイレクトに体温が伝わって、なんだか温泉に手を浸しているようだ。筋肉のわずかな動きにあわせて隆起する体毛は、うっとりするほど艶やかだ。とても健康そうで、スタッフから心身ともに大切にしてもらっていることが伝わってくる。愛らしさはもちろんのこと、美しさにも磨きがかかったようで、私はついデレデレした顔になってしまった。

一方、ラッキーハンターは前肢で地面をカーリカーリと掻きながら、私が手にしたレジ袋に鼻先を伸ばしてきた。前泊したホテル近くの青果店で新鮮そうなニンジンが売られていたので、お土産用に仕入れてきたのだ。

ラッキーハンターに軽くせかされながら、私はやや細めのニンジンをひと口大に折り、柔らかな口元に運んだ。カリポリ、カリポリと丁寧に咀嚼《そしゃく》する音が、いかにも美味しそうで、真っ黒の瞳はさらに満足そうに輝いた。

その顔があまりにかわいくて「一緒に写真を撮ろうよ」と声をかけた。私が馬房を背にして立つと、ラッキーハンターは並ぶように顔を寄せてきて、自撮《じど》りモードにしたスマートフォンの画面を一緒に覗きこんでくれた。シャッターを押すたびに顔の角度や表情を変えているのは、おそらく偶然なのだろうが、とにかくかわいい。しかし、気づくと、私の上着の襟を口先でパクリととらえている。「ラッキー、服はダメだよ」と注意すると、何度かクイクイと引っ張ってから口をパカッと開けた。その顔は「エヘヘ」と笑っているようで、オフタイムを楽しんでいるムードに私も嬉しくなった。

やがて厩舎の内外に、子どもたちの楽しそうな声が響きはじめた。ここＴＣＣセラピーパークでは、ホースセラピーを取り入れた児童発達支援事業をおこなっている。実施しているのは、三歳から六歳の未就学児童を対象にした〈児童発達支援〉と六歳から十八歳が対象の〈放課後等デイサービス〉で、これらは厚生労働省の補助対象に当たる福祉サービスだ。何らかの支援が必要で、自治体が発行する受給者証があれば一割負担で利用できる仕組みになっている――と聞いていたものの、これまでホースセラピーの現場をじっくりと見る機会がなかった。

そこで今回は、愛馬ラッキーハンターのお仕事現場に潜入ということで、実際にホースセラピーがおこなわれているところを見学させてもらうことになったのだ。

「ラッキー、お仕事の時間だよ」
馬房に迎えにきたスタッフと一緒に、ラッキーハンターは準備のために洗い場へ移動した。軽くブラシをかけて埃《ほこり》をはらった後、まず背中に載せられたのは分厚い毛布のような素材の鞍下パッドだ。背骨への衝撃や皮膚の摩擦を防ぐもので、この上に鞍を載せて腹帯で固定する。使っているのはウエスタンスタイルの鞍で、ブリティッシュスタイルにくらべて重量はあるが、乗ったときの安定性が良く、前方についているホーンにつかまればバランスがとりやすいという理由から、ホースセラピーで採用されることが多いという。

ハミ付けは、おそらく馬にとってもっとも〝お仕事〟を意識する瞬間だ。手綱とつながっている棒状の金具を上顎と舌の間に入れるときは、軽く抵抗する馬も多いと聞くが、ラッキーハンターはスタッフが作業するタイミングにあわせて、自分から口を「アーン」と大きく開けてハミを迎え入れた。まるでオン・オフを自ら切り替えているようだ。

洗い場の前には、放課後等デイサービスを利用する子どもたちが集まっていた。お馴染みのメンバーなのだろう、一緒に走ったり、飛び跳ねたり、歓声を上げたりして楽しそうだ。サラブレッドは本来とても繊細で、大きな声や不規則な動きに驚いてしまうことも多いが、ラッキーハンターは楽しそうに盛り上がっている子どもたちを前にしても平然としていた。

準備ができて丸馬場へ移動したら、いよいよセラピーホースのお仕事がスタートする。この日は、あいにくの小雨模様だったが、丸馬場は屋根付きなので問題ない。三月下旬に入り暖かな日が続いているようで、馬場はシットリとした優しい空気に包まれていた。

一緒に出勤したのは、事業スタート時から活躍しているポニーの一番星で、主に低学年や体力的・身体的にマッチする子どもを担当する。この日、ラッキーハンターの担当は小学一年生から高校三年生の五名の子どもたちだった。ホースセラピーを実施するのは、理学療法士や作業療法士、保育士など専門知識のあるスタッフで、子ども一名に対してスタッフ二名、子どもの状態によって三名一組でおこなっている。

踏み台の前に立つラッキーハンターは、先ほどの「エヘヘ」から一転、前方に視線を定めた姿勢を保っていて、穏やかにお仕事モードに入っているようだ。一人目の男の子が鐙に左足をかけて、ヒラリと鞍にまたがった。姿勢が安定したことを確認したスタッフがリードロープを持って進むと、ラッキーハンターもゆっくりと歩きだした。男の子はまだ低学年ながら参加歴は長いのだろう、騎乗する姿は余裕を感じられてとてもかっこいい。プログラムは、準備運動から始まった。スタッフが声をかけながら両手を上げたり横に広げたりすると、男の子も同じポーズをとる。さらに手を前に伸ばして馬の首を撫でたり、上体を捻《ひね》って鞍の後ろに優しくタッチしたりする。複雑に揺れる馬上では、このウォーミングアップだけでも心身への刺激につながりそうだ。

プログラムの内容は、参加者それぞれの心身の状態をスタッフが判断したうえで個別につくられている。それと同時に「今日は何を使って、何をしようか？」と尋ねることで、セラピーを受ける本人の希望や気分にあわせて課題を選択できるようになっている。定番の課題は、フラッグのついた複数のスティックを壁際の目標物に入れる、小さなボールを小ぶりなバスケットゴールに入れる、地面に置いた三角コーンに輪を投げ入れる、馬に乗って前進しながら大きなボールをスタッフと投げ合うなど、いずれもゲーム感覚で楽しめるものばかりだ。

男の子が選んだのは、フラッグを使うプログラムだった。聞けば容易そうでも、揺れる馬上では勝手が違う。これはひとつのことに集中するトレーニングでもあるという。

「すごいね！」「やったね！」

課題をクリアするたびに、男の子はスタッフと拍手やハイタッチをする。達成感を得ることはホースセラピーの大切な要素で、男の子は楽しそうな表情でまた別の課題に挑戦していた。一方、ラッキーハンターは、子どもが課題をクリアしやすい位置に止まるなど、さりげなくプロとしての仕事ぶりを発揮している。スタッフに促される部分もあるのだろうが、プログラムの内容や子どもの状態をきちんと理解しているのか、動きに無駄がない。

その後に騎乗した高学年の子は、大きなボールを投げたり、スタッフが投げ上げるボールをキャッチしたりするプログラムを選んだ。両手を大きく動かすためには、バランス力やより強い体幹が必要になる。ボールの動きは当然ながら不規則だが、ラッキーハンターは怯えたり警戒したりすることもなく、まったく平然としていた。

そのときボールが子どもの手をすり抜け、地面を転がっていった。それがラッキーハンターの足元にスルリと入りこむのを見て、私はにわかに緊張した。馬の視野は真後ろを除く約三百五十度といわれているが、それは上下が途切れたスクリーンのようなもので足元はほとんど見えていない。そこにボールが転がりこんだら、さすがに戸惑うのではないか。

しかし、歩調が乱れることはまったくなかった。立ち止まるどころか「何だろう？」と足元を覗きこむ様子もない。ラッキーハンターは視線の位置を変えることなく、これまでと同じようにのんびりした歩調で進み続けた。ボールは四肢のあいだを数回行き来して、やがて横から転がり出てくると、何事もなくプログラムは再開された。

ラッキー、すごすぎる……！

究極の癒し系といわれるが、ただ従順なだけではない。私は、対応力の幅広さと集中力の高さに感心した。

騎乗時間はストップウォッチで管理され、この日はひとりにつき四分ごとにアラームが鳴った。乗り降りを含め、ひとり分の乗馬時間は五、六分程で、参加人数が少ないときは、子どもの集中力にあわせてもう少し延長することもあるという。開始から三十分後、五人の子どもたちのセラピーを終えたラッキーハンターは、丸馬場を出て再び洗い場に移動していった。

腹帯を緩めて背中から鞍をおろしてハミを外せば、仕事モードからリラックスモードへと切り替わっていく。

「ラッキー、お仕事お疲れさま。さすがはプロだね。かっこよかったよ」

声をかけると、洗い場の床を激しく弾く水の音がした。ホッとしたのだろう、トイレタイムだ。二十秒、三十秒、四十秒……長い時間をかけて放出される大量の水分を見て、そういえばセラピーのあいだはまったく排泄していなかったことに気がついた。スタッフに訊くと、特にしつけているわけではないのに、いつのまにか仕事中はトイレを自粛するようになったらしい。

東京都内にある〈馬カフェ マリヤの風〉を訪れたとき、看板ホースのマリヤさんがバケツでトイレを済ませていて驚いたが、当然ながらレアケースと思っていた。しかし、ラッキーハンターも、どうやら状況に応じて同様の判断をしているようだ。馬は排泄コントロールができないと一般的に考えられているが、経験値や環境によってはその限りではないのかもしれない。

「ラッキー、今日は、ありがとう」

セラピーに参加した子どもの一人が、お礼を持ってやってきた。手にしているステンレスのザルには、カットしたリンゴが入っていた。ニンジンと並ぶ人気のおやつで、ラッキーハンターはすぐに口先を伸ばしてきた。

「放課後等デイサービス」で提供するホースセラピーは、厚生労働省が社会福祉サービスとして認めている

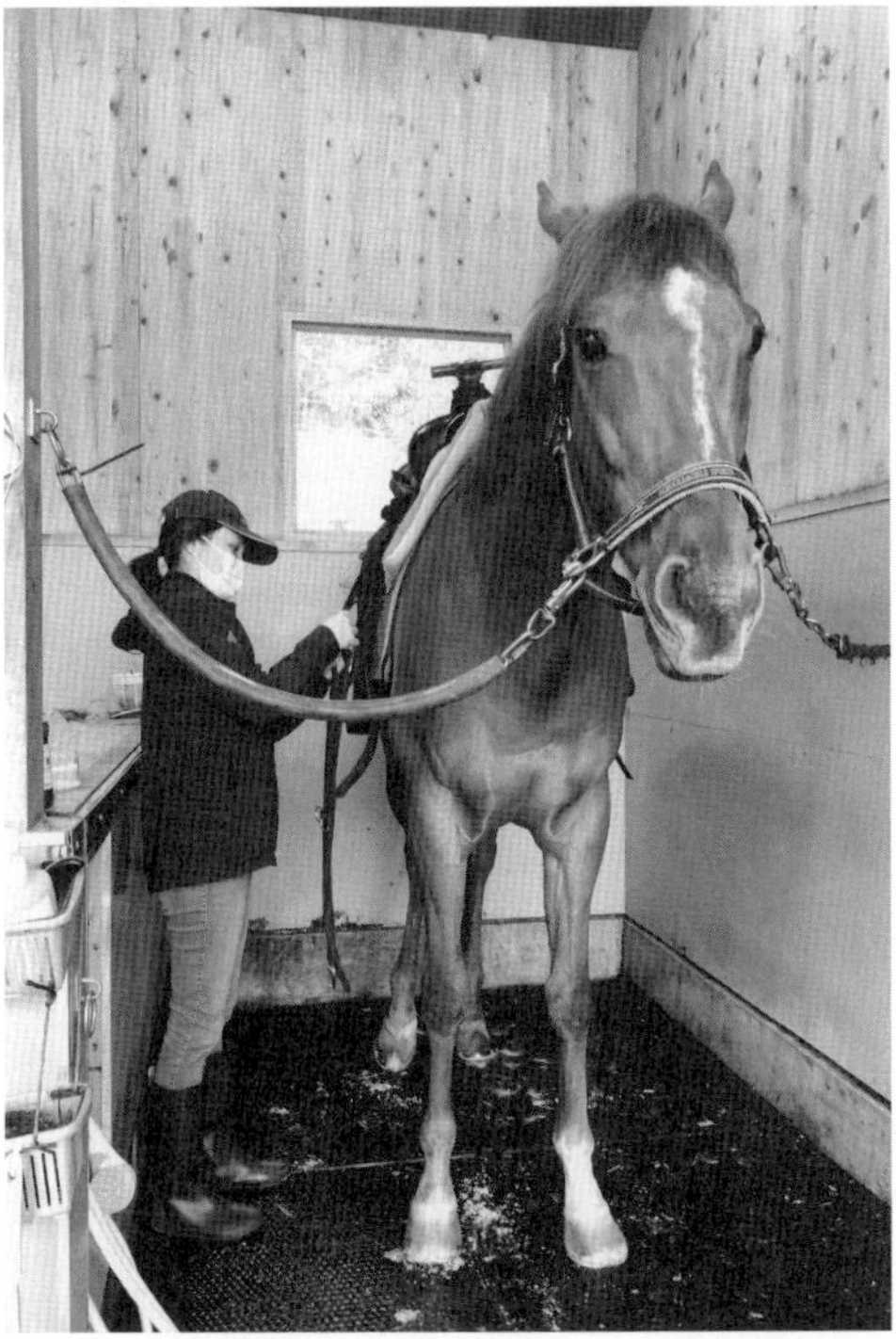

スタッフが鞍やハミなどの馬具をつけると、ラッキーハンターは静かに仕事モードへと切り替えていた（撮影・ともに著者）

動物介在活動の内容と効果

ホースセラピーのプログラムは、馬房の掃除や馬のブラシがけ、牧場の整備、馬と一緒に散歩をする引き馬、乗馬の後にお礼やねぎらいの気持ちを伝える、水やおやつをあげるなど、前後の世話やコミュニケーションを含めてトータル一時間で構成されていて、すべての要素に重要な意味があるという。

子どもたちの様子を見ていて印象的だったのは、一見して明らかなハンディキャップを感じさせないことだった。平日の利用者は発達障害のある子どもたちが中心で、外見からわかりにくいという特徴ゆえに苦労も多いと思う。さらに「今日は取材が入っているよ」と聞けば、彼らは「ユーチューブ？」「テレビ？」「映るの？」と興味津々に尋ねてきて、私が「動画じゃないの。文章が中心の記事だよ」と説明すると、「ふーん……」とトーンダウンして友達どうしの世界に帰っていくという反応は、コミュニケーションとしてとても自然だ。

ホースセラピーには、どうやら底知れないパワーがあるらしい——。

私がそんな想いを抱いたのは、初めてＴＣＣセラピーパークを訪ねたときのことだった。代表の山本高之さんへのインタビューを終えた後、「自由に見学していってください」ということになり、厩舎の馬たちに挨拶をしたり、写真を撮ったりしていた。ふと丸馬場を覗くと、スタッフが引くポニーに小さな男の子が乗っていた。おそらく未就学児童なのだろうが、乗馬用のヘルメットとボディプロテクターを着けて騎乗する姿は、とてもサマになっていた。スタッフの言葉にも、時おりコクリと頷いていて、どうやらコミュニケーションもスムーズな様子だった。

児童福祉サービスが、〈ＴＣＣ Ｊａｐａｎ〉の経営を支える二本柱のひとつだということはインタビューで聞いていたが、目の前の男の子は特別なサポートを必要としている印象がまったくなかった。そのため、これはキッズ対象の乗馬レッスンなのだろうと勝手に解釈してしまった。ポニーはのんびりした歩調から、ややテンポを速めてスタスタと歩きだした。それでも男の子は怖がることもなく、自然にバランスを取っている。

丸馬場の脇で、両親らしき人がその様子を見守っていたので声をかけてみた。

「息子さん、かっこいいですね。長く通われているんですか？」

「いえ。今日で、まだ二回目です」

返ってきたのは、まったく予想外の言葉だった。

「ここに来るまで、あの子は服を着られませんでした。着せても、泣き叫んで全部脱いでしまって……。出かけることもできなくて、本当に困っていました。でも馬に乗ったら、突然変わりました。馬に乗るために必要だよと説明したら、服もヘルメットもきちんと着けられるようになったんです」

あの子に何がおこっているのか、まだよくわからなくて――大きな喜びと戸惑いが入り交じった両親の言葉に、私も驚くことしかできなかった。丸馬場でのプログラムが終了した後、男の子はバケツに汲《く》んだ水をポニーの馬房まで運び「どうぞ」と優しく声をかけていた。その姿は、動物とスポーツが好きな男の子という印象しかなかった。

そもそも、ホースセラピーとは何なのか？

これは犬や猫、モルモットなどの動物を用いたアニマルセラピーのひとつで、馬によるセラピーには主に三つの要素があるといわれている。ひとつは「動物介在療法（Animal Assisted Therapy: AAT）」で、これは人間専門の医療従事者がプログラムを作成、実施するものだ。馬に乗ることによって、自力では難しい動きをしたり姿勢をとったりすることで筋力を強化したり、柔軟性を向上させたりするリハビリテーションで、専門家による治療の目標や治療過程の記録、成果の検討がおこなわれる。

もうひとつは「動物介在活動（Animal Assisted Activity: AAA）」で、これは人間と動物のふれあいを重視した活動のことだ。治療などの目標が設定されず、動物介在療法のように詳細な記録が必須ではない。現在、日本で実施されているアニマルセラピーの多くがこの動物介在活動にあたるもので、乗馬や乗馬を利用したゲーム、外乗トレッキングなどハンディキャップの程度に応じて楽しめるレクリエーションやスポーツもこの分野に含まれている。

三つ目の「動物介在教育」（Animal Assisted Education: AAE）」は、動物と関わることで社会性の向上を目指すものだ。教育目標に応じたプログラムになっていて、馬の手入れや厩舎の掃除、水や餌を与えるといった継続的な労働や指導者とのコミュニケーションによって、達成感や責任感、協調性などを養うことが目的になっている。乗馬や馬を操る行為は、自信や満足感、自尊心を得ることにつながるため、精神的な安定をもたらす効果も指摘されている。

ＴＣＣセラピーパークで実施しているのは、主に教育とレクリエーションの分野を重視した療育活動にあたる。

ちなみに英語の「Horse Therapy」は、本来は怪我や故障をした馬のリハビリテーションのことを指す獣医療分野の言葉だ。人と馬が関わるものは海外で「Horse Assisted Therapy（馬介在療法）」といわれるが、日本国内では専門家のあいだでも便宜上「ホースセラピー」の言葉が使われている。

ホースセラピーがアニマルセラピーの一部門ということは先程説明したが、なかでも「療法」「活動」「教育」の三つの要素をカバーできるのは馬だけだといわれる。犬や猫などの愛玩動物によるセラピーは、心理面や情緒面への影響がメインになるが、馬は騎乗という要素がプラスされるため、身体的な影響や効果がとても高いのだ。だが〈ＰＯＮＹ ＫＩＤＳ事業部〉の責任者で理学療法士の山本妃呂己さんは、馬だけが持つ要素はそれだけではないという。

「発達障害のある子どもたちは、人との関係を築くことが難しいケースが多いです。そのため動物を大切にしたり世話をしてあげることで、相手を思いやったり、誰かの役に立つ経験を重ねることが重要です。ホースセラピーが適しているのは、馬が大動物であることも大切な要素になっています」

馬は大きい。その事実は、我々大人にとっても圧倒的なインパクトがあるが、子どもであればなおさらだ。だからあえて教えなくても、馬に畏敬の念を抱くという。これが犬や猫、小動物であれば、抱き上げたりつかまえたり意のままになってしまうこともある。モルモットなどの小さすぎる動物を子どもの情操教育や社会教育に利用することは、メリットよりもデメリットの方が大きいと耳にしたこともあるが、こうした話を聞くと、ホースセラピーでなければ得られない要素の数々が見えてくる。

ここは社会福祉施設なので、ホースセラピーが社会生活のなかでどう活かされるのかを重視している、と話す妃呂己さんは、もうひとつ馬だけが持つ利点について教えてくれた。

「それは、乗ったら簡単には下りられないところです。ここに通う子は集中することが苦手なケースが多く、もちろん無理強いはしませんが、馬は常に適度な刺激があるので多くの子は鞍に座ると落ち着きます。座ってコミュニケーションを取ること、じっと座っていることなど、新しい経験が結果的に人から褒められることにつながります」

ハンディキャップのある子どもは、とかく受け身になりやすい。妃呂己さんが、この仕事にやり甲斐《がい》を感じるのは、子ども自身から「つぎは○○がやりたい！」「この馬に乗りたい！」と希望や要求、意欲の芽生えを感じるときだ。保護者からは「授業で積極的に手をあげるようになった」「学校で掃除をきちんとやっている」など生活面の変化について報告を受けることが多い。身体的なハンディキャップのある子どもは、通い続けることで「体力がついた」「片足で立てるようになった」「転びにくくなった」など、筋力アップや柔軟性の向上を実感する声が複数あるという。

　栗東市内の古民家を改修した事業所を拠点に、ホースセラピーによる児童福祉サービスがスタートしてから二〇二三年九月時点で丸八年を迎えるが、途中退会者はとても少ない。

　平日の午後は、学校を終えた近隣で暮らす子どもたちがやってくる。ホースセラピーのプログラムを受けた後は、厩舎の横にある屋内スペースで宿題や読書、馬を眺めながら友達と遊ぶなど、学童保育の役割も担っている。週末は、重度のハンディキャップのある子どもも対象にしていて、京都や大阪、神戸など遠方に住む子どもたちも、保護者に伴われてやってくる。子どもにとっては、車で一時間以上かかる移動だけでも大変なはずだが、本人が「馬に会いたい」と強く希望して通い続けているという。

　ホースセラピーの効果は、数値やデータなど科学的根拠を示すという点で途上といわれているが、こうした事実は効果を実証する証拠のひとつといっていいだろう。長らく新規メンバーの受け入れは難しい状態が続いていたが、二〇二二年九月からは事業を拡大して不登校児童の支援もスタートしている。

馬だけにできること

ホースセラピーの対象は、もちろん子どもだけではない。何らかのハンディキャップのある成人はもちろんのこと、強いストレスにさらされ続ける現代社会では、馬と接するプログラムはより幅広い層に求められているはず。取材を進めるなかで、特に私が興味深く感じたのは、馬という動物はどうやら犬や猫などの多くの動物とは違う要素がある、つまり馬だけにしかできないことが少なからずあるらしいという点だった。

きっかけは、〈ＴＣＣ Ｊａｐａｎ〉代表の山本さんから聞いたエピソードだ。ある日、同会の会員から「今日中にどうしても馬に会いたい。少し遅くなってしまうが、対応していただけないだろうか」という電話が事務局にかかってきた。到着は営業終了時刻ギリギリになってしまいそうだったが「三十分程で良ければ」と返事をしたところ、その会員がやって来た。すぐに厩舎に向かい、馬たちに話しかけたり撫でたりしながら、しばらく静かな時間を過ごすと、「今日はありがとうございました。おかげさまで、明日なんとか会社に行けそうです」と挨拶して帰っていった。

職場でかなり理不尽なことがあったと想像できる。それだけに三十分、馬と触れ合うだけで、翌日の出社を誓えるほど心理的なダメージから回復できたことに驚いた。詳しい事情はわからないし単純な比較もできないが、こうした状況で、もし愛犬や愛猫などと三十分程度を過ごして多くの人が抱くのは、おそらく「明日は仕事を休んで、この子と一緒に過ごしたい」というもので、翌日に向けて気持ちを切り替えるまでには至らないだろう。

しかし、どうやら馬は違うようだ。ほかの動物とくらべて、特別に心理的なサポート能力が高いのか、あるいは社会に立ち向かうエネルギーを与えてくれるパワーの持ち主なのだろうか？　山本さんは、馬とペット動物の違いについて次のように語った。

「犬や猫と一緒に暮らしていて、彼らからも元気をもらっていますが、たしかに馬はちょっと違うかもしれません。私は気分のアップダウンがそれほど激しいタイプではありませんが、それでも馬たちと接すると気持ちが前向きになれたと実感することは少なくありません。この効果は、ホースセラピーを担当する福祉部門のスタッフがより強く感じていると思います」

日常的にサポートが必要な人をケアする仕事は、部外者が想像する以上に心身ともに消耗する。提供する福祉サービスのクオリティを保つためにも、スタッフの心理的なケアは重要といわれているが、多忙な日々のなかで頻繁にその機会を持つことは難しい。それは〈ＴＣＣ Ｊａｐａｎ〉開業から二年間、ホースセラピーの現場で働いた山本さん自身も痛感していることだが、実はそれを補っているのが職場の同僚でもある馬たちと接する時間だ。

「かつて馬は、一緒に田畑を耕したり荷物を運んだりする仕事のパートナーでした。でも私たち人間が馬たちから受けた恩恵は、おそらくそれだけではなかったと思います。昔の人は日々彼らに接していたおかげで、厳しい生活のなかでも不安や不満、怒りといったネガティブな感情にとらわれ続けることなく、心の安定を保つことができていたのではないかと感じることがあります」

山本さんは、現代人がこれほど心理的なストレスを抱え、不安やイライラ、慢性的な疲労感に悩むようになったのは、馬が自動車に取って代わられたことと無関係ではないと考えている。「あくまで個人的な見解ですが」というが、その後、私も確かにそうかもしれないと思うことが増えていった。

引退競走馬の取材をスタートして数年、馬と接する体験を重ねて感じるようになったのは、なんともいえない幸福感と安堵感だった。動物と触れ合いながら、動物好きな人から興味深い話を聞けるのは、私にとってそれだけで幸せな状況だが、それでも取材となれば長距離移動や初めての体験や場所、話題に右往左往するなど気力、体力ともに消耗することも少なくない。これまでペット動物や動物園動物をテーマにしていたときには、取材が終了して気が抜けた途端にいわゆる〝電池切れ〟になることも少なくなかった。

しかし、馬の場合はなんだか違うのだ。最初の頃ははっきりとわからなかったが、馬という動物の特性が理解できてくると、彼らと接するたびに大きなものに支えられている安心感のような、心のなかに柔らかくも重量感のある〝しっかりとした何か〟を感じるようになっていた。その効果なのか、取材後に激しい疲労を感じることがほとんどなくなっていた。

やはり我々現代人は、モータリゼーションの発展と引き替えに、かけがえのない何かを手放してしまったのかもしれない――馬にしかない能力とは、その根源にあるものとはいったい何なのだろう？

そんな疑問を抱いて訪れたのは、新宿駅から小田急線の急行で約五十分、本厚木《ほんあつぎ》駅からはバスで十五分程の場所にある、東京農業大学厚木キャンパスだった。この大学の農学部デザイン農学科生活デザイン農学研究室・准教授の川嶋《かわしま》舟《しゅう》先生は、長年にわたりホースセラピーの研究と普及活動を続けてきたこの分野の第一人者だ。

「今、この国では、社会のなかでの居場所を失い、生きることに困難を抱えている人が増え続けています。解決策もないまま深刻な社会問題になっていますが、ホースセラピーはこの問題に効果的にアプローチできる方法のひとつと考えています」

川嶋先生によるとホースセラピーが有効とされるのは、つぎのような人々だ。障がいのある人のほかに、不登校や出社拒否、引きこもり、鬱、認知症、統合失調症を患う人、虐待などの被害者でＰＴＳＤのある人、ギャンブル・薬物・アルコールなどの依存症を抱える人、刑期を終え社会復帰を目指す人など、対象は想像していたよりもはるかに幅広かった。

そのほか様々な事情で安定した職に就けない人々も対象で、「自分の意思でその道を選んでいる人だけでなく、この層には障がい認定が受けられないグレーゾーンの方々が数多く含まれています」と川嶋先生は説明する。支援制度からこぼれ落ちたことで周りからの理解やサポートがされず、困窮してしまう人々が存在することはここ数年で、ようやく認知されはじめてきたことだ。また高齢者が心身の虚弱により介護が必要になる状態を防ぐフレイル対策、転倒予防のための筋力増進にもホースセラピーが注目されつつある。

「効果の証明については、ようやくパイロット的なデータが発表された段階で研究途中のものが多いのですが、高齢者のケアが含まれるようになれば、将来は人口の半数近くがホースセラピーを必要とする状況も考えられます」

川嶋先生の説明を聞くと、〝現代人が手放してしまった何か〟について、より考えないではいられなくなった。これまで行き場が限られるといわれた引退競走馬たちが、福祉や医療、教育、生活支援などの分野で活躍できる仕組みをつくることができれば、新たな価値が見出される可能性も十分ありうる。

獣医師であり獣医学博士でありながら「動物も好きですが、それ以上に人間に興味があります」という川嶋先生。馬に親しみを感じるようになったのは、小中高校の通学路に大学馬術部の練習馬場があったからだ。ホースセラピーの存在を知ったのは獣医学部に入学する前後のことで、それはやがて研究対象になった。

研究生活で目指していることは〝誰もが生きやすい社会の実現〟だ。具体的には、①ホースセラピーを通じて社会と関わるきっかけをつくること、②ホースセラピーの対象者が社会の一員になるための就労支援、③生きづらさを感じる人々が生きられる街や地域づくり、と

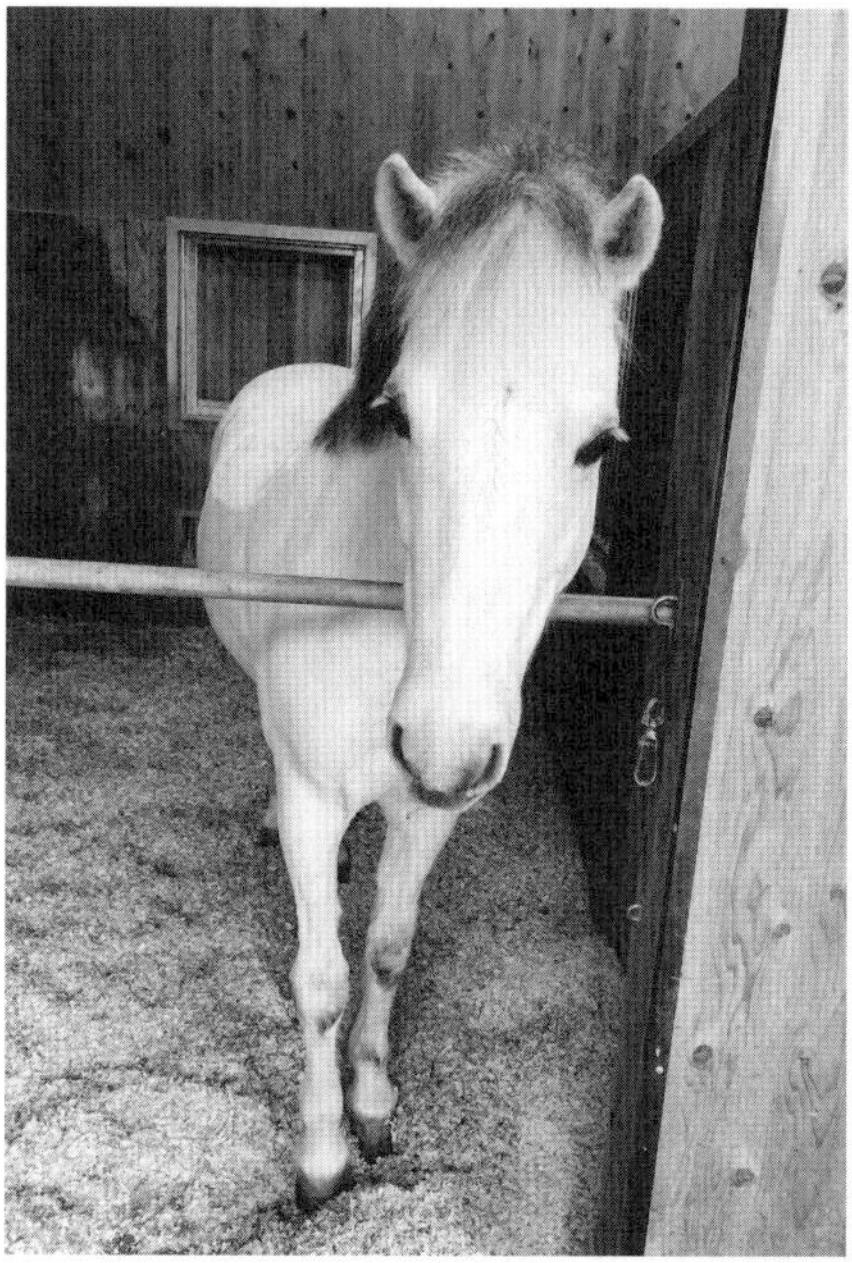

〈TCC Japan〉設立時からセラピーホースとして活躍しているポニーの一番星（撮影・著者）

東京農業大学農学部デザイン農学科准教授の川嶋舟さん。ホースセラピーの研究と普及活動に長年携わってきた（提供・川嶋舟さん）

いう三つの要素が柱になっている。

現在実施しているのは、農業と福祉それぞれの領域に関わる課題を互いに補い合い解決する〝農福連携〟のプロジェクトだ。農業の分野では高齢化や新規参入者不足などの問題がある一方で、福祉のサポートを受ける人のなかには働きたいのに働けない人が数多く存在する。また認定された障がいのある人々が通う作業所は、低賃金なため社会的な自立をめざすことが難しいという問題もある。こうした課題に対して川嶋先生は、養蚕業と福祉を結びつけることによって、日焼け止め効果のある化粧品の原料の生産をおこなうプログラムに取り組んでいる。

動物の専門家から、就労支援や街づくりに関わる取り組みを聞くことになるとは予想もしていなかったが、生きることに困難を感じている人々を本当の意味でサポートするためには、仕事と居場所を連携する仕組みは不可欠だ。

ホースセラピーはその第一段階にあるものだが、あらためて「なぜほかの動物ではなく馬なのか」とその理由を訊いてみた。

「社会と関わるために必要不可欠な対人関係を学ぶためには、馬がもっとも適した動物と考えているからです」

馬を含め動物と接することは、他者への思いやりや想像力を養うことにつながると理解はしているものの、はっきりと「対人関係を学べる」といわれてちょっと驚いた。馬を相手に対人関係を学ぶとは、どういうことなのだろう？

「馬は、力ずくでは動かすことができない動物です。一緒に歩いたり、乗ったりするためには、馬の欲求や気持ちを理解しなければなりませんが、そのためには同時に自分自身の心理を理解する必要があります」

川嶋先生曰く、人と馬の基本的な欲求は概《おおむ》ね相反している。人が「乗りたい」「動かしたい」と考える一方で、「できればここから動きたくない」「ここで草を食べていたい」という思いを抱くのが馬という動物なのだ。

体格やパワーの面から圧倒的に優勢な馬と行動を共にするためには、まずはそこを受け入れる必要がある。しかし、それだけでは馬は動かない。一緒に歩いたり、乗ったりするためには、人間側の気持ちやしてもらいたいことを伝えていかなければならない。しかし実際にやろうとすると、その加減が難しい。自分の気持ちを強く主張しすぎれば、それは無理強いになってしまい、拒まれたり無視されたりする可能性が高い。あるいは一時的に目標が達成されたように見えても、良好な関係は築けない。とはいえ遠慮ばかりしていたら「のんびり草を食べていたい」という馬の欲求に巻き込まれてしまう。

「お互いの気持ちや欲求を理解しながら、うまくバランスを取らなければ馬と歩いたり、乗ったりすることはできません。鞭《むち》やハミで強く伝える人もいますが、結果的にはスムーズな行動の継続は難しいです」

「それはつまり、人と馬はお互いの気持ちや都合を推し量りながら妥協点を見つけている……ということでしょうか？」

自分がどこまで理解できているのか、今ひとつ自信が持てず訊いてみた。しかし、川嶋先生は穏やかに首を横に振った。

「妥協というのは、自分を譲って相手に合わせる意味合いが強いです。人と馬の良好な関係を表現するのであれば〝折り合いをつける〟がふさわしいと思います。この過程でもっとも重要なのは、相手と一致するポイントを探っていくことで、これは動物のなかで馬にしかできないことです」

自分の内面と向き合うホースコーチング

人と馬が一緒に行動するとき、もうひとつあげられる特徴は〝主導権が変わり続けること〟だという。たとえば乗馬をするとき、歩き出すタイミングや方向を指示するのは騎乗者だが、歩くのは馬だ。スタートすれば主導権は馬にあり、その行動がキープされているかぎり人間は概ねその背に身を委ねることになる。だがスピードアップやルート変更など、新たな目的を馬に伝えるときは再び主導権は人間のものになる。それを引き受けた馬は、自ら状況判断をしながら行動を変更していく。この関係性は、馬を引いて歩くときもまったく同じだ。

「馬と人のあいだには、こうした〝心の引っ張り合い〟が存在しますが、これは人間の親子関係や職場の人間関係など、すべての人間どうしのコミュニケーションにも共通しています。ただ人間の場合は、力ずくで相手を動かしてしまうことが可能なためハラスメントがおこりやすい。しかし、馬にはそれが通用しません」

　川嶋先生は、ホースセラピーは外部からの刺激や働きかけ以上に、自分と向き合い自分自身に気づくことこそがもっとも重要な要素だと話す。自分の心理状態がわからなければ、馬とうまく付き合うことは絶対にできないからだ。

「馬と一緒に行動するには〈自己理解と自己受容〉〈他者理解と他者受容〉が揃った状態でなければならず、これらは人間社会の一員として生きるうえで必要不可欠なものです」

　自己を理解しておのれを受け入れるためには、自分を客観視する視点と姿勢が必要だ。そのうえで馬の気持ちや欲求を理解して、それを受け入れるというのは、とても柔軟かつ少々のことでは揺るがない精神状態でなければならないはず。それを先ほど聞いた〝心の引っ張り合い〟と重ね合わせてみて思い浮かんだのは、人と馬それぞれが強いゴムの端を持っているシーンだった。

「強いゴムという表現はいいですね。お互いの関係性をよく表しています」

　そういわれて、ホースセラピーの中心部に少し近づけたような気がした。

犬や猫では同様の効果が得られない、もうひとつの大きな理由は「人間との距離感の違い」だ。犬は承認欲求の強い動物なので、常に構ってほしい、注目してほしいという気持ちをはっきりと表現する。犬好きとしては、まさにそんなところがたまらないのだが、「人間関係を学び直す際には、ちょっと強すぎます」と川嶋先生はいう。一方、猫はマイペースで調教しにくいので、場所や時間を限定したプログラムとのマッチングは難しい。

しかし、馬の承認欲求はそれほど強くなく、かといって人間に対して無関心でもなく、安全な場所と美味しい草があれば、大きな不満を抱くこともない。つまり馬は「待つこと」ができる動物で、この点が犬や猫とのもっとも大きな違いなのだ。

こうした説明を聞くと、なるほどと思うことは多い。引退競走馬の取材を終えて帰宅したとき、いつも感じるのは「馬はなんて物静かな動物なのか。それとくらべて犬の感情表現は、なんて大袈裟でストレートなのだろう」というものだ。愛犬は私との再会を惜しみなく喜び、さあ遊ぼう、さあ散歩に行こうと誘ってくる。犬からもらう癒しというのは、明るくアクティブな気持ちになるタイプのものだ。猫とは暮らした経験はないが、これまで出会った数多くの保護猫たち、そして友人の飼い猫たちに接していつも感じるのは、すべてが柔らかく穏やかで、しかも絶妙なタイミングで笑いも提供してくれることだ。「遊んでくれてありがとう」という感謝の念とともに、自由で開放的な想いが胸に残る。一方、馬はもっと包み込まれるようなイメージだ。少しぬるめの温泉にゆっくりと浸《つ》かり、いつまでも身体が冷えない感じと表現したらいいのだろうか。馬独特の距離感や待つことができるという特性を知ると、それぞれの動物に抱くイメージが単なる思い込みではないこともわかってきた。

　こうした馬の特徴に注目している川嶋先生は、セラピーホースを使った企業研修プログラムの開発・実施にも力を入れている。こちらは「ホースコーチング」という名称で、対象は主に経営幹部などビジネスリーダーと呼ばれる人々だ。

「馬のスタンダードな距離感は、組織の人間関係について考え直す際にもとても役立ちます。学びのポイントのひとつは〝相手を待つ〟こと。多くの人間関係は待てなくて崩れることが多いのですが、それは組織でも同じです」

　いわゆるデキる上司というのは、他人のことを待てないタイプが少なくない。頭の回転が速く行動力があるがゆえに、そのテンポについてこられない部下にイライラしたり、当たってしまったりする。この問題の原因は、時間軸と気づきの視点が自分と他人で違うことを理解できない上司の側にあるのだが、本人はその事実をなかなか認識できない。

「こうした〝部下を待てない上司〟が、組織に大きな損失を与えているケースはめずらしくありません」という川嶋先生。ホースコーチングとは、待つことの大切さを体験から学び、待てない自分を認識することが可能な最適のツールのひとつなのだ。

　引き綱を持って馬と一緒に歩く「引き馬」は、ホースコーチングのメインプログラムのひとつだ。馬と関わる基本といえるものだが、これまで多くの企業研修の現場に立ち会っている川嶋先生曰く、スタート当初は動かない馬がとても多い。
「馬は納得しないと動きません。なぜ動いてくれないのか、その理由を人間側が気づかないと一緒に歩くことは不可能です。なかには無理やり馬を引いてしまう人もいますが、馬は渋々歩いているのでちっとも楽しそうではありません。多くの人はやがて馬の様子に気づきますが、それが難しい人にはファシリテーターが必要に応じて助言をします」

ホースコーチングの効果をより上げるためには、受講者を成功へと導くファシリテーターの存在が欠かせない。これはホースセラピーを実施するときと同様で、馬が社会の一員として仕事をするためには、馬と人とのコミュニケーションを円滑にするスキルを持った人材が必要なのだ。引退競走馬の活躍する場を増やすためには不可欠であると同時に、仕事として魅力的な要素も多い。これを読んでいる人のなかにはホースセラピーの仕事に就きたい、どうやったらなれるのか知りたいと思う人もいるかもしれない。

川嶋先生に訊くと「ホースセラピーを仕事にするには広い知識と経験が必要なので、ゼロからはじめるのは簡単ではありません。基本になる知識は人間の身体や心に関係するものなので、まずはその分野の資格を取って数年キャリアを積むのが現実的です」という。具体的な資格としては、医師や看護師、作業療法士、理学療法士、言語聴覚士、公認心理師、精神保健福祉士、社会福祉士、保育士、教員免許などで、人についてどの角度からアプローチするのか、対象は大人なのか子どもなのかによって、取得する資格や専門分野を絞っていくことが現実的な道筋だ。

とはいえ現在の日本では、ホースセラピーの実施数はまだ限られるうえ、情報も断片的だ。もしも自分や家族、友人などが何らかのサポートが必要な状態で、ホースセラピーにアクセスしたいと思ったときは、どうしたらいいのだろうか？　これについては残念ながら、全国の情報を一括で扱う仕組みはまだ整っていない。

「ホースセラピーを実施している病院や組織の多くは、インターネットで概要を紹介しています。現時点では、施設の専門分野がマッチしているところであれば問い合わせや見学をして、個別に判断するしかありません」

とはいうものの、川嶋先生もこのままでいいと思っているわけではない。自ら代表を務める〈日本ウェルビーイングホースセラピー&ホースコーチング協会〉では、和歌山県白浜《しらはま》町《ちょう》のアドベンチャーワールドと共同で、ホースセラピーとホースコーチングの情報発信と同時に、アクセスしやすい仕組みづくりを進めている。アドベンチャーワールドといえば、ジャイアントパンダの大家族と会える動物園として全国的に有名なスポットだが、馬の飼育環境も充実している。同園のホースエリアには約二十頭の馬が暮らしていて、通常はミニチュアホースの散歩体験や乗馬体験、ホースパフォーマンスの公演をおこなっている。多くの人が足を運びやすい立地と雰囲気、馬たちの飼育や必要に応じたトレーニングがきちんとできる環境などを活かして、ホースセラピーとホースコーチングの実施拠点のひとつにする計画だ。

プログラムの開発には、第3章に登場した〝ディープインパクト三兄弟〟をはじめとする多くの引退競走馬のリトレーニングにあたっているホースクリニシャン宮田朋典さんも参加している。二〇二二年四月にはキックオフ企画として〈ホースコーチングプログラム〉を実施し、今後本格的なサービスの提供開始が予定されている。

引退競走馬たちが我々現代人の救世主になる――そんな未来が一歩ずつ、そして着実に近づいていることを感じないではいられなかった。

第7章　旅して食べて馬を応援

レジェンドのセカンドキャリア

長らく続いていた分厚い雪雲が途切れると、眼下には柔らかな陽光に照らされた白い森が広がっていた。粉砂糖がたっぷりとかかった外国の伝統菓子を連想させる光景を眺めること数分、降り立ったのは、のと里山空港だった。

二〇二一年十二月十八日、私は石川県の能登《のと》半島北部を訪れていた。目的はモニターツアー〈角居勝彦と行く奥能登《おくのと》で引退馬と触れ合う旅〉に参加するためだ。

調教師として、数々のＧＩレースやドバイワールドカップを制して複数の賞に輝いた角居勝彦さんは、その華やかなキャリアの一方で、長らく競馬業界内で放置されていた引退競走馬の問題について早期から声をあげ、引退した競走馬をセカンドキャリアにつなぐ活動を続けてきた。その素顔に迫るため、栗東トレーニングセンターの角居厩舎を訪ねたことは第2章に書いたが、それから約一年を経て、角居さんは人生を大きく転換させていた。二〇二一年二月末、調教師生活にピリオドを打ち、自らもセカンドキャリアを歩みはじめたのだ。

　ＪＲＡでは調教師の定年を七十歳と定めていて、それよりはるかに若い五十六歳での勇退は、業界関係者や多くのファンを驚かせた。主な理由は、実家の宗教法人支部の後継者になるためで、数年前にマスコミ発表されていたことだった。こうしてセカンドキャリアを歩みはじめた角居さんは、家業と同時に引退競走馬に関する活動を一層活発化させていった。現役調教師時代から代表理事を務める一般財団法人ホースコミュニティ、引退競走馬のリトレーニングをおこなう認定ＮＰＯ法人サラブリトレーニング・ジャパンの運営を続けながら、新たなプロジェクトをスタートさせたのだ。

　角居さんが選んだ場所は、祖母から継いだ宗教法人の拠点がある輪島《わじま》市に隣接する能登半島の最北端に位置する珠洲《すず》市だった。自然農法の農園〈タイニーズファーム〉と連携して、そこを拠点に引退競走馬のための養老牧場をつくる「奥能登・馬プロジェクト」を設立したのは同年六月のことだ。

　私が珠洲市を訪れたとき、ここではドリームシグナルという十六歳の馬が飼育されていた。二〇〇五年生まれのドリームシグナルは中央競馬で二〇一〇年まで走り、引退後は金沢競馬場で誘導馬として働いていた。誘導馬とは、レースに出走する競走馬たちがパドックから馬場に移動する際に先導する馬のことで、競走前の馬たちの緊張や興奮をやわらげる役目も担っているともいわれている。だがやがて仕事を続けることが難しくなり、縁あって角居さんの元へ引き取られることになったのだ。

　ドリームシグナルが新しい環境に慣れるとともに、角居さんが考えたのは、引退競走馬の存在価値を地域再生と結びつけることによって、この土地に新たな産業や雇用を生みだす仕組みづくりだった。

　石川県は金沢市をはじめ、和倉《わくら》温泉などで人気の七尾《ななお》市、朝市で有名な輪島市など魅力的な観光地が多いが、くらべて珠洲市の知名度は高いとは言い難い。能登半島最先端で営業する〈よしが浦温泉ランプの宿〉など、旅行者から高い評価を集めるスポットはあるものの、ここは人口減少と高齢化問題を抱えた典型的な限界自治体だ。

　とはいえ珠洲市は、季節ごとの海の幸・山の幸が豊富で、祭事や独特な文化など伝統も受け継がれている。江戸時代には多くの馬を飼育していた記録があり、馬繋《まつなぎ》や馬渡《まわたり》など馬と縁のある地名も残り、なによりこの土地には、人と馬がのんびり過ごせる自然豊かな環境が揃っていた。

　都会の喧騒《けんそう》を離れた奥能登で週末の一泊二日、引退競走馬とゆっくりふれあいながら地元の名産や伝統文化と出会う旅は、余生を過ごす馬たちを生かす新しい観光プランのひとつになるのではないか——こうしたアイデアから生まれたのが、今回のモニターツアーだった。

参加者の募集は、「奥能登・馬プロジェクト」の公式フェイスブックページからおこなわれた。実施するのは十一月の中旬から十二月中旬にかけての四回で、募集人数は各回・上限十五名、のと里山空港集合・解散のツアーだ。

前日の夜まで東京で仕事をしていて、参加できるのだろうか？　一瞬そう思ったのは、恥ずかしながら石川県内の空港は小《こ》松《まつ》空港のみという認識しかなかったからだ。だが調べてみると、羽《はね》田《だ》空港・午前八時五十五分発のＡＮＡ７４７便に乗れば、一時間後にはのと里山空港に到着して、集合時間の午前十時に間に合うことがわかった。ちなみに帰りは十六時解散なので、十七時十分発のＡＮＡ７５０便の利用が可能で、このフライトスケジュールなら週末の一泊二日でも、意外と無理なく現地で楽しむ時間をたっぷり確保できる。最果ての別世界というイメージが強い奥能登だが、実は首都圏から交通の便がいいエリアだとわかったのだ。

せっかく参加するのなら、真冬の奥能登を体験したいと考えた私は、初雪の到来を願って最終日程の十二月十八日・十九日に申し込んだ。すると出発の前々日から、この冬一番の寒波が日本列島に接近。日本海側を中心に降りはじめた雪はみるみる勢いを増して、出発当日の朝の羽田空港発の便が条件付き運航になってしまった。しかし、離陸後はさしたる問題もなく、到着してみれば絶好の〝雪国日和〟になった。

空港ロビーに集合した参加者は、定員上限の十五名。主催するＪＴＢ金沢支店の手配するバスに乗り、約四十分後に目的地の珠洲市に到着した。現地で待っていたのは〝競馬界のレジェンド・角居勝彦〟だ。

ツアー参加者は、夢の対面に興奮を隠せない競馬ファンを中心に、乗馬をきっかけに引退競走馬に興味を持った人々もいた。年齢層は大学生カップルから、二十代、三十代の友人グループ、中年・熟年夫婦など幅広く、私のように一人参加の人も数名いた。交通の便がいい首都圏からの参加者が多いのかと思っていたが、ほとんどの人が石川県在住者なのはちょっと意外だった。金沢市内に住むという参加者に訊くと、この日は雪模様ということもあり集合場所まで車で二時間半近くかかったという。県内在住者にとっても奥能登は日帰りできるところではなく、「結婚してこちらに住んで十年近く、ようやく来ることができました」と話す人もいた。

角居さんは、ツアー参加者に引退競走馬支援の概要や現状について説明した。

「ここ数年で、引退競走馬をとりまく状況は大きく変わりつつあります。ＪＲＡからの支援も増えていて、そのひとつが二〇一八年から開催している引退競走馬を対象にした馬術競技会ＲＲＣ（Retired Racehorse Cup）です。賞金も出していて、優勝者は馬の年間飼育料をカバーできる程の金額を受け取ることができます。それによって全国の乗馬クラブからも関心が集まり、リトレーニングによって乗用馬としてセカンドキャリアを歩む馬が増えてきました」

しかし、新たな課題も発生していた。それは新しい馬が乗馬クラブに入ることで、これまでいた乗用馬たちが居場所を失っているという問題だ。

「馬をセカンドキャリアにつなぐ活動を進めた結果、ほかの馬の居場所を奪ってしまうのは本末転倒です。この問題を解決するために、馬のサードキャリアから余生に至るまで、安心して暮らせる環境をつくることが必要だと考えました」

現在、運営しているタイニーズファームの養老牧場は、まったくのゼロからスタートしたプロジェクトで、角居さん自ら馬の世話をはじめ施設の管理などにあたっている。だが個人的な出資はおこなっていない。

「自分でお金を出せばいいと言われることもありますが、それでは普遍性がありません。多くの人が実施可能なモデルケースを成立させることも、タイニーズファームの目標です」

ちなみに今回のモニターツアーでは、石川県の地域再生制度による助成金が利用されている。

角居さんは、この牧場で〝ふれあい馬〟として活躍するドリームシグナルを紹介した。金沢競馬場で誘導馬として働いていた当時、しばらくは初めて会う人にもフレンドリーに接することができる穏やかな馬だった。だがストレスが原因なのか、やがて人間に従うことを拒む行動が目立つようになっていった。

「大好物のニンジンを目にすると激しく興奮して、しまいには相手を威嚇して奪い取ろうとするまでになってしまいました。あまりに危ないので、最後はニンジンを見せることもできなくなりました。そうなると誘導馬の仕事も難しく、やがて引退が決まったのです」

しかし、ドリームシグナルの引き取り先は見つからなかった。引退の理由を聞けば、手をあげるところが無いのは仕方がないことなのかもしれない。その話を耳にした角居さんが「荒ぶる馬を世話できる人材は業界でも限られている」と考え、引き取りを決めたのだ。

アイドルになった引退競走馬

こうしたエピソードを聞いていただけに、実際にドリームシグナルに会ってみてとても驚いた。ツアー一行が、雪化粧をした牧草地に足を踏み入れると、栗毛の馬がすぐにゆったりとした歩調で近づいてきた。

わあ、お客さんだ。いらっしゃい。どこから来たの？

好奇心旺盛な丸い目とこちらを向いた両耳、躊躇なく鼻先をのばしてくる様子から、思わずそんなセリフを連想した。

「かわいい」「かわいいなー」「おとなしいね」

参加者から注目が集まると、ドリームシグナルはさらに口元をリラックスさせた。その表情はまるで笑っているようで、それを見た人間たちも自然と笑顔になった。

「今は穏やかなので、撫でても、触っても大丈夫ですよ」

角居さんの声を聞いて、数人ずつドリームシグナルの鼻先や首に手を伸ばしていく。優しく撫でると高級なビロードのような冬毛の感触とともに、手のひらから馬の体温がジンワリと伝わってきた。

「フワフワで気持ちいい」「撫でさせてくれたよ」「あったかーい」

女性や若者のみならず、いわゆる〝大人の男性〟と呼ばれる人々が満面の笑みになっているのは、さすが馬パワーだ。

「ドリームが嬉しそうなのは、これがもらえるとわかっているからなんです」

参加者それぞれに、カットしたニンジンが配られた。それを見たドリームシグナルは、さらにワクワクした表情になった。私が手のひらにニンジンを載せて差し出すと、柔らかな口先で優しく摘むようにして受け取り、やがてカリポリと美味しそうな音を響かせた。無理やり奪うような様子はまったくなくて、誘導馬を引退するに至ったエピソードが益々信じられない。

「大好きなニンジンをたくさんもらえて、機嫌が良くなっています」

愛馬に目を細める角居さんの説明に、参加者全員がさらに笑顔になった。その後はブラッシング体験をしたが、とにかくおとなしく、誰をも穏やかに受け入れてくれている。おそらくドリームシグナルは、ここに集う人全員が「心から馬が好き」「馬のために何かしたい」

と思っていることを感じてくれているのだろう。引退競走馬がサードキャリアを送る場所には、想像以上に優しく、楽しい時間が流れていた。奥能登に来て良かった！　心からそう思った。

それにしても、なぜドリームシグナルは、これほど穏やかな馬になれたのだろう。競馬界のレジェンドによる調教法が気になったのは、もちろん私だけではなかった。

「よく訊かれるのですが、実は特別なトレーニングはしていません」

角居さんの答えは、意外なものだった。

来場者がいないとき、ドリームシグナルは牧場の敷地内で自由に行動しているという。厩舎のなかにいたい、外に出たい、ぶらぶら歩きたい、あそこの草が食べたい、馬房に入って休みたい、今度は別のところで草が食べたい——角居さんは、ドリームシグナルがリラックスできることを優先に、自分の意思で動ける環境を整えた。

「こうした環境で飼育しているうちに、ドリームは性格も行動もとても穏やかになっていきました。やがて人間のことも好きになって、自分から近づいてくれるようになったのです」

つまりドリームシグナルは、安全が約束された豊かな自然にかこまれた場所で自由に過ごすことによって、誘導馬引退の原因にもなった問題行動を解消できたのだ。そもそも問題行動は動物自身に問題があるのではなく、接する人間や生活環境、求められる役割に無理があるなど、動物以外に要因があるケースがほとんどだ。競馬の世界で働き続けた馬を心身共にリセットさせたのは、豊かな自然だった。動物のために人間ができることは、所詮は限られているのかもしれない。

ニンジンタイムとブラッシングタイムの後は、ドリームシグナルと一緒に牧草地をのんびりと歩いた。角居さんは引き綱を手にしているが、軽く誘導するように合図を出すくらいだ。厩舎を離れてしばらく歩いていた栗毛の馬は、薄く積もった雪のあいだから覗く青草を見つけると足を止め、スッと頭を下げて口先を動かしはじめた。どうやらこのあたりは、いつものお気に入りスポットのひとつのようだ。

この日、タイニーズファームはほとんど風がなく、天気は雪が舞っていたと思ったらゆるりと薄日が差し、まもなく銀色の雲が優勢となり、また雪がチラホラと降りはじめるといった具合に穏やかに変化し続けた。都会の日常と完全に切り離された冬の奥能登で、黙々と草を食む馬を愛《め》でる——なんて贅沢《ぜいたく》な時間なのだろう。ドリームシグナルが自由に好きなことをしている、その状況がなにより素晴らしい。幸せそうな動物に接すると、なぜこうも心癒されるのか。そう感じたのは、私だけではなかったようだ。

「ドリーム、幸せそう」「ここで暮らせてよかったね」

この空間のすべてを慈しむように、複数の人がドリームシグナルの幸福に安堵する言葉を静かに口にした。

しばらくして厩舎の前に戻ると、再びニンジンタイムだ。カメラやスマートフォンを持った人にかこまれると、ちょっと得意そうにカメラ目線をしてくれるところもお茶目でかわいい。マイペースながら、アイドルホースとしての役目も立派に果たしている。

「写真が好きみたいです。先日の撮影では、私とレポーターがカメラの前で話していたら、真ん中に自分から入ってきましたよ」

　角居さんが口にした微笑ましいエピソードに、温かな笑い声があがった。

　タイニーズファームで馬との時間を堪能した後は、珠洲市内でもっとも歴史の古い須須《すず》神社を訪れた。創建されたのは約二千年前のことで、当初は能登半島先端にある山伏山の頂上にあったが、八世紀頃に現在の地に遷宮されたとある。日本海を背にした参道を五分ほど進むと、木の香りが清々しい本殿に到着した。古くから日本海の守護神として信仰を集め、縁結びの神様として知られているところだ。

　さらにバスは北へ進み、能登半島最北端の禄剛埼《ろっこうさき》灯台に到着した。明治時代に作られた白亜の西洋式の灯台で、二〇〇九年には経産省による「近代化産業遺産」に認定されている。朝日と夕日の両方が見られるスポットだが、さすがに冬場は難しい。積もった雪を吹き飛ばすほどの強風に背中を押されながら、ツアー一行はこの日の宿を目指した。

　到着した狼煙館《のろしかん》は、掃除の行き届いたとても感じの良い温泉旅館だ。お楽しみの夕食は、刺身をはじめ香箱ガニ、能登牛の焼き物など、能登の名物が揃う豪華版。なかでも印象的だったのは三種類の海藻しゃぶしゃぶだ。これは新鮮な海藻を熱々の出し汁につけて、サッと色が変わったところをいただくというもの。珠洲市の冬の郷土料理で、海藻それぞれの香りと歯ごたえがたまらない逸品だ。

夕食では、再び角居さんも合流して、会場は一層華やいだムードに包まれた。酒豪と噂《うわさ》されるレジェンドはとても気さくに、そして引退競走馬へ寄せる熱い想いを真剣に語った。

「タイニーズファームが目指している目標イメージは、自然のなかで馬が群れで暮らせる環境を整えながら、必要な医療を提供することです」

馬が自由に行動できるこうした飼育方法は、〝集団放牧・昼夜放牧〟と呼ばれている。一頭の馬を飼育するには年間で約百万円かかるといわれるが、この方法なら馬房管理などの飼育の手間が大幅に軽減されるため、限られた予算や人数でも多くの馬を世話することが可能になる。もちろん昨日まで馬房で暮らしていた馬をいきなり屋外に放り出すわけではなく、時間をかけながら環境に慣らしていくことが前提だ。

現在この方法は、鹿児島県北部の霧島山麓の高原で養老牧場を営むＮＰＯ法人ホース・トラスト、同じくホース・トラスト北海道で実施されていて、各管理者のもとでは複数の引退競走馬が自分たちの意思で群れをつくりながら穏やかに暮らしている。引退競走馬支援活動に関わる人々のあいだでは、多くのサラブレッドの余生支援を持続可能にするロールモデルのひとつと注目されているものだ。

一夜明けて、ツアー一行がドリームシグナルと再会したのは、宿からバスで十分ほどの鉢《はち》ケ崎《がざき》海岸の近くだった。ここから海までのんびり歩いて二十分ほど、ドリームシグナルと一緒にお散歩タイムだ。宿を出たときは雨まじりの雪が降っていたが、歩きはじめる頃には雲のあいだから青空が覗いていた。

ドリームシグナルはグリーンの馬着を身につけ、その横には〈TEAM SUMII 鉢ヶ崎・きれいにし隊〉の文字が印刷されている。左右にはポリエチレン製の大きなカゴを背負っていた。

「ドリームは、地域の美化活動にも貢献しています」

角居さんは、落ちていた紙片を拾うとドリームシグナルが背負うカゴに入れた。参加者も手伝おうと道端に目を配るが、日々の活動の成果からか、あまり貢献できそうになかった。

「引き馬体験もできます。希望する方は順番にどうぞ」

参加者のひとりが角居さんから手綱を受け取ると、ドリームシグナルはスムーズに歩き続けた。引っ張るでも、引っ張られるでもなく、人と馬を繋いでいるロープはきれいなU字を保っている。人と程よく歩調をあわせるその姿は、しっかりと躾《しつ》けられた穏やかな超大型犬みたいだ。

私にも、できるのだろうか……？　手綱を手にすると穏やかな表情の栗毛のサラブレッドと目があった。昨日、タイニーズファームで触れ合ったことを覚えているのだろうか、躊躇することなくすぐ隣に来てくれた。

「ドリームは、おりこうさんだね」

首筋を撫でながら、いつの間にか一緒に歩きはじめていた。パカパカ、パカパカというのんびりした蹄の音を聞きながら、かわいい横顔を何度も眺めてしまう。手綱を持って馬と並んで歩く——ただそれだけのことなのに、ドリームシグナルの存在をとても身近に感じることができた。同時に、こんなにも満たされた気持ちになるのはなぜだろう。ここが牧場の敷地内ではなく一般道であることにより特別感が増す。まさかこれほどの非日常を楽しめるとは想像もしていなかっただけに、嬉しくて何度も口元が緩んだ。

鉢ヶ崎海岸は、白砂が続く美しいビーチだった。海水浴場として人気で、夏はここでドリームシグナルと海遊びもできるという。この海岸は海流の関係で漂着物が多く、角居さんとドリームシグナルによる美化活動のメインスポットになっている。今度こそ手伝おうと海岸を歩いてみると、ペットボトルやプラスチック容器、漁で使う網の切れ端、ナイロン紐《ひも》、ロープなど、様々なものが打ち上げられていた。外国語が印刷されたパッケージや容器も少なくない。参加者全員でそれらを集めると、わずかな時間にもかかわらず、ドリームシグナルが背負うふたつのカゴはあっという間にいっぱいになった。

美化活動を終えると、スタッフがアクリル製の小型コンテナを持ってあらわれた。ドリー

タイニーズファームでモニターツアーの参加者を迎えてくれた引退競走馬のドリームシグナル。余生をおくりながらアイドルホースの役目も果たしていた

ツアー参加者と談笑する元JRA調教師の角居勝彦さん。2022年から石川県珠洲市を拠点に自らもセカンドキャリアを歩み出した（撮影・ともに著者）

ムシグナルが、ワクワクした顔をしている。

「なかにニンジンが入っていることを知っているんです」

角居さんの言葉に一同納得。ここからは労《ねぎら》いのニンジンタイムだ。

二日にわたってドリームシグナルと接してみて感じたのは、場所を変えて再会することでキャラクターや個性が理解できて、より親しみを感じやすくなるということだった。ツアータイトルは〈引退馬と触れ合う旅〉だが、実際に参加してみると〈ドリームシグナルと仲良くなる旅〉という印象が強く残った。

なかでも最大の発見は、馬と歩くことの魅力だ。これなら人を乗せられない馬でも、体調に応じて活躍できるはず。ここ奥能登に限らず、トレッキングコースや自然観察ウォーキングコースは全国各地にある。そんなところを馬と一緒にのんびり歩けたら——想像するだけで楽しくなってきた。

ウマくてなるほど！　農業の話

東京に戻ってしばらく、奥能登ツアーの余韻を味わう一方で、心に引っかかり続けたのは乗馬クラブの馬たちのことだった。

リトレーニングを経てセカンドキャリアに進むサラブレッドの数は確実に増えているが、

それによってこれまで乗馬の世界で活躍していた馬たちの居場所が奪われている問題は大きくなるばかりだという。まさに本末転倒なのだが、乗馬人口が限られている現在の日本で、今すぐ乗馬クラブの数を増やすことは難しく、これは当然の結果でもあった。

三十年前後といわれるサラブレッドの生涯と向き合うには、年齢や健康状態、個性、好みにマッチした環境や居場所づくりが不可欠だ。引退競走馬が活躍するステージは、これまで現場を訪ねてきたホースセラピーをはじめ、企業研修で注目されつつあるホースコーチング、レジャーシーンで馬と親しめるアクティビティ、全国各地で行われる神事などがあげられるが、そのほかにも多くの受け皿が必要だ。

そこで思い出したのは、この取材をスタートしてしばらくしたときに、通信販売で取り寄せたマッシュルームだった。荷物が届いたのは、ある冬の日のこと。クール便の箱を開けると、なかにはツヤツヤとした薄茶色のマッシュルームがぎっしりと入っていた。その晩、まずは生のままスライスして、オリーブオイルと岩塩、バルサミコ酢でシンプルなサラダにしてみた。口にして驚いたのは、カリッ、ポリッという軽快な食感だった。噛むほどに旨《うま》みが増し、深い独特の香りが鼻の奥へと抜けていった。続けて作ったガーリックソテーは、こんがり焼き色がつくまで火を通しても歯ごたえ健在。口に入れるたびになんとも贅沢な気分になり、ワインが止まらなくなった。

このマッシュルームを生産する〈ジオファーム・八幡平《はちまんたい》〉は、引退競走馬の余生を支えるために、馬ふん堆肥を利用したマッシュルームを生産する岩手県の専門農家だ。生きていればかならず排出されるものを有効活用して、安心・安全な作物を生産するビジネスは、つまり馬として生きているだけで経済的価値が生まれる仕組みづくりをめざすものだ。

心惹かれる話であり、商品のマッシュルームは個性的でとても美味しい。しかし、本当にそんなことが成り立つのだろうかとも思った。なにしろ馬の飼育には、莫大なお金がかかる。馬一頭の余生を支えるために、いったいどれだけのマッシュルームを生産すればいいのだろう？　馬として生きているだけで経済的価値を生む仕組みとは？　そもそも、本当に成立するものなのか――？　複数の疑問とともに東北へ向かったのは二〇二二年十一月のことだ。

東京から東北新幹線で盛岡へ、そこからバスに揺られること小一時間。岩手県八幡平市南部にある〈ジオファーム・八幡平〉に到着した。看板を過ぎてまもなく、見えてきたのは白い栽培ハウスをバックにのんびりと過ごす馬たちの姿だった。緩く傾斜した広い土地はいくつかの柵で仕切られていて、多くは一頭ずつだが、二頭一緒に放牧されているのもいる。気の合うペアなのだろう、お互い寄り添うように晩秋の日向《ひなた》ぼっこを静かに楽しんでいる様子がとても微笑ましく、見ているだけで幸せな気持ちになる。

事務所を訪ねると、人懐っこそうな笑顔が印象的な男性が出迎えてくれた。ジオファーム・八幡平代表理事の船橋《ふなはし》慶延《よしのぶ》さんだ。

数ある農作物のなかで、なぜマッシュルームなのか？　まずはそこから訊いてみた。

「馬とマッシュルームは、歴史的にとても深いつながりがあります。農産物としてのルーツはフランスで、一七〇七年に植物学者によってシャンピニオン・ド・パリ（マッシュルーム）の人工的な栽培方法が発表され、その文献に〝培地づくりには馬厩肥《ばきゅうひ》を使う〟と書かれていたのです」

馬厩肥とは、敷き藁と馬ふんを混ぜて作られた堆肥のことで、つまり伝統的なマッシュルームづくりには、馬の存在が欠かせない。引退競走馬と農業をつなげるプロジェクトとして説得力があり、さすがの目のつけどころだ。二〇一五年一月に生産を開始した〈八幡平マッシュルーム〉は、出荷開始からまもなく有名シェフのあいだで評判になり、二〇二〇年には経済産業省による地域団体商標に登録申請し、翌年二月登録、今では地域ブランドとして認定されていると聞いて驚いた。急成長と堅実さの両方をカバーするためには、緻密な戦略があったはず。しかし、船橋さんは予想外のことを口にした。

「今ではこうした説明をしていますが、マッシュルームと馬の歴史的な関係に気づいたのは、実は生産開始後のことなんです」

「そうなんですか！　ちなみに農業はこれが、初めて……？」

「はい。まったくの未経験でした」

コクリと頷く船橋さんが、それまで暮らしていた北海道から家族とともにここ八幡平へ移住してきたのは二〇一二年三月のことだ。詳細を聞かずとも大胆な決断があったことは想像できるが、ここに至るには、青春時代から長らく人生をともに歩んできた大切な馬の存在があった。その名もグレイトカブキ――プロレスファンなのだろうか。

「よくそう訊かれますが、出身の大阪で子供歌舞伎をやっていた縁で名付けました」

元歌舞伎役者の故松尾波儔江《まつおはずえ》が主宰した〈松尾塾子供歌舞伎〉（二〇一五年八月閉塾）は、関西在住の三歳から十四歳の一般家庭の子どもを対象にした非営利教室だ。一九八二年生まれで当時六歳だった船橋さんは、第一期生として同塾に参加して、子ども時代の夢は伝統芸能の役者だった。日本馬術連盟への登録名が偉大歌舞伎《グレイトカブキ》だったと聞いて、愛馬への深い想いが感じられた。

馬の世界に興味を持ったのは中学生時代。一時は騎手に憧れたが、身長が伸びるにつれて体重が増加したためその道を断念した船橋さんは、高校入学後に馬術競技の世界に入った。厳しい練習を経て各地の大会に出場する日々で、相棒として苦楽をともにしたのがグレイトカブキだったのだ。

船橋さんの練習の拠点は、障害馬術の世界で定評のある栃木県那須塩原《なすしおばら》市（当時黒磯《くろいそ》市）の那須トレーニングファームだった。平日は学校に通い、金曜日の夜になると夜行バスに飛び乗り大阪から東京を経由して那須に行く、という生活がほぼ毎週続いた。

高校卒業後は大学に進学したが、馬に関わる仕事をめざして一年で退学。大阪コミュニケーションアート専門学校（現・大阪ＥＣＯ動物海洋専門学校）乗馬・飼育調教専攻で三年間学び、卒業後は競技を続けながら運送会社で働いた。

「馬に関わる仕事は一生やりたいと思っていたので、馬運車の運転に必要な大型車両の免許取得につながると考えました。収入が良いのも助かりました。就職してから平日は仕事、週末はグレイトカブキと各地の大会に出場する、給料のすべてを馬に使う生活でした」

やがて船橋さんは、馬の仕事をするために北海道に移住することになった。グレイトカブキももちろん一緒だ。職場の近くに預託先を見つけ、馬連れ引っ越しをした。最初に選んだのはコンサイナーと呼ばれる仕事だった。

「コンサイナーとは、サラブレッドの若馬が取引されるセレクトセールやセレクションセール、オータムセールなどの馬のセリ市を目標にした、馬を仕上げる専門職です。対象は主に一歳馬で、一緒に歩いてベストポジションまで誘導して、きちんと止まれるようにトレーニングします。セリの会場でこれができると見栄えがして、注目も集まりやすくなるのです。鞍付けする前のサラブレッドが、競馬の世界に進むためにサポートする仕事です」

愛らしい子馬を相手にする現場は楽しかったが、長らく馬術競技の世界にいた船橋さんは〝乗らない仕事〟に次第に物足りなさを感じるようになった。やはり現役の競走馬の仕事がしたいと考え、一年弱で育成牧場に転職。その後は、これまでの経験を活かして、障害競馬の世界で活躍する馬の育成を中心にキャリアを積んでいった。

八幡平産マッシュルームができるまで

転機が訪れたのは、東日本大震災発生から数か月後のことだ。ある日、那須トレーニングファーム時代からの友人から相談があった。オーストラリア出身で同じ馬術競技の世界で活躍するクラレンス・ジョージ・リドゥリー（通称クラリー）さんという、八幡平で牧場経営をしている男性だ。彼によると、震災の影響で観光客が激減して競技大会も相次いで中止になり、状況は苦しくなるばかりだという。かつて怪我で一年近く休養していたグレイトカブキを預託するほど信頼する相手だけに、「もう牧場をやめようか……」という言葉を聞き流すことはできなかった。

牧場経営への参加を決意したのは、古い友人を応援したいという気持ちと同時に、船橋さんにとっての長年の夢があったからだ。グレイトカブキはすでに二十歳を超えていて、競技を引退した後は家族の一員として生涯世話をすることが当然だと思っていた。そのときは、いつでも一緒にいられる環境をつくりたい――長年そう考えていた船橋さんにとって、願ってもないチャンスだった。乗馬クラブで働いていた妻はこのプランに不安を感じたものの、結果的には同意した。職場には引退を控えた馬がいて、行く末を案じているところだったのだ。

八幡平は、観光客にとって魅力的なスポットだ。大自然をめぐるホーストレッキングや馬とのふれあい体験が楽しめる環境を整えれば、集客もやがて震災以前のようになるだろう。そう考えた船橋さんは、三十歳の春、妻とふたりの子ども、グレイトカブキのほかにトレッキングができる馬一頭、育成牧場で担当していたものの足元の故障で引退が決まった馬一頭、妻が職場から引き取った馬一頭、娘二人の乗馬パートナーにと手に入れたポニー三頭の合計七頭とともに、この地に引っ越してきた。

だが新天地の生活は、いきなり窮地に陥った。

「観光業への震災の影響は予想以上でした。このままでは馬たちの餌代も払えなくなってしまう厳しい状況で、それを補うため敷地内で牧草を育てることにしました。その際に使える馬ふん堆肥もつくりはじめたのです」

しかし、それだけでは牧場を守ることはできない。船橋さんのなかで閃《ひらめ》いたのは、馬ふん堆肥の商品化だった。幸いなことに、牧場の至近距離で営業する食と癒しをテーマにした農業版アミューズメントパーク〈サラダファームヴィレッジ〉（二〇二三年八月に閉園）で販売されることが決まり、趣味の園芸や家庭菜園を楽しむ人々のあいだで人気商品になった。

またプロからの需要も高かった。八幡平はもともと馬が多い地域で、農家を営む高齢者のあいだでは馬ふん堆肥のメリットが認識されていたのだ。船橋さんにとって特に印象的だったのは、あるベテラン農家から聞いた「馬は田んぼを温める」という話だった。水分量が程よい馬ふん堆肥は、好気性発酵のため空気に触れると微生物が活性化して土壌を豊かにするという。科学的な原理を体験から深く実感している人の言葉だった。

　しかし、観光業の復活は予想以上に進まなかった。翌年のシーズンは馬ふん堆肥に加え、オーガニック野菜も販売してこちらも好評だった。だが秋以降のプランはまったくの白紙のまま。そんなとき、クラリーさんから「昔のオーストラリアでは、牧場が副業としてマッシュルームをつくっていた」という話を聞いた。インターネットで栽培方法について調べ、すぐに通信販売で種菌を取り寄せ栽培してみると、やがてポツポツとマッシュルームができた。試しに食べてみると、とても美味しかった。

　これだ！　そう思った船橋さんは、本格的な事業化へ乗り出した。八幡平マッシュルーム誕生の第一歩だ。

「でもこのとき、実は大きな勘違いをしていました。マッシュルームの栽培に成功したのは、天然のキノコが出るタイミングの秋口だったからで、冬は収穫できないことがわかったのです」

　気候に左右されずに馬ふん堆肥でマッシュルームを栽培するには、大規模な空調設備が必要だが、費用が工面できるはずもない。すっかり意気消沈する船橋さんだったが、ある日、堆肥分析を依頼していた企業から思ってもみない情報が入った。

　八幡平の温泉熱を利用した設備にすれば、経済産業省資源エネルギー庁が実施する〈地熱発電の資源量調査・理解促進事業費補助金〉の対象になるというのだ。馬とマッシュルームと地熱――そんなユニークな組み合わせに興味を持ったのは、八幡平南温泉で温泉旅館を営む旭日之湯《あさひのゆ》の代表だった。「面白い！　一緒にやろう」と話がまとまるとともに栽培用のハウスを建てる土地が提供されることが決まり、二〇一四年に一億六千万円の補助金の交付が決定したのだ。

船橋さんは、急ピッチで事業計画を練り上げた。栽培ハウスが六棟と馬ふん堆肥をつくるための堆肥舎が三棟、それらを調整する施設、商品を梱包《こんぽう》するパッキングセンターの建設のほか、輸送車両が出入りするために敷地内の舗装もしなければならなかった。しかし、東日本大震災復興事業の影響で、工事を発注できる事業者がなかなか見つからず、工事費の高騰や資材不足などの影響から当初の予算もオーバーしていた。

さらに困ったのは、馬房に敷く麦わらの確保だった。麦わらはマッシュルームの生産には欠かせないのだが、原発事故による放射性セシウムの影響から地元のものが使えないことがわかり、入手先を考えなければならなくなった。

そんなとき衝撃的なことがおこった。グレイトカブキが急逝したのだ。二十三歳だった。新しいビジネスをつくろうと挑戦を続ける原点には、家族の一員である愛馬が生涯安心して暮らせる場所をつくりたいという強い想いがあった。青春時代をともに駆け抜け、就職や転職にともなう引っ越しなど、いつも一緒だったグレイトカブキは船橋さんの長年の相棒であり、おそらく理解者でもあったはずだ。

「あのときは、本当に辛くて……」

船橋さんの無念を思い、鼻の奥がツンとなった。

一時は気力を失いかけながらも再び奮起できたのは、ほかにも守るべき馬たちがいたからだ。工事については、栽培ハウス四棟、堆肥舎は大幅縮小、パッキングセンターはプレハブ、敷地内は未舗装のまま車両が入れるように調整するなど、とにかくできる範囲でスタートした。

「でも実際に動いてみると、堆肥の生産もじゅうぶんにできませんでした。マッシュルームの栽培もハウス四棟では、栽培・収穫・出荷のサイクルがうまくつながらないことが続きました」

ハウス栽培のマッシュルームづくりは、ひとつのサイクルが六週間前後とされている。ベースになるのは、馬ふん堆肥をメインにした培地にマッシュルームの種菌を植え付けた菌床だ。それを栽培棚に敷く床詰めと呼ばれる作業を経て、適度な力で転圧をしたら、ピートモスといわれる保水性の高い土を被《かぶ》せていく。収穫のスタートは三週間後で、それから三週間は毎日マッシュルームを収穫することができるのだ。

連続して収穫・出荷するために、三週間ごとに床詰めをしなければならないのだが、順調に育たないハウスがあるとたちまち計画は狂ってしまい、出荷量が減少したり出荷が途切れてしまったりする。マッシュルームは、華やいだテーブルに似合う食材だ。ボージョレ・ヌーボーの解禁日やクリスマスなど、季節のイベントに合わせて出荷するのが理想なのだが、日頃から安定供給ができていなければビジネスチャンスを逃してしまう。

「最初から躓《つまず》いているのに、さらに転んでどうする？　という状況でした。別のものを削ってでも、ハウスは六棟建てておけばよかったと何度も後悔しました。最初の三年間はとても厳しかったのですが、それでも四棟のハウスのままで生産量と売り上げが少しずつ上がり、五年目でようやく収支が合うようになりました」

　窮地から脱したひとつの理由は、マッシュルーム生産の国内トップシェアで千葉県に拠点を置く、芳源《よしもと》マッシュルーム株式会社の存在が大きい。二〇一七年から同社との協力協定を締結して、生産技術の向上と安定生産に取り組んだ結果、初年度二〇一五年は二十三トンだった生産量が、二〇一八年は六十四トン、二〇一九年は七十二トン、さらに二〇二二年は百八トンと順調に増えていったのだ。

　今でこそ「いつ夜逃げするのかと思っていた」「馬と一緒で大所帯すぎて逃げられない」と地元では冗談のネタになっているそうだが、当時のプレッシャーは相当なものだっただろう。それだけに出荷からまもなく、八幡平マッシュルームが商品として高く評価されたことは、大きな支えになったはずだ。これだけ個性的なマッシュルームが生まれたのは、やはり馬ふん堆肥のおかげなのだろうか。

「よくそういわれるのですが、マッシュルームは馬ふん堆肥なしにつくることはできないので、その点の条件はほかのところと同じです。マッシュルーム栽培には温度や湿度、水質などが大きく影響しますが、ここは湿度が低いためキュッと引き締まったマッシュルームになります。実は最初はそれほど意識していなかったのですが、評価の声を受けて方向性が固まっていき、散水量をやや控えるなど栽培方法を確立させていきました」

レストランのシェフや経営者、飲食店向け食材を扱う企業とのつながりは、岩手県農林水産部流通課が企画する地元の食材を紹介するイベントやツアーがきっかけだ。船橋さんが常に意識したのは、マッシュルームと馬とのつながりを伝え続けることだった。引退競走馬の余生との連動は、八幡平マッシュルームが地域ブランド化される際にも重要なトピックになった。自治体や商工会などで要職に就いている五十代以上の人々の多くが「子どもの頃は、うちにも馬がいた」と口にすることで、馬と生活をともにしてきた文化的価値を再認識することにつながった。マッシュルームの生産と同時に、昔からこの地に伝わる馬事文化を守るという説明が多くの賛同につながり、地域ぐるみで応援する流れができたのだ。

「地域ブランドの申請にかかる時間は、通常は何十年単位と聞いています。生産量もまだ限定されているものが、スタートから五、六年で地域ブランドとして認められるケースはとても珍しい。馬事文化の歴史がある八幡平だからこそ、実現できたのだと思います」

ここで船橋さんに、もっとも気になることを訊いてみた。それはマッシュルームを生産することによって、本当に馬の余生を支えられるのかについてだ。

上／馬ふん堆肥を利用することで、引退競走馬の余生支援が持続可能になる仕組みをつくった〈ジオファーム・八幡平〉代表理事の船橋慶延さん

中／マッシュルーム栽培ハウス内の様子。内部の温度確保には温泉の熱が利用されている

下／カリッポリッという食感と豊かな香りが楽しめるマッシュルーム（撮影・すべて著者）

「今は馬一頭の飼育につき、一週間で一坪分の収穫量を確保するために必要な馬ふん堆肥をカバーすることができます。当社では一坪につき六十五から七十キロのマッシュルームを収穫して、これは卸値で六万五千円から七万円に相当します。このサイクルが確保できれば経費や人件費を引いても、飼育に必要な敷き藁や牧草の確保が可能です。現在は十七頭の引退競走馬がここで余生を送っています」

　このサイクルが安定したのは、マッシュルームの生産量が増えた二〇二〇年くらいからだ。また敷地内では同社のほか、岩手競馬で活躍している現役競走馬の預託事業をおこなう会社があり、妻の船橋友紀恵《ゆきえ》さんが代表をしている。

「こちらでは、常に二十頭前後の現役競走馬の世話をしています。餌代や敷料代、トレーニング代などの預託費用を受け取りながら、馬たちの堆肥を確保できるというのはマッシュルーム農家として、本当にありがたいです。従来は産業廃棄物として処理しなければならないものですが、ここで廃棄されるものは一切ありません」

　馬が生きているだけで経済的価値を生む——多くの苦難はあったものの、不可能なことではなかったのだ。

　インタビューの後、船橋さんと一緒にここで暮らす馬たちに挨拶をさせてもらった。引退競走馬たちのホノボノぶりは先にも紹介したが、現役競走馬たちもこちらの姿を見つけると、穏やかな好奇心とともに首を伸ばしてきてくれてとても可愛い。「こんにちは」と声をかけながら手をグーにして差し出すとフンフンと匂いを嗅いでくれたり、撫でさせてくれたり、スマートフォンを向けるとカメラ目線になってくれたり、心の温泉タイムを満喫した。

なにより印象深かったのは、馬と接する船橋さんの嬉しそうな様子だった。心の底から馬が好きで、愛情を注いでいることが伝わってくる。馬と生きることで心身ともに健やかでいるというのは、おそらくこういうことなのだろう。

馬と並ぶ船橋さんの写真を撮らせてもらおうとカメラを向けると、その笑顔はさらに大きくなった。

第8章　社会が変わる交差点

ゲーム〈ウマ娘〉から広がった支援

引退競走馬をテーマに取材を重ねる旅も、気づけば四年目に突入していた。これまで複数の人や馬と出会い、そのおかげでサラブレッドをセカンドキャリアにつなぐ仕組みや必要なものについて知ることができたわけだが、ふと思い出したのは、まだふれていない〝あの話題〟だった。

それは社会現象レベルの大ヒットゲーム〈ウマ娘《むすめ》プリティーダービー〉のことだ。これは、実在する競走馬から名前やバックグラウンドを引き継いだキャラクター〝ウマ娘〟のトレーナーとなってレース優勝をめざす、育成シミュレーションゲームで、株式会社Cygames《サイゲームス》から二〇二一年二月二十四日に配信が開始され、わずか三か月足らずの五月十四日には七百万ダウンロードを突破した。

配信当初、このゲームが引退競走馬の世界に影響を及ぼすことを予測した人はおそらく誰もいなかった。だが配信から三か月程、ひとつのニュースが注目を集めた。

引退競走馬のナイスネイチャ・三十三歳の誕生日を記念したバースデードネーションで約三千六百万円の支援金を集める——。

多くの支援者を集めた理由は、〈ウマ娘〉に登場するナイスネイチャだった。つまりゲームのなかで出会ったキャラクターをきっかけに、モデルになった馬が今も実在していること、さらに引退競走馬の現状を知った人々がアクションをおこしたのだ。

ドネーションを企画した認定ＮＰＯ法人引退馬協会は第２章で紹介したように、日本でもっとも歴史のある引退競走馬の支援団体だ。同協会では所有する馬を「フォスターホース」と称し、終生繋養を前提に会費や寄付、助成金収入を利用して多くの人で馬の余生を支え合う仕組みがある。ナイスネイチャはフォスターホースで最高齢の馬で、ベテラン広報部長として活躍していた。

ちなみにバースデードネーションというのは、誕生日を記念して友人や知人から募った寄付を支援先に贈る活動のことだ。同協会では二〇一七年から毎年ナイスネイチャの誕生日にドネーションを実施していて、二〇二〇年は百六十万円の目標金額に対し約四百人から百七十万円以上の支援金を集めていた。翌年の二〇二一年は、〈ウマ娘〉の影響で約一万六千人から前年の二十倍以上の支援金が集まったのだ。

ドネーションを企画した同協会の設立者であり代表理事の沼田恭子さんは、ゲームをきっかけにナイスネイチャへの支援が集まるなど想像もしていなかったという。

「ここ三年程、テレビや新聞、インターネットなどで引退したサラブレッドの現状やセカンドキャリアについての情報は徐々に増えてきましたが、これまで馬とはまったく無縁だった多くの人が引退競走馬に目を向けるきっかけをつくったということでは、〈ウマ娘〉以上に影響力のあるものはほかにありません」

ドネーションの支援者は「寄付そのものが初めて」という人がほとんどで、なにより沼田さんにとって嬉しかったのは、参加者のコメントだった。「元気で長生きしてください。来年も寄付したいです」「〈ウマ娘〉であなたを知ったにわかファンですが、今でも元気でいてくれたことがたまらなく嬉しいです」「また来年も再来年も、お祝いさせてください」など、どれもリアルなナイスネイチャへの温かな想いが伝わってくるものばかりだった。

「〈ウマ娘〉のファンの皆さんの想像力、そして感受性の豊かさに感動しました。ゲームが社会を変えた、といっても大袈裟ではないと思います」

沼田さんがそう言うのは、このムーブメントが一過性では終わらなかったからだ。バースデードネーションをきっかけに、引退馬協会の会員になったり寄付金を送る人が少なくなかった。さらに翌年に実施した〈ナイスネイチャ　34歳のバースデードネーション〉では、約

認定NPO法人引退馬協会代表理事の沼田恭子さん。引退競走馬の余生支援活動を続けて25年以上のキャリアを持つ（撮影・著者）

ゲーム〈ウマ娘〉にも登場するナイスネイチャ。多くのゲームファンを引退競走馬支援の世界に導いた（提供・認定NPO法人引退馬協会、撮影・Daisuke Asauchiさん）

一万七千人の支援者から約五千四百万円という前年を大幅に上回る支援金が集まった。

支援者にとっては、集まったお金の使い方が明確にイメージできることも重要だ。二〇二二年は、怪我や痛みを抱えた引退競走馬たちが治療・療養・リハビリを経てセカンドキャリアをめざす〈再就職支援プログラム〉に、十九頭の馬をつなぐことができた。〈ウマ娘〉ブームが起きた二〇二一年は、繁殖馬として活躍した後に引退を余儀なくされた十七頭の馬を同協会が実施する養老支援制度のフォスターホースとして迎え入れることができた。

　これだけの数の馬の余生を支えるに至った〈ウマ娘〉パワーに感心するばかりだが、同時に私は疑問を抱いた。

「繁殖馬といえば〝安泰のセカンドキャリア〟というイメージがあるのですが、生涯飼育されるわけではないのですか？」

　すると沼田さんは、残念そうな表情でうなずいた。

「繁殖の世界で貢献した馬たちを生涯飼育する仕組みは、実はまだ成立していません。三、四年して良い子が生まれなければ、ほかの馬と入れ替えになってしまいます。これはＧＩを勝った種牡馬《しゅぼば》も同じで、年間の種つけ回数が減ってくると生産牧場にはいられません」

　引退するすべての馬が次のフィールドで活躍することは不可能とわかってはいるものの、華やかな舞台で名を上げた馬でさえ例外ではないという現実を耳にして、あらためてセカンドキャリア形成の難しさを感じた。

せめて長く競馬業界に貢献した馬の余生だけでも、業界内で支えることはできないのだろうか……？　そう思うものの、容易《たやす》く事情が変わらないのは世の常だ。

引退競走馬の余生サポートが国の課題になった日

ところが二〇二二年十一月、これまで予想もしなかったことが起こった。

第二百十回国会・参議院農林水産委員会で「競馬法の一部を改正する法律案」について審議された結果、附帯決議として次の文章が付されたのだ。

> 引退した競走馬の多様な利活用による社会貢献等の観点からも命ある馬が可能な限り充実したセカンドキャリアを送ることができるようにすることの重要性に鑑み、こうした取組に対する競馬関係者による支援の拡充を促し、取組内容の充実が図られるよう指導すること。

附帯決議とは、国会において衆議院・参議院の委員会が法律案を可決する際、委員会の意思や運用上の要望を明記して付けられるものだ。法的な拘束力はないが、議会の意思や理念が示されているため、政府・自治体は蔑《ないがし》ろにできないものとされている。

つまりこのとき、競馬運営の軸となる法律に初めて引退競走馬のセカンドキャリアに関連する内容が記されたのだ。これは人間社会のなかでの活躍方法を探り、その活動を支援することが、この国の方針のひとつになったことを意味している。引退競走馬の余生を考えることは、ＪＲＡをはじめ所管省庁である農林水産省にとっても取り組むべき課題になったのだ。

十一月二日の衆議院、同十日の参議院では、複数の議員から引退競走馬のセカンドキャリアや余生支援について質問があり、野村哲郎《のむらてつろう》農林水産大臣がその必要性・重要性を認める発言をしている。また競馬法に引退競走馬という言葉を入れる意義とともに、ホースセラピーや受刑者向けのホースプログラム、観光シーンなど幅広い利活用例が挙げられ、引退競走馬が社会で活躍できる可能性について共有された。

複数の国会議員がこの問題に関して発言するに至ったのは、ニュースやインターネットで扱われる引退競走馬支援の話題がここ数年で急激に増えたことと深く関係しているのはいうまでもない。目の前の一頭を支援する地道な活動や前例のないプロジェクトが少しずつ賛同者を集めた結果、やがてそれが世論となり国の法律に影響を与えるまでになったのだ。

私が引退競走馬の取材に引き込まれたのは、馬の可愛らしさに魅せられたのと同時に、社会が良い方向へと変化する経緯をリアルタイムで見聞きしていると実感することが多かったからだ。とはいえ社会の変化というものは、往々にして緩やかだ。それだけに、まさか引退競走馬の余生について国会で議論されることになるとは思わなかったので、これには本当に驚いた。

こうなると、より気になるのが〝当事者〟の考えだ。

ＪＲＡでは二〇一七年十二月に「引退競走馬に関する検討委員会」を設立して、セカンドキャリアにつながる活動支援を年々広げている。引退競走馬を対象にした競技大会を開催するほか、ここ二年程は、実際に私が取材で訪れたところでも「ＪＲＡの活動奨励金で新しい馬房を増やすことができた」などの声を聞くことが多くなっていた。これは同委員会が実施する〈引退競走馬の養老・余生等を支援する事業〉によるものだが、公式サイトから発信される情報はかなり限られていた。二〇二三年三月の時点では、支援の対象候補の条件について「一定の規模で3年以上継続」などの明記はあるものの、支援実績のある団体やグループ名・金額などの詳細は公表されていない。また YouTube のＪＲＡ公式チャンネルには〈引退競走馬インタビュー〉というシリーズがあるが、ここに登場する人々とＪＲＡがどのように関わっているのかも説明されていない。長期的ビジョンに関する発信も見当たらず、果たしてこれからどのくらい期待していいのかもわからなかった。

それなら直接、訊いてみるしかない。

まず訪問したのは、茨城県の美浦トレーニングセンターだった。ここに厩舎を持つＪＲＡ調教師の鈴《すず》木《き》伸尋《のぶひろ》さんは、「引退競走馬に関する検討委員会」の準備委員会が立ち上がった二〇一七年二月から活動に参加してきた、この委員会の全貌を知る主要人物のひとりだ。

日本獣医畜産大学（現・日本獣医生命科学大学）在学中に馬術部で活躍した鈴木さんは、卒業後は馬の獣医師として修業を積んでいたものの師の急逝によって方向転換を余儀なくされ、調教助手を経て一九九七年に調教師試験に合格。厩舎開業二年目からは日本調教師会の役員を務め、現在に至るまでに副会長と関東本部長などの要職についていた。

私がはじめに訊きたいと思っていたのは、前例のない組織づくりについてだった。「引退競走馬に関する検討委員会」は、競馬を継続して実施するにはアニマルウェルフェアを考えることが必須という世界的な流れを受けて設立された経緯があるが、そもそも産業動物に対するアニマルウェルフェアがほとんど浸透していない日本で、何をどのように進めていったのか？　また支援事業の実施内容は、どのように決めていったのだろう？

鈴木さんは、これまでの経緯を記録した資料を示しながら丁寧に説明してくれた。

「最初にしたのは、引退競走馬の現状調査です。以前からこの問題に関心を持っていたのですが、全国にどのくらい養老牧場があるのか、経営状態などについてほとんどわかっていませんでした。きちんと調べるのに良い機会だと思い、北海道から九州まで全国調査を実施しました」

詳細を聞いて驚いたのは、この調査の多くは、鈴木さんが休日を利用した手弁当によるものだということだ。巨大組織のプロジェクトにもかかわらず、なぜそこまで？　という疑問が浮かんだ。鈴木さんは「レース開催の後に訪問しているところもありましたから……」と穏やかな表情で説明を続けたが、実際は競馬場とは無縁の土地を歩くことも多かったようだ。

最初はインターネットでの発信を頼りに訪問先を探していたが、やがて調査先の紹介などによって自発的な情報発信とは無縁の個人経営の養老牧場が少なくないこともわかってきた。こうした調査から見えてきたのは、引退競走馬のための施設を運営している人々は、想像以上に厳しい状況におかれているという事実だった。

「なかには固定電話しかお持ちでない、高齢のご夫婦だけで運営している牧場もありました。個人経営の牧場の多くは、もう何年も休みなく働いているという状況がほとんどです。もともと養老牧場の預託料は高額ではなく、それさえ滞ってしまうこともあります。ほとんどの人が自分たちの蓄えを切り崩しながら、馬たちを守り続けているのです」

鈴木さんにとって何より印象深かったのは、こうした人々の〝想い〟だった。養老牧場の経営者のなかには、かつて競走馬の生産に関わっていたケースが少なくないという。これまで家族の生活が守られ、子どもを育ててあげることができたのは、すべて競走馬のおかげ——だからその恩返しがしたい。そう語る人々のほとんどは、世間の誰にも知られず黙々と引退競走馬の余生を支えていたのだ。

こうしたところにこそ支援が必要だ。そう考えた鈴木さんは、今後はＪＲＡが引退競走馬の問題について責任を持って対応していくことを伝えていった。しかし、牧場主たちの反応は冷ややかだった。

「いくら説明しても『ウソでしょう』『そんなこと言うけど、どうせ何もやらないんでしょう』と、まったく信用されませんでした。引退競走馬に深く関わっている方々の孤立感や絶望感、将来への不安の大きさを感じ、一刻も早く支援活動を具体化させなければならないと思いました」

鈴木さんは、こうして集めた全国の養老牧場や引退競走馬支援組織、個人などの情報をデータにまとめてJRAに報告した。それをベースにJRA職員による現地視察や聞き取り調査を重ねた結果、四十二の牧場や組織を支援するに至った。

JRAの本気度

しかし、そのためには組織内の調整も必要だった。

「引退競走馬に関する検討委員会」内で一番問題視されたのは、支援金の使い道だった。二〇二二年六月に公開された農林水産省畜産局競馬監督課の資料「馬産地をめぐる情勢」によると、引退競走馬に関する予算は年間で約十三億円となっている。この財源は、これまでJRAの売り上げから農林水産省を通じて国に納められてきた、第一国庫納付金と第二国庫納付金だ。当時の農林水産省の担当者からは「本来は国の予算なので、支援金の対象は馬に関わるものに制限すべき」という意見が出た。

だが鈴木さんは、これに真っ向から反論した。

「引退競走馬の余生を支援する現場の状況は、牧場や施設によって様々です。馬のための施設のメンテナンスや新築のほか、餌代、医療費、作業効率をあげるための重機のレンタルや購入、長年働いてくれた従業員にボーナスを出したい、と希望されている方もいます。こうした事情がある以上、支援金の使用目的に制限をかけるのは現実的ではないと会議で説明しました」

必要な場所に必要な支援をする――これを徹底したことで「ＪＲＡも本気らしい」と少しずつ信頼されるようになった。また金銭面だけでなく、高齢馬の飼養管理をテーマにした勉強会の開催や、近くに獣医師がいないエリアで運営する牧場のためにＪＲＡの獣医師がオンラインで対応する、医療相談・診察システムも開発した。

その一方で、活動奨励金の不正受給を防ぐ仕組みもつくった。公式サイトに記載されている条件「一定の規模で3年以上継続」はそのひとつだが、もっとも重視しているのは鈴木さん及びＪＲＡ職員による現地視察と聞き取り調査を通じた〝顔の見える関係〟だ。

こうした話を聞くと、これまで不動とされてきたＪＲＡという組織が着実に変化してきたことがわかる。とはいえ新しい方針には、抵抗感を抱く人もいたはずだ。競馬業界内部の人の反応は、どのようなものだったのだろう。

「もちろん温度差はありました。競馬業界で働いていても職種や所属によって仕事内容や立場も違うので、それは仕方のないことだと思います。とはいえＪＲＡが方針を決めたことで、『引退競走馬支援に力を入れていこう』という組織としての気運は高まっていったと感じています」

鈴木さんが特に力を入れたのは、引退競走馬に思いを寄せている人々が発言したり、行動したりしやすくなる環境づくりだった。まずは組織のトップによる表明が重要と考え、ＪＲＡ馬事部の西《にし》尾《お》髙《たか》弘《ひろ》氏による引退競走馬の現状報告と今後の方針をテーマにした講演会を企画した。すると自由参加にもかかわらず、三百人近くの職員や関係者が集まった。

さらにその後、鈴木さんは、美浦トレーニングセンター内の厚生会館で、映画『今日もどこかで馬は生まれる』の上映会も開催した。これは華やかな競馬の裏で引退して行き場が限られる競走馬たちと、それに関わる人々の現場に密着した平林《ひらばやし》健《けん》一《いち》監督のドキュメンタリー映画で、二〇一九年十二月に劇場公開されている。

私は、この映画を公開二日目に新宿のK’s cinemaで鑑賞したが、競馬業界で働く人々の葛藤や苦悩、引退競走馬に関わる人々の馬への深い愛情、そして馬という動物の魅力がつぶさに描かれる、とても心揺さぶられる映画だった。満席の劇場で、両隣に座る男性がともに涙を堪えきれずにいたことも鮮烈な印象として残った。

監督の平林さんは「父親の影響で子どもの頃から競馬好きでしたが、なぜ引退競走馬の話題に触れてはいけないのか？　というモヤモヤした気持ちを長年抱いていました。事実をク

JRA調教師の鈴木伸尋さん。「引退競走馬に関する検討委員会」準備委員会から活動に参加。全国の養老牧場に足を運び現場調査を行った（提供・鈴木伸尋さん）

JRA美浦トレーニングセンター内厚生会館で上映されたドキュメンタリー映画『今日もどこかで馬は生まれる』のポスター（提供・平林健一さん）

リアにして、多くの競馬ファンと一緒にこの問題に向き合いたい、というのが製作の原動力です」と映画への思いを語っている。だがＪＲＡ広報部報道室を通じて撮影申請をしたところなかなか許可が下りず、製作はかなり難航したという。その突破口となったのは、この映画にも出演している引退馬協会代表理事の沼田さんから鈴木さんを紹介され、企画のプレゼンテーションをする機会を得たことだった。

しかし、鈴木さんが最初の企画書に目を通したとき「このままではＪＲＡの許可を取るのは難しい」と感じた。主な理由は、映画内で扱う内容が事実と違っているところが少なくなかったからだ。だが同時に「その原因は我々にある」と思った。引退競走馬の話題の一部だけが切り取られ、大袈裟に報道されてしまうのは、つまるところＪＲＡが正確な情報を出していないからなのだ。鈴木さんは複数の資料を開示したうえで、平林さんに映画製作に協力することを約束した。撮影はＪＲＡ内部から反対意見もあったが、事実をきちんと伝えることが大切と説得した。

「完成した映画を観《み》て、引退競走馬のことを考えている人や思いを寄せている人が、どれだけ多いのか初めて実感することができました。その五、六年前までは口にできる話題ではなかったのです」

馬たちのセカンドキャリアについて、心の奥底で気にしながらも発言や行動はできない——かつてそれは鈴木さんにとっても同様だったのだ。

講演会や映画上映会で、鈴木さんは参加した職員に向けて引退競走馬の余生に関わる現場の状況を報告した。

「個人経営の牧場で働く人の多くは高齢者で、もう何年も休みを取っていないことがめずらしくありません。休日を利用して、こうした方々を手伝ってもいいと思う人は名前と連絡先を書いてください」

この呼びかけに対して、多くの参加希望者が集まった。交通費と宿泊費はＪＲＡが負担して、人手を必要とする養老牧場にボランティア職員を派遣する計画も進めていたという。だが新型コロナウイルスの影響で、残念ながらこのプランはまだ実施には至っていない。とはいえ社会がリアルに対面する方向へと動き出している今、これからの展開に期待が高まる。

鈴木さんの話を聞いて、支援事業の内容がとても細やかなことに驚いた。調教師という多忙な本業と並行して進めていることから、セカンドキャリアを考えるプロジェクトへの並々ならぬ熱意を感じないではいられなかった。

ＪＲＡは今、どうやらものすごい勢いで変化している。

さらに詳しい話を聞くために訪れたのは、港区西新橋にあるＪＲＡ本部だった。前出の馬事部の西尾髙弘さん、田《た》村《むら》正《まさ》和《かず》さんのお二人に、世界一の規模を誇るこの国の競馬組織はどこに向かおうとしているのかを訊いてみた。

西尾さんがまず説明したのは、社会のなかでの馬の立ち位置についてだった。

「馬という動物は、家畜でありながら人間の伴走動物つまりパートナーでもある、社会的にとても微妙な存在です。引退競走馬の問題に取り組むためには、まずはそこを考慮した対応や表現が必要と考えています」

西尾さんは、その前提がなければ「馬が好き」という人々が納得するものにはならないからと説明した。馬好きが納得――予想していたよりもはるかに高いハードルが設定されていることに、ちょっと驚いた。そこを目指しているということは、将来的にはすべての競走馬の余生支援の実現も視野に入れているということになるからだ。

引退競走馬の問題は競馬業界全体で対応することがベストだ、と西尾さんはいう。

「今後は、中央競馬や地方競馬、生産牧場、騎手、調教師、馬主など、みんなで引退競走馬支援事業のための資金を負担する仕組みもつくる予定です」

「それはつまり、かなりの額の事業予算が確保できるということですか」

「お金はあります」

躊躇なくうなずく西尾さんに、私は再び驚いた。動物福祉や動物愛護の世界に長く関わっていると、豊富なプランに対して予算がないという話題は日常茶飯事だからだ。お金はある――なんて新鮮な言葉なのだろう。

しかし、ＪＲＡは今、どれだけ予算があっても解決できない難しい問題に直面していた。

「実は、圧倒的に足りないものがあります」

それは、現代の日本で馬について理解している人があまりに少ない、という問題だ。昭和三十年に約九十万頭だった馬の飼育数は減少の一途をたどり、日本社会から馬の居場所が失われはじめて七十年近く、二〇二三年現在は七万頭ほどになっている。そのうち約七割はサラブレッドだ。

「現在の試算では、この七万頭にプラス三、四万頭分の社会的なニーズや居場所を確保できれば、引退競走馬のセカンドキャリアや余生を見守ることは可能と考えています。ただし、そのためには馬の知識を持つ人材や土地の確保が必要で、まずはそこから着手しないとこの問題は解決できません」

馬の適正飼養が可能な人材を増やすとなると、それだけでも時間がかかりそうだ。しかし、西尾さんの説明を聞いていると、こうした考えも〝馬を理解していない〟一例だとわかってきた。

「馬の飼育には、ふたつの基準があると思います。ひとつは競馬業界のやり方、もうひとつは祖父母や親の代から扱い方を教わりながら一緒に暮らしてきた馬事文化に即したものです。扱いが難しい動物なら、五千年近くも人間との共存の歴史は築けなかったはず。そう考えると、馬の飼育はそれほど難しくはないともいえるのです」

「現代の日本人は馬から遠ざかるあまり、特別視しすぎているということですね」

「たとえば街中で馬が逃げたと聞けば、多くの人は危険だと思うでしょう。でも本来、馬は危険な動物ではありません。ただし驚かせてしまうと、大きな身体だけに危険が伴います。安全に扱う方法がわからないから、馬への誤解や間違ったイメージが広がっているともいえるのです」

西尾さんは、こうした状況から、引退競走馬支援について広く意見を募ることは今のところ難しいという。馬とふれあった経験もなく、食事の種類や排泄量さえ知らない人が大多数では、本当の意味で馬のために有益な意見やアイデアは集まりにくい。とはいえ現代日本で普通に生活していたら、リアルな馬に出会うチャンスなどほとんどない。

「ＪＲＡ職員の皆さんの場合は、どうなのでしょう。東京の中心でお仕事をされていても、馬に親しむ機会はそれなりにあるのですか？」

「競馬サークルで仕事をしている我々でさえ、馬との関わりは不足していると感じています」

田村さんによると、入社一年目は研修で乗馬レッスンを受けるものの、その後の配属によっては馬と接する機会は限られるという。

「トレセンに行けば馬はいますが、現役競走馬と気軽にふれあうことは難しいです。ＪＲＡの職員でも、プライベートで乗馬レッスンを受講しないと馬と関わるチャンスはほとんどなく、その点は一般の方と同じです」

　この状況を変えるためＪＲＡでは、人と馬の歴史や馬についての基本情報を提供する場所づくりを進めている。そのひとつが世田谷区のＪＲＡ馬事公苑《ばじこうえん》を拠点にしたプランだ。ここは一九六四年東京オリンピックと二〇二〇年東京オリンピック開催時に馬場馬術の競技会場として利用され、通常は関東における馬術競技会場になるなど、馬事普及活動の拠点になっている。そこが二〇一六年の末に二〇二〇年東京オリンピックの会場整備工事のため休苑になり、翌年一月から栃木県宇都宮市に移転してＪＲＡ馬事公苑宇都宮事業所で運営されている。

　西尾さんによると、それが二〇二三年十一月に世田谷に戻り、リニューアルオープンされ、従来の乗馬や馬術競技に加え、馬とのふれあい体験ができるプログラムを準備中だという。

「馬と接していると、あれほど可愛い動物はいないと感じます。でも身体が大きいので注意が必要なところも多い。安全を確保しながら、馬への理解を深める方法について考えているところです」

　東京二十三区内に気軽に馬と親しめるスポットが誕生するというのは、馬好きや動物好きにとって魅力的な情報だ。同時に気になったのは、宇都宮事業所の今後の利用方法だった。実は別の取材先で、引退競走馬の余生支援のために利用すると耳にしたのだ。訊くと、西尾さんは「その予定です」と答えた。

「宇都宮事業所では、引退した直後の馬を一時的に預かる施設を運営していきます。ここでしばらく飼育するあいだに、次の居場所やオーナーを探す仕組みをつくりたいと思っています。二〇二四年から始動して初年は二百頭くらいの運営規模を考えていますが、ニーズを見ながら柔軟に対応していくつもりです」

引退競走馬をセカンドキャリアにつなぐ際、引退直後の居場所を確保することは第一関門にして最大のハードルといってもいい。トレセンの厩舎は、日々高額な預託料がかかるため長居はできず、そして多くの馬主は移動先を見つけることができない。宇都宮事業所のプロジェクトは、こうした問題解決の大きな一歩になるはずだ。

「引退競走馬支援の活動をしている人はもちろん、馬主さんや競馬ファンにとっても朗報ですね。情報解禁はいつ頃の予定ですか」

「もう書いていただいても、構いません」

「え？　でも、まだ公式発表の前ですよね」

「ＪＲＡからの発表は、事業開始の少し前になると思います。でも、もうやると決めていますから」

迷いなく語る西尾さんの隣で、田村さんもしっかりと頷いた。インタビューは終始オープンな雰囲気で、これまで抱いていた情報公開に消極的な組織という印象を覆すのに十分だったが、この展開には驚いた。同時に、引退競走馬の余生支援のための仕組みをなんとしても確立させる、という意気込みと熱意が伝わってきた。

ＪＲＡでは地方行政とも連携して〝馬と気軽に会える場所〟の確保と運営を進める準備もしている。ただこれには、西尾さん曰く隠れた問題もある。競走馬を扱う場合は畜産業なので農業法人になるが、引退競走馬になると繁殖以外は福祉や教育、レジャーなどに該当するため固定資産税が高額になってしまうのだ。

「この問題については、農水省にも相談しています」

人と馬が一緒にいるためには、こうした目に見えない問題に対応する必要もあるのだ。ちなみに有名な馬の飼養展示をサポートする競馬関連団体の公益財団法人ジャパン・スタッドブック・インターナショナルが運営する既存制度〈引退名馬繋養展示事業〉については、「二十年以上前にできたものなので、今回の方針転換に合わせて名称も含めて内容変更を予定しています」とのことだった。

聞いていて一番ワクワクしたのは、外乗乗馬をこの国の新しいレジャーとして定着させるプランだ。林道や草原、海岸などを馬に乗ってめぐるホーストレッキングは、多くの人にとって憧れのアクティビティといえる。ただこの仕事に従事している馬はクォーターホースなど外乗に適した種類が中心で、速く走ることが得意なサラブレッドには向かないと聞いたこともある。

「それは一部事実ですが、アプローチの方法によって個別に能力を引き出すことはできると思います。ここ数年は、馬の行動学や脳科学に関する研究が急速に進み、馬を科学的に理解したうえでのリトレーニング方法の実施も可能になってきました。それで馬が劇的に変わるわけではありませんが、人間側の接し方は大きく変わるはず。彼らの信頼を得ることで、セカンドキャリアの幅を広げることができると考えています」

時間と手間をかけることが前提だが、将来的にはディズニーランドに匹敵する人気レジャーとして定着させたい、という言葉にＪＲＡの本気度を感じた。

馬って可愛い、まずはそこから

引退競走馬のために何かやりたいと思うなら、まずはリアルな馬とふれあうことが大切——これは引退馬協会の沼田さんも長年の活動を通じて訴えてきたことだ。

「実際に触れて、馬が生命ある生き物だと実感することはとても重要です。リアルな馬と過ごす体験がなければ、馬たちの余生を支援したい、支援できるかもしれない、という発想は生まれません」

とにかく馬は大きい。はじめは目の前に立つだけで圧倒されるが、その存在感ゆえに人への影響力も絶大だ。一九九七年に前身となった団体を設立した当時から、イベントや会員向けにフォスターホースとのふれあい体験会を数多く開催してきた沼田さんは、定期的に参加しているメンバーから「心身ともに元気になった」「まわりから明るくなったと言われる」

という話を聞くことがめずらしくないという。年齢や職業にかかわらず、純粋に馬が好き、馬は可愛い、という話題で盛り上がれる仲間を得られた充実感が、馬を大切にしたいという想いをより強くする。

　沼田さんは、新たに支援したい馬がいる人をサポートする仕組みもつくっている。〈引退馬ネット事業〉は、発起人が支援者及び資金集めや連絡・情報発信をして、引退馬協会が預託先の確保や交渉、必要なケアや飼育方法の方針決定、お金の管理、問題が起こった時やクレームの対応など、馬に関する専門的なことをすべて請け負うシステムだ。

「この制度を利用すれば、馬が好きだけれど馬のことは詳しくわからない、という人でも行動を起こすことができます。制度を利用したい方から詳しい状況をうかがって、運営委員との協議を経て問題がないと判断されればサポートを開始します」

　発起人が馬一頭につき準備するのは約五十万円で、これは主に預託先への移動費、半年分の預託料にあてられる。ちなみに引退競走馬に必須の去勢手術の費用は同協会が助成している。こうして半年間の猶予をつくり、そのあいだに共同オーナーを募る仕組みだ。同協会の主な預託先である鹿児島県のホース・トラストは、自然のなかで馬を集団で飼育する昼夜放牧を採用している。

「この飼育方法がすべての馬にマッチするわけではありませんが、ホース・トラストは今もっとも信頼できる馬の施設のひとつです。通常より預託料がかなり抑えられるので、限られた支援者数でも終生繫養が実現できます」と沼田さんは説明する。

ホース・トラストで実施している集団・昼夜放牧は、多くの引退競走馬の余生支援を可能にする方法としてJRAからも期待され、現在は〈引退競走馬の養老・余生等を支援する事業〉の支援対象になっている。また第7章に登場した元調教師の角居勝彦さんがかかわる石川県珠洲市の養老牧場〈タイニーズファーム〉も同様の方法を取り入れている。

多くの馬たちの終《つい》の住処《すみか》になり得る場所とは、どんなところなのか？　ロールモデルの詳細が知りたい——そう考えて北の大地を訪ねたのは、沼田さんやJRA本部のインタビューから遡ること数か月、二〇二二年夏の終わりのことだった。

羽田から新千歳《しんちとせ》空港を経て札幌駅へ。そこからバスに乗って小樽《おたる》経由で西を目指すこと二時間半少々、到着したのはニセコ連峰最西端にあたる岩内岳《いわないだけ》を有する港町、岩内町にあるNPO法人ホース・トラスト北海道だ。

「今、ここでは五十六頭の馬が暮らしています。飼育するうえでもっとも重視しているのは、馬自身の選択肢を増やすことです」

代表の酒井《さかい》政明《まさあき》さんは、馬たちがのんびりと過ごす放牧場内を歩きながら、基本方針について説明してくれた。完全昼夜放牧で飼育される馬たちは基本的に自由行動で、草地や樹林のあるパドックに放牧されている。シェルターと呼ばれる避難小屋も設置されていて、日差しを避けたいときなど気分に応じて屋内に入ることもできる。

ただし完全昼夜放牧といっても、放任しているわけではない。一日一回、朝の食事時間には、すべての馬を集めて麦やミネラルなどの添加飼料を与え、身体の手入れと同時に健康チェックをおこなっている。病気や怪我、高齢による体力低下など問題があれば、必要に応じた飼育環境も確保する。ケア付きの飼育はレベル分けされていて、軽度であれば目が届きやすい事務所まわりのパドックで過ごし、それより状態が悪い馬は追込厩舎付きのパドック、集中的な治療が必要な馬は厩舎で飼育している。

ちなみにホース・トラスト北海道は、鹿児島県のホース・トラストと同じコンセプトで活動する組織だ。それぞれ独立採算で運営しているが、今後は組織統合して認定NPO法人として登録される予定だ。

北海道出身の酒井さんが馬の世界に足を踏み入れたのは、板前から一転して騎手を目指すも視力不足で断念して、ホッカイドウ競馬で厩務員として働きだした二十一歳のときだった。現場に入り驚いたのは、競走馬たちが日々くりかえすトレーニングの内容だった。

「想像を絶するハードなトレーニングで、さらに地方競馬はダートなので砂が目に入って痛そうなのも衝撃でした。人間のためにこれほど頑張ってくれている動物がいるのか！　と胸がいっぱいになりました」

ペットやほかの家畜などこれまでに出会った動物と、馬はまるで違っていた。酒井さんは馬の魅力にのめりこむと同時に、自分ができる精一杯のことをやろうと仕事にも集中した。

しかし、勝負の世界は厳しく、引退していく馬への思いを口にすることも許されない。競馬業界の事情をどうしても受け入れることができず、三年後に退職。その後、乗馬クラブ勤務を経て、ホーストレッキングを提供する観光牧場ニセコ乗馬ビレッジ（現在は岩内町に移設、いわないホースビレッジに名称変更）をオープンしたのは二〇〇二年のことだった。当時のニセコでは夏の観光を盛り上げようという流れがあり、やがて牧場経営は軌道に乗り年間一万人を集客するほどの人気スポットに成長した。

　だがこの成功も、酒井さんにとっては途中経過だ。最終目標は、引退競走馬を引き取る養老牧場の運営だった。

「集団放牧・昼夜放牧は、最初から視野に入っていました。サラブレッドの前例はなかったのですが、ホーストレッキングで活躍するクォーターホースなど一般馬は複数の実施例がありました。彼らは身体が丈夫で、体格も足元もしっかりしていますが、比べてサラブレッドは繊細です。それでも慣らす時間があれば、同じ方法で飼育できるのではないかと考えていました」

　目標へ一歩進んだのは、観光牧場の開業からしばらくしたときのことだった。ホッカイドウ競馬時代の厩舎に所属していたシルバースワットが、六年間の現役生活を経て引退することが決まり、酒井さんの元にやってきたのだ。環境に慣らしながら飼育するうちにシルバースワットは、やがて先住のクォーターホースたちにも馴染み、集団での昼夜放牧で生活できるようになった。

これなら、ほかのサラブレッドでも飼育できるのではないか。手ごたえを感じていた時、たまたま目にしたテレビの深夜ドキュメンタリー番組で鹿児島県のホース・トラストの存在を知った。それは酒井さんが長年思い描いてきた方法そのものだった。すぐに代表の小西英《こにしえい》司《じ》さんに連絡を取ると、実はお互いに面識があったことがわかった。現地を訪問した酒井さんは、この飼育方法がより多くのサラブレッドの余生支援につながることを確信したのだ。

酒井さんと小西さんは、非営利団体の運営をするにあたり個人名をなるべく出さない、という点でも意見が一致した。三十年近く生きる馬を飼育することを前提にするのなら、代表者を次世代へと引き継ぎながらホース・トラストという組織を存続させることが何より重要だからだ。

インタビューが一段落しようとしていたとき、酒井さんの携帯電話に「獣医さんが到着しました」とスタッフから連絡が入った。一緒に厩舎へ移動してみると、一頭の馬が馬房で診察を受けていた。皮膚の一部が化膿《かのう》をくりかえしているため、治療が必要だという。獣医師による点滴準備が完了すると、酒井さんがバトンタッチして点滴スタンドの役目を引き受けた。点滴と聞いて心配したが、馬は元気そうで牧草をモリモリと食べていた。馬が頭を上下させるたびに、酒井さんも点滴バッグを持った手を上下させている。昼夜放牧組のなかの一頭が「大丈夫かい？」と訊くように、馬房のなかを覗きこんでいた。

「馬にとってひとりぼっちはストレスなので、治療のために馬房に入れると寂しくて鳴き続けることもあります。こうして仲良しの馬が来てくれると、不安も和らぐと思います」

　馬って、なんて優しいのだろう。集団で生活する環境で接してみると、馬という動物の社会性の高さや仲間を思いやる心をより深く理解できる。

「競馬場の厩舎で暮らしていた馬をどうやってこの環境に慣らしていくのですか？」

「こちらにいる二頭は、ここに来たばかりの馬です」

　治療を受けている馬の斜向《はすむ》かいでは、二頭の馬がそれぞれ馬房に入っていた。最初の一、二週間はここで様子を見ながら環境に慣らし、その後は放牧場に顔を出せる馬房に移動して外にいる馬たちと挨拶をさせる。こうして馬どうしの相性を見極めながら、一緒に放牧するメンバーを決めていくのだ。

「放牧している馬とは、喧嘩《けんか》になることも多いです」

　馬房の壁を見ると、いくつか穴が開いている。なかには完全に向こう側が見えるものもあった。

「そうとう激しくやり合っていますね。施設の管理も大変そう」

「壁は直せばいいので気になりません。馬たちが怪我しないように、割れても鋭利にならない素材を使っています」

ホース・トラスト北海道の放牧場では、基本的に馬たちの行動は24時間自由。強い日差しや虫を避けるための避難小屋も設置されている

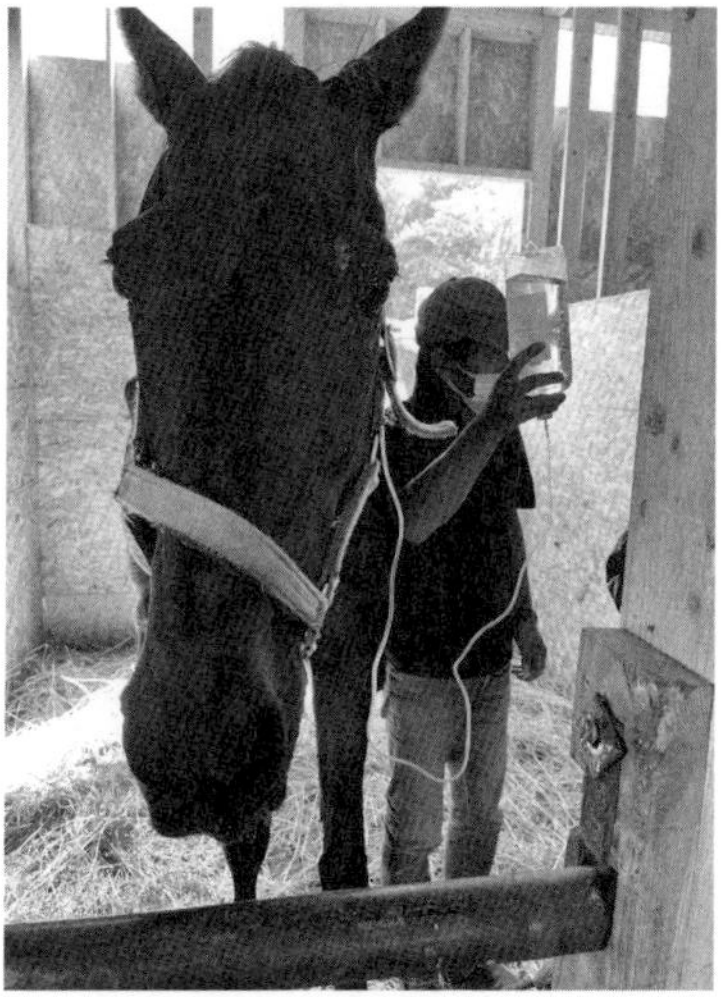

点滴を受ける馬。日々の行動については自主性を重んじながら、必要な医療を提供できる環境を整えている（撮影・すべて著者）

馬房の壁の穴。縄張りをめぐる真剣勝負の気迫が伝わってくる

細やかな気遣いに、酒井さんの深い馬愛を感じないではいられなかった。

ここで暮らす馬にとって、特に大変なのは一年目の冬だ。寒さが厳しいので馬着を着せているが、それでも本州から来た馬はかなり辛そうにしているという。

「かわいそうなので、受け入れは春から夏をメインにしています。でもどうしてもほかに行くところがなくて、十一月以降に受け入れることもあります」

馬の体毛は気温に応じて少しずつ長くなるため、急に移動すると準備が間に合わないのだ。しかし、二年目以降は気候環境に対応した身体へと変化して、雪原を楽しそうに駆けまわるようになる。

だが、もうひとつ大きなハードルがある。それは蹄鉄《ていてつ》を外すこと、つまり裸足《はだし》で暮らすことだ。

「サラブレッドが蹄鉄を付けるのは、競走馬として本格的なトレーニングがはじまる少し前の生後一年半くらいです。人間の子どもにたとえると柔らかい運動靴を履く前に、陸上競技やサッカー用のスパイクを履くようなものなので、かなり違和感があるはず。最初は慣れないので恐る恐る歩いています」

「スパイクから裸足生活へ、どうやって移行するのでしょうか」

「ここに到着したら、すぐに蹄鉄を外します。このときも皆、恐る恐る歩いています。数年ぶりの裸足生活で最初は蹄がボロボロになってしまうので、それを見た人から『かわいそう』と言われたり、預託希望者から『このコは足まわりが弱いから、裸足で生活なんて絶対に無理』と心配されたりすることもありました。でも実際にやってみると、どの馬も次第に慣れて、やがて元気に裸足で生活できるようになります」

馬たちの心身の状態や個性を見極め、日々愛情を注いでいる酒井さんにとって、「かわいそう」という言葉はそうとう悔しいだろう。裸足生活にあたっては、装蹄師が定期的に全頭の足まわりを確認しながら爪切りをおこなうなど、きめ細かなケアがされている。しかし、サラブレッドの飼育は蹄鉄や馬房なしにはあり得ないと考える人は、今も多いという。とはいえ競馬業界は、大きく方向転換している。自然に近い環境で、馬たちが独自に社会を形成しながら生活するこの方法は、これからより多くの人に注目されていくはずだ。

「これまで活動実績を重ねてこられたのは、シルバースワットが活躍してくれたおかげでもあります。心身ともに丈夫な兄貴的な気質なので、新しいメンバーが来たときは仲間に馴染めるよう世話してくれました。そのおかげでサラブレッドが昼夜放牧で暮らせることが証明できたのです」

シルバースワットは、二〇二一年に二十六歳でこの世を去るまで、酒井さんのバディであり先生でもあった。

放牧場には牧草を載せた食事台がいくつか設置され、それぞれに五、六頭が集まり穏やかな空気が流れていた。そのうちの一頭が静かに歩みよってくると、酒井さんはそのまま迎え入れるようにして馬の首筋を優しく撫でた。心から安心しているのだろう、目を細めて満足そうにしている。酒井さんが馬の背にとまったアブを手で払い落とすと、ほかの馬が「自分も〜」とアピールするようにやってきた。甘えた様子がとても可愛い。その集団から少し離れたところには、仲睦《なかむつ》まじく毛繕いをしているペアがいる。

「中高年になってここに来て、運命の出会いをした二頭です。とても仲が良くて、見ているとこちらもホノボノとした気持ちになります」

人間のために頑張ってくれた動物たちが、快適な環境で信頼する仲間や友人、パートナーと一緒に社会を築いて暮らしている。その美しくも尊い光景に、私は目を細めずにはいられなかった。

牧草地にいる一頭がゆっくりと走りだすと、やがて近くにいた馬も誘われるように伴走しはじめた。二頭は大きな円を描くように前進したかと思うと、優雅に方向転換したり、首を振ったりしてとても楽しそうだ。

この場所があって本当に良かった――馬たちの影が少しずつ長くなる頃、海から涼しい風が吹きはじめた。

おわりに

手のひらにタンポポの種を数粒載せるような感覚――これはロープやハミを使って馬をコントロールするときの最適な力加減だという。力というよりもあまりにも微かな刺激だ。この話を初めて耳にしたとき、それを正確にキャッチできる馬の鋭敏さと賢さに驚いた。

取材を通じて複数の馬と出会いその魅力に触れるうち、馬との理想的な関係についてもっと詳しく知りたいと考えた私は、二〇二一年の秋に福島県南相《みなみそう》馬《ま》市を初めて訪れた。常磐《じょうばん》線原《はら》ノ町《まち》駅から車で十五分程、南相馬市馬事公苑で開催された「ナチュラルホースマンシップ講習会」は、座学とグラウンドワーク実習を組み合わせたプログラムで、乗馬愛好者から馬に触れたことのない未経験者まで幅広い層を対象にしている。

講師の〈ヒロユキ・モチダ ホースマンシップ〉代表の持《もち》田《だ》裕《ひろ》之《ゆき》さんは、北海道を拠点に全国各地を飛びまわり、競走馬や乗用馬の調教、競馬関係者や乗馬関係者の指導のほか、引退競走馬のリトレーニングや人材育成のための講習会を開催している。一般社団法人ジャパンホースグラウンドワーク協会の理事として、専門書の執筆や監修にも携わっている人だ。ナチュラルホースマンシップとは、馬の心理的・精神的な要素を重視してコミュニケーションをとろうとする考え方のこと。「馬の扱い方ではなく、彼らがどう感じているのかについて学ぶことが主な目的です」と持田さんが説明する講習会はとても体系的な内容で、なかでも印象深かったのは馬たちの皮膚感覚と馬具との関係だった。

体重が五百キロ前後もある大動物を扱うには、腕力やパワーが必要不可欠というイメージが強いが、馬は背中にとまった小さなハエも感知できるほど敏感な動物だ。だが競馬界、乗馬界ともに「ロープやハミを強く使う人も多く見られます」と持田さんは指摘する。なかでもハミは、実際の力の何十倍もの刺激が口腔《こうこう》内に伝わる構造になっているため、取り扱いには特に注意が必要だ。

人と馬がともに幸せに暮らせる共生社会実現のためには、我々人間が考えている以上の想像力と繊細な感覚——おそらくタンポポの種を扱うほどの丁寧さが必要とされているのだ。

この講習会は十年程前から開催されていて、馬についてプロ・アマ問わず学べる場を継続的に提供しているところは全国的にもめずらしい。主催するNPO法人相馬救援隊では、こうした講習会のほかに、毎週日曜日には〈馬とのふれあいオープンデー〉を開催して、乗馬体験やおやつを与えるなど馬と親しめるイベントを実施している。その際、活躍しているのは同団体が所有する引退競走馬たちだ。

同団体設立のきっかけは、二〇一一年に発生した東日本大震災だった。代表理事の相馬《そうま》行《みち》胤《たね》さんは「全国から送られてくる支援物資を分配する活動を二〇一三年まで続け、それ以降は、引退競走馬支援を含む馬事文化の普及活動をしています」とこれまでの経緯を説明する。災害支援から馬事文化普及へ、活動内容の転換を不思議に感じる人もいるかもしれないが、それはこの地域に馬と深く関わる歴史的・文化的背景があるためだ。

その代表が毎年七月末に開催される「相馬野馬追《のまおい》」で、江戸時代までこの地域を治めた相馬中村《なかむら》藩主・相馬家の祖といわれる平将門《たいらのまさかど》が行った軍事訓練が始まりとされ、国の重要無形民俗文化財に指定されている。相馬さんは相馬家の第三十四代当主で、「相馬野馬追」では長年総大将を務めてきた。コロナ禍以降の二〇二二年からは、行胤さんの長男で第三十五代当主の相馬言胤《としたね》さんが総大将になっている。

三日間に及ぶ伝統行事では四百頭近い馬が集まり、その半数は地元の人に飼育されている引退競走馬だという。南相馬市役所では、合併前の原町《はらまち》市の新採用職員研修の一環として乗馬体験が実施され、二〇二三年春には馬を使った管理職研修プログラムが採用された。ここは名実ともに「馬のまち」なのだ。

その象徴である「相馬野馬追」とはどんなものなのか？　二〇二三年七月末、私は再び南相馬市を訪れた。

朝、市中を進軍するのは甲冑《かっちゅう》に身を固めた騎馬武者たちだった。頭上にたなびく様々な色柄の旗指物《はたさしもの》は、いずれも先祖伝来のもの。馬が身につけている古式馬具の装飾も美しく、緋《ひ》色や山吹色、浅葱《あさぎ》色、薄藤色などに染め上げられたそれらが、真夏の日差しに映えてとても華やかだ。

隊列は「お行列」と呼ばれ、豪華絢爛《けんらん》な甲冑や馬具の多くは各家に伝わるもので、そのことから〝動く文化財〟とも評されている。威風堂々たる侍はどこから見てもかっこいい。信号機やコンビニエンスストアの看板などをバックに行軍する様はタイムスリップ感があって、そのギャップも面白い。

沿道には馬が休めるように水場があちこちに設置され、マンホールはスリップ防止のラバーマットでカバーされている。馬と人を守るため、地元の人々が心を砕いていることが伝わってきた。

騎馬武者たちが目指すのは、南相馬市原町区にある雲雀《ひばり》ケ《が》原《はら》祭場地だ。四百騎近くが揃う光景は、勇壮果敢な歴史絵巻そのままの世界で、これほど多くの馬が集まる伝統的な催しは国内唯一といわれているだけのことはある。

正午をまわり「甲冑競馬」が始まると、場内はさらに盛り上がった。人馬一体となり疾走する騎馬武者たちの競走は迫力満点だ。騎馬武者の落馬にヒヤリとする場面もあったが、無事を伝えるアナウンスに安堵した後は、勝者だけでなく全頭無事完走を讃《たた》える拍手がより大きくなった。

もう一つの見せ場「神旗争奪戦」は、打ち上げた花火から舞い降りる二本の御神旗を騎馬武者たちが奪い合うというもの。馬を操りながら手にした竹製の鞭を空中でクルリと回し、御神旗を絡め取る技に「お見事！」と声をかけたくなった。騎馬武者には女性も含まれ、「甲冑競馬」と「神旗争奪戦」ともに勝利して注目を集めていた。

その翌日は、相馬市小高《おだか》区にある相馬小高神社へ。ここで行われる「野馬懸《のまかけ》」は、古来の名残をとどめている神事で、絵馬奉納の原風景を伝えている。複数の騎馬武者が裸馬を境内に設けた竹矢来《たけやらい》に追いこみ、それを白装束の御小人《おこびと》と呼ばれる者たちが素手で捕え、御神馬《ごしんめ》として奉納する儀式だ。厳粛なムードに包まれる一方、跳ね回る裸馬に素手で挑み、動きを鎮めようとする御小人たちに観客から拍手が送られる。御神水を負傷した部分にかけると治るという伝説にしたがい、御小人が復活する演出もユーモラスで、神聖かつ朗らかな空気が心地よかった。

唯一最大の問題は暑さで、私が訪れた二日間は最高気温三十五度前後だった。二〇二四年からは五月の最終土、日、月への変更が発表されている。人馬の安全優先は、伝統文化を後世につなげるためにも重要だ。〝馬のまち〟の益々の発展を願いながら帰路についた。

元競走馬で現在はセラピーホースとして活躍するラッキーハンターとの出会いをきっかけ

に、馬の世界に足を踏み入れてから丸四年が過ぎようとしている。最初の一、二年は「今、取材しているテーマはありますか」と訊かれ、引退競走馬支援について口にしても、「え？」と訊き返されることが多かった。インタイキョウソウバをすぐに脳内で漢字変換できる人は限られていたのだ。

しかし、引退競走馬支援活動がメディアで注目されるようになり、少しずつ社会に浸透すると競馬業界内にもこれまでと違った動きが出てきた。「最近のオーナーのなかには、シェルターの馬房が空くまでトレセン内で引退競走馬を待機させる人もいる」という話を初めて聞いたのは二〇二二年にＴＣＣセラピーパークを訪れたときのことだ。引退競走馬をセカンドキャリアにつなぐ際にもっとも難しいのは、引退直後の居場所を確保することだ。シェルターの存在がひとつの目標となることで、これまでとは違う選択肢ができたのだ。

第8章で書いたように、ＪＲＡでは二〇二四年から栃木県の馬事公苑宇都宮事業所で引退競走馬専用シェルターの運営開始を予定している。三十から四十頭分の馬房と飼育スタッフを確保して医療費を含む経費はＪＲＡが負担、一、二か月後を目安に次の行き先を決めることで、一年間に二百頭をセカンドキャリアへつなぐ計画を立てている。今後の流れを大きく変えるひとつの要因になるはずだが、問題は、今現在乗馬などで活躍している馬たちが押し出されてしまうことだ。

これについて西尾さんは「その対策も必要不可欠です」として、既存の乗馬クラブや全国の大学馬術部に連絡をとり、それぞれが抱える事情や問題に対応しながらサラブレッドの飼育数増加をめざしているという。

だがその過程で浮上してきたのは、予想外の事実だった。

「サラブレッドが欲しくても手に入らない、という乗馬クラブが少なくないことがわかったのです」

「えー！　どういうことですか？」

これには私も耳を疑った。日本は乗馬人口が多くなく、乗馬クラブの数は限られる。そのため、多くの引退競走馬をセカンドキャリアにつなぐことは難しいといわれ続けてきたのだ。問題の根本は、競馬業界と乗馬業界がきちんと繋がっていなかった、ということなのだろうか。それについて西尾さんは「業界どうしの連携はできていません」という。しかし二〇二三年夏の時点で、乗馬業界でサラブレッドが不足している理由ははっきりわからない。

西尾さんは、競馬業界の都合（引退決定から時間的猶予がないなど）と乗馬業界の都合（一時飼育の場所やリトレーニングの実施）をすり合わせながら交渉する仕組みが確立していないことが、必要とする人のもとにサラブレッドが届かない理由ではないかと推測している。ＪＲＡのシェルター運営は、これらの問題を解決する仕組みづくりにもつながりそうだ。サラブレッドが不足している原因や事情は、運営が本格的に進むとともに解明するだろう。

様々な課題はあるものの、社会は確実に良い方向へ進んでいる。動物を大切にできる社会は、人間を蔑ろにしない社会でもあるからだ。

とはいえ今はまだ、引退競走馬支援の存在に気づいていない人も多い。本格的なムーブメントの到来は、おそらくこれからだ。馬のために何かしたい、という想いを抱く人は増えるはず。だがペット動物以上にダイレクトな支援が難しい動物だけに、無力感におそわれてしまう人もいるだろう。でも実際は、インターネットの情報をシェアしたり、ＳＮＳにアップされた愛らしい引退競走馬の写真や動画に〝いいね〟を押したりするだけでも社会に影響を与えることはできる。引退競走馬支援について、家族や友人に話すことも実は立派な支援活動だ。寄付や一口馬主も支援方法のひとつだが無理は禁物で、できないことに罪悪感を抱く必要はない。

もし興味と余裕があれば乗馬レッスンで、定期的に馬と接する方法もある。ちなみに取材中に出会った馬乗りの皆さんは、プロ・アマ問わず姿勢・体型ともにスッキリとしている方ばかりだった。動物が好きで運動不足や体脂肪率がちょっと気になる……そんな人には最適なスポーツだと思う。

馬のいる場所に遊びに行くこともおすすめだ。ふれあいができる観光牧場、体験乗馬やホーストレッキングを実施している乗馬クラブ、ここで紹介した「相馬野馬追」以外にも全国には人と馬の安全に配慮したお祭りや神事が複数ある。対象はポニーや在来馬など、サラブレッドに限らない。日本の馬事文化の応援は馬を理解することにつながり、結果的に引退競走馬が社会で活躍するチャンスを広げることになるからだ。

この本を書くためには、多くの方にお世話になった。

元ＪＲＡ調教師で一般財団法人ホースコミュニティ代表理事の角居勝彦さん、同事務局長の矢野孝市郎さん、株式会社ＴＣＣ　Ｊａｐａｎ代表取締役の山本高之さん、同ＰＯＮＹＫＩＤＳ事業部責任者の山本妃呂己さん、一般社団法人キネシオテーピング協会認定インストラクターの青野菜名さん、ＪＲＡ栗東トレーニングセンター調教助手の林達郎さん、馬主で一般社団法人函館馬主協会副会長の西村憲人さん、株式会社岡山乗馬倶楽部代表取締役の西崎純郎さん、ホースクリニシャンの宮田朋典さん、馬カフェ　マリヤの風代表の山崎立暎さん、株式会社馬事学院代表取締役の野口佳槻さん、馬主で引退馬支援団体Ｒｅｔｏｕｃｈ代表の林由真さん、東京農業大学農学部デザイン農学科准教授の川嶋舟さん、ジオファーム・八幡平代表理事の船橋慶延さん、認定ＮＰＯ法人引退馬協会代表理事の沼田恭子さん、ＪＲＡ調教師の鈴木伸尋さん、映画監督で株式会社ＣｒｅｅｍＰａｎ代表取締役の平林健一さん、ＪＲＡ馬事部の西尾高弘さん、ＮＰＯ法人ホース・トラスト北海道代表の酒井政明さん、ヒロユキ・モチダ　ホースマンシップ代表の持田裕之さん、ＮＰＯ法人相馬救援隊代表理事の相馬行胤さん、その他たくさんの方々のご協力があった。

皆さんからは、競馬業界や乗馬業界に関する事情や情報、貴重な体験、馬の魅力や彼らを理解するために必要な知識や心得など、多くのことを教えていただいた。多大なご協力に心よりお礼申し上げます。

株式会社集英社文芸編集部の森田眞有子さんには、連載時からひき続き、本書刊行にあたりお世話になった。

また共同オーナー制度により縁を得た愛馬ラッキーハンターにもありがとうを伝えたい。同時に日々大切にお世話されているＴＣＣ　Ｊａｐａｎスタッフの皆さんにも感謝をおくりたい。

本書に登場し、その後、旅立っていった馬もいた。奥能登・馬プロジェクトのアイドルホースとして活躍したドリームシグナル、引退馬協会の広報部長ナイスネイチャには、心からの感謝と哀悼の意をおくります。

最後に読者の方へ、引退競走馬をめぐる旅にここまでおつきあいいただき、ありがとうございました。

二〇二三年一〇月

片野ゆか

主な参考文献

『馬のこころ——脳科学者が解説するコミュニケーションガイド』ジャネット・L・ジョーンズ著　尼丁千津子訳（パンローリング 二〇二一年）

『ウマの動物学　第2版』近藤誠司著（東京大学出版会 二〇一九年）

『馬と話す男』モンティ・ロバーツ著　東江一紀訳（徳間書店 一九九八年）

『馬場馬術の美しい騎座　騎乗時の姿勢・呼吸とエクササイズ』Anja Beran著　伴恵美子・伴孝徳・樫木宏之・宮田朋典監訳　二宮千寿子翻訳（緑書房 二〇二一年）

『ホースマンシップ—人と馬との関わり方—』持田裕之著（エクイネット 二〇二一年）

『競馬感性の法則』角居勝彦著（小学館新書 二〇一七年）

『さらば愛しき競馬』角居勝彦著（小学館新書 二〇二〇年）

『覚悟の競馬論』国枝栄著（講談社現代新書 二〇一九年）

『これからの競馬の話をしよう』藤沢和雄著（小学館新書二〇二一年）

『サラブレッドに「心」はあるか』楠瀬良著（中公新書ラクレ 二〇一八年）

『勝負師の極意』武豊著（双葉文庫 二〇一八年）
『なぜ競馬学校には「茶道教室」があるのか　勝利は綺麗なお辞儀から』
原千代江著（小学館 二〇一三年）
『週刊ギャロップ永久保存版　追悼ディープインパクト』（産経新聞社 二〇一九年）
『生物の科学 遺伝』２０２０年５月発行号　特集サラブレッド競走馬の科学
（エヌ・ティー・エス）
『元競走馬のオレっち』おがわじゅり著（幻冬舎コミックス 二〇〇八年）
『サラブレッドと暮らしています。』田村正一著（白泉社ヤングアニマルコミックス 二〇一六年）
『馬楽のすすめ　馬も楽しむ乗馬術』三木田照明著（あさ出版 二〇一九年）
『生きているだけでいい！　馬がおしえてくれたこと』
倉橋燿子著（講談社青い鳥文庫 二〇一七年）
『馬ライフ』２０２０年９月号・２０２１年２月号・６月号・10月号・11月号
（メトロポリタンプレス）
『馬たちの33章　時代を彩ったうまの文化誌』早坂昇治著（緑書房 一九九六年）
『ぜんぶ馬の話』木下順二著（文春文庫 一九九一年）
『輓馬の手引』日本通運株式会社（日本通運 一九四九年）
『馬の世界史』本村凌二著（講談社現代新書 二〇〇一年）

『近代日本の競馬　大衆娯楽への道』杉本竜著（創元社 二〇二一年）
『秋季特別展　鞍上にて駆ける近代　御料馬・主馬寮・天覧競馬』
（公益財団法人馬事文化財団 二〇二一年）
『馬喰』松林要樹著（河出書房新社 二〇一三年）
『引退馬保護活動が抱える理想と現実　引退馬の未来に小さな光を』林由真著
（日本橋出版二〇二三年）
『はじめての動物倫理学』田上孝一著（集英社新書 二〇二一年）
『馬語手帖――ウマと話そう』河田桟著（カディブックス 二〇一二年）
『はしっこに、馬といる――ウマと話そうⅡ』河田桟著（カディブックス 二〇一五年）
『手綱、繋がる思い　馬は体と心のセラピスト』
株式会社ダイヤモンド・ビジネス企画編（ダイヤモンド社 二〇一四年）
『馬木葉クラブへおいでよ！―あるホースセラピーのかたち―』
大田仁美著（共同文化社 二〇〇九年）
『動物がくれる力　教育、福祉、そして人生』大塚敦子著（岩波新書 二〇二三年）
『わらしべ40年のあゆみ』（社会福祉法人わらしべ会 二〇一八年）

初出

「青春と読書」２０２２年１月号～２０２３年８月号

単行本化にあたり、加筆・修正を行いました。

装丁
アルビレオ
写真
提供：TCC Japan

片野ゆか

Yuka Katano

1966年東京生まれ。2005年『愛犬王 平岩米吉伝』で第12回小学館ノンフィクション大賞受賞。『ゼロ！ 熊本市動物愛護センター 10年の闘い』『旅はワン連れ ビビり犬・マドとタイを歩く』『動物翻訳家 心の声をキャッチする、飼育員のリアルストーリー』『平成犬バカ編集部』『着物の国のはてな』など著書多数。話題を呼んだ『北里大学獣医学部 犬部！』は映画化、コミック化もされている。

セカンドキャリア

引退《いんたい》競走馬《きょうそうば》をめぐる旅《たび》

2023年12月10日　第1刷発行
2024年 8 月10日　第3刷発行

著　者　片野《かたの》ゆか

発行者　樋口尚也

発行所　株式会社集英社
〒101－8050 東京都千代田区一ツ橋 2－5－10
電話　03－3230－6100（編集部）
03－3230－6080（読者係）
03－3230－6393（販売部）書店専用

印刷所　大日本印刷株式会社

製本所　株式会社ブックアート

　ISBN978-4-08-771854-6　C0095

集英社・片野ゆかの本

着物の国のはてな

約束事だらけの「着物の国」。堅苦しいルール、いつ誰が決めたの？
特別なお出かけじゃなく、居酒屋や犬の散歩に着たっていいじゃない！
着物初心者のノンフィクション作家が、着物をとりまく
モヤモヤを解き明かす。

目次より

第1章 やっぱりキモノは遠かった！／第2章 着物警察を撃退する方法／
第3章 なにかと不便で面倒なのだ／第4章 キモノ業界は謎ばかり／
第5章 このケッタイな衣服とのつきあい方

集英社文庫・片野ゆかの本

ゼロ!
熊本市動物愛護センター
10年の闘い

犬猫の殺処分ほぼゼロを10年がかりで実現した、熊本市動物愛護センターの歩みを追う、感動ドキュメンタリー。奮闘を続ける職員たちの姿を通じて「ペットの幸せとは?」を問いかける。

(解説/森絵都)

動物翻訳家
心の声をキャッチする、
飼育員のリアルストーリー

多くの人を魅了し続ける動物園の飼育員には、動物たちの心の声を聞くための絶え間ない努力がある。動物たちと人間をつなぐ、"動物翻訳家"たちの活躍を描いた動物園・お仕事ルポ!

(解説/田向健一)

平成犬バカ編集部

平成、それはこの国に多くの"犬バカ"が生まれた時代。新しいペットライフの土台が整い、かつて番犬と呼ばれていた犬たちは家族の一員に。犬現代史の全貌に迫る本格ノンフィクション。

(解説/北尾トロ)